CHARLOTTE VAN DEN BROECK

WAGNISSE

13 TRAGISCHE BAUWERKE
UND IHRE SCHÖPFER

Aus dem Niederländischen
von Christiane Burkhardt

ROWOHLT

Die niederländische Originalausgabe
erschien 2019 unter dem Titel «Waagstukken»
bei De Arbeiderspers, Amsterdam.

Dieses Buch wurde mit Unterstützung
der Flanders Literature herausgegeben
flandersliterature.be

Deutsche Erstausgabe
Veröffentlicht im Rowohlt Verlag, Hamburg, Mai 2021
Copyright © 2021 by Rowohlt Verlag GmbH, Hamburg
«Waagstukken» Copyright © 2019
by Charlotte Van den Broeck
Satz aus der Dolly
bei Pinkuin Satz und Datentechnik, Berlin
Druck und Bindung CPI books GmbH, Leck, Germany
ISBN 978-3-498-00215-2

Denn Heute ist ein Wort, das nur Selbstmörder
verwenden dürften, für alle anderen hat es
schlechterdings keinen Sinn, ‹heute› ist bloß die
Bezeichnung eines beliebigen Tages für sie.

INGEBORG BACHMANN – *Malina*

Architektur ist eine gefährliche Mischung
von Macht und Ohnmacht.

REM KOOLHAAS & BRUCE MAU – *S, M, L, XL*

Aber Selbstmörder haben eine besondere Sprache.
Wie Zimmerleute fragen sie nur: Welches Werkzeug,
niemals jedoch: Warum bauen.

ANNE SEXTON – ‹STERBEN WOLLEN›

Inhalt

I.

Städtisches Schwimmbad Stadspark
(2005-2011), Turnhout
Architekt, anonym

13

II.

Kirche Saint-Omer (1607-1676), Verchin
Jean Porc († 1611)

41

III.

Altes Postgebäude P.T.T./R.T.T
(1947-1953), Ostende
Gaston Eysselinck (1907–1953)

61

IV.

Wiener Staatsoper (1861-1869), Wien
Eduard van der Nüll (1812–1868) und
August Sicard von Sicardsburg (1813–1868)

85

V.

Kirche San Carlo alle Quattro Fontane
(1634-1677), Rom
Francesco Borromini (1599–1667)

111

VI.

Nationalbibliothek Malta (1786-1796), Valletta

Stefano Ittar (1724–1790)

137

VII.

Villa Ebe (1922), Neapel

Lamont Young (1851–1929)

165

VIII.

Rossauer Kaserne (1864-1869), Wien

Karl Pilhal (1822–1878)

189

IX.

Fort George (1747-1769), Ardersier

William Skinner (1700–1780)

199

X.

Kelvingrove Art Gallery & Museum
(1901), Glasgow

*John William Simpson (1858–1933) und
Edmund John Milner Allen (1859–1912)*

221

XI.

Pine Valley Golfplatz (1910-1918), Pine Valley

George Arthur Crump (1871–1918)

251

XII.

Crandall's Knickerbocker Theatre
(1917–1922), Washington DC
Reginald Wycliffe Geare (1889–1927)

283

XIII.

Kempfs Kinetischer Skulpturengarten
(seit 1978), Colorado Springs
Starr Gideon Kempf (1917–1995)

317

Dank

345

Zitatnachweis

347

I.

Städtisches Schwimmbad Stadspark (2005–2011), Turnhout

Architekt, anonym

Zum Glück landete sie auf dem Rücken, als es passierte, und konnte den Mund über Wasser halten: Zwei Wochen vor ihrem sechzehnten Geburtstag verfängt sich Nathalie C. aus Retie mit ihrem langen Pferdeschwanz in der Filteranlage des Kinderbeckens. Der Vorfall ereignet sich an einem Sonntagnachmittag, das Schwimmbad ist gut besucht, und es ist zu viel los, um im Sportbecken Bahnen zu ziehen. Nathalie ist mit ihrem Onkel aus einem nahegelegenen Dorf nach Turnhout gefahren. Bis eine Fünfundzwanzig-Meter-Bahn frei wird, spielt sie mit ihrem Onkel und ihrem kleinen Neffen im flachen Kinderbecken. Sie lehnt mit dem Rücken am Beckenrand, als sie von irgendetwas ruckartig nach unten gezogen wird. Heftig knallt ihr Hinterkopf gegen die Fliesenumrandung. Zunächst versucht Nathalie, sich aufzurichten, aber ein schmerzendes Ziehen hält sie fest. Sie greift nach ihrem Pferdeschwanz – instinktiv schützen wir schmerzende Körperteile mit den Händen –, doch dort, wo der eigentlich sein sollte, spürt sie nur ihren Hinterkopf und unmittelbar dahinter die Beckenwand.

Obwohl sie zwischen dem Moment, in dem sich der Pferdeschwanz in der Filteranlage verfängt, und dem ihrer Befreiung nicht unmittelbar zu ertrinken droht, ist Nathalie während dieser bangen Minuten zu einer äußerst unbequemen Haltung verurteilt.

Es ist der Schwimmbadaufseher Bert P., der ihr als Erster zu Hilfe eilt. Die nächstliegende Lösung besteht darin, den Pferdeschwanz abzuschneiden, doch Nathalie wehrt sich mit Händen und Füßen dagegen, wodurch der in der Filteranlange verfangene Pferdeschwanz noch mehr an ihrer Kopfhaut zerrt. Jetzt können ihr Haare und Haut jeden Moment vom Schädel gerissen werden. Außerdem erschwert es das Zappeln Bert P., die Schere für den erlösenden Schnitt richtig anzusetzen. Das Mädchen schreit Zeter und Mordio, man weiß nicht recht, ob ihr Geschrei heftigste Schmerzen oder Protest signalisiert.

Als Schwimmbadaufseher ist Bert P. daran gewöhnt, in Notsituationen zu handeln. Statt den Schrei richtig zu deuten, beschließt er, den Pferdeschwanz gnadenlos abzuschneiden. Der Onkel und einige besorgte Umstehende kümmern sich um Nathalie. Man wickelt ihr ein Handtuch um den Kopf. Mit der Schere in der einen und dem abgeschnittenen Pferdeschwanz in der anderen Hand erkennt Bert P., was passiert sein muss: Genau da, wo Nathalies Kopf gegen den Beckenrand gedrückt wurde, besitzt der Chlordosierer einen Ansaugpunkt. Dieser wird von einer vier Millimeter dicken Platte abgeschirmt. Wie sich herausstellt, war diese Platte nicht richtig festgeschraubt, sodass Nathalies Pferdeschwanz in den Saugkreislauf dahinter geraten konnte.

Kaum dass er das erkannt hat, ergreift Bert P. weitere Maßnahmen. Er lässt das Wasser im Kinderbecken ab. Anschließend befestigt er die Platte erneut. Diesmal stellt er sicher, dass die Schrauben bombenfest sitzen. Und damit ist das Problem behoben.

Nathalie behält von dem Vorfall keine schlimmeren Verletzungen zurück, fühlt sich aber danach überhaupt nicht wohl. «Es tut nicht wirklich weh, aber ich hab mich schon erschreckt», erzählt sie in einem Interview mit dem lokalen Fernsehsender.

Auf ihrer Geburtstagsparty sehe ich, dass sie die kahle Stelle am Hinterkopf mit einer künstlichen Blume bedeckt hat. Es sieht nicht gerade vorteilhaft aus, aber darüber tuscheln wir nur hinter ihrem Rücken.

Seit der Eröffnung im Oktober 2005 ist das Stadspark-Schwimmbad nie länger als drei Monate hintereinander geöffnet gewesen. Alle möglichen merkwürdigen Pannen führten immer wieder zur vorübergehenden Schließung – angefangen von Systemstörungen und einer Bodensenkung bis hin zu biblischen Szenen, bei denen sich das Wasser urplötzlich in Milch verwandelte.

Der sündhaft teure, schlecht funktionierende Schwimmbadneubau wurde in der Gegend schnell zum Skandal. Zehn Millionen Euro hatte er gekostet und war so gut wie nie geöffnet. Vor allem Stammschwimmer hatten jede Menge Fragen, insbesondere die, ob man ihnen ihr Abo erstatten würde.

Die ganze Aufregung und die damit verbundene dubiose Gemeindepolitik gingen damals größtenteils an mir vorbei. Als 2009, gut vier Jahre später, wegen ständiger Stromausfälle und Lecks schmerzhaft deutlich wurde, dass das Schwimmbad endgültig schließen würde, studierte ich bereits in Gent und hatte anderes im Kopf – die Weltliteratur zum Beispiel und meinen Abnabelungsprozess von zu Hause. Zum Schwimmen ging ich einmal die Woche ins wunderschöne Jugendstilschwimmbad am Baudelokaai. Der heimatliche Sumpf und alles, was mich dort festhielt, ließen langsam los, während das Schwimmbad von Turnhout gerade dabei war, im wahrsten Sinne des Wortes darin zu versinken.

Der Technikraum, der unter anderem die Heizanlage des Schwimmbads enthielt, befand sich im Keller. Langsam, aber sicher versank der Keller kaum merklich im Morast. Die elektrischen Sicherungen, die in Dreiviertelhöhe an den Kellerwänden angebracht waren, reagierten zwar äußerst sensibel, waren aber strategisch nicht besonders geschickt positioniert: Gegen Lecks von oben aus den Schwimmbecken waren sie geschützt, nicht aber gegen von unten aufsteigendes Grundwasser. Weil sie so weit oben angebracht waren, hätte das Grundwasser den Großteil des Raumes fluten können, bevor die Sensoren überhaupt aktiviert worden wären. Und bis dahin wäre die Technik bereits hoffnungslos abgesoffen gewesen: Die Schwimmer hätten nach einem Stromschlag leblos in den Becken darüber getrieben.

Natürlich kursierten unter den Schwimmbadbesuchern und übrigen Steuerzahlern alle möglichen Theorien und Spekulationen in Bezug auf die Schließung, aber mit einer geschickten Medienpolitik gelang es dem Gemeinderat, den im Morast versinkenden Keller zu verheimlichen. Viele vage und wechselnde Ursachen wurden genannt.

Im Oktober 2009 wurde über dem Schwimmbadeingang folgendes Transparent angebracht:

WEGEN REPARATURARBEITEN
VORLÄUFIG ENDGÜLTIG GESCHLOSSEN

So als wollte man mit dieser trotzigen Mitteilung bereits im Vorfeld Fakten schaffen.

Bald darauf führte man noch alle möglichen Untersuchungen durch, wie sich das Stromnetz verbessern ließe. Haufenweise Spezialistinnen und Spezialisten wurden hinzugezogen. Sogar ein Professor schaute vorbei. Kostenvoranschläge wurden erstellt und unzählige Abendtermine wahrgenommen. All das in der Hoffnung auf ein neues Eröffnungsdatum. Das gab es auch: Im Januar 2011 wurde das Schwimmbad nach anderthalb Jahren Schließung wiedereröffnet.

Das Glück währte nur wenige Wochen. Im April wurde das Transparent erneut aus dem Keller geholt. Diesmal mit einer überarbeiteten Mitteilung:

WEGEN REPARATURARBEITEN
~~VORLÄUFIG~~ ENDGÜLTIG GESCHLOSSEN

Wie oft bin ich in dem Schwimmbad gewesen? Nicht oft genug, um die Bedeutung, die ich diesem *lieu de piscine* mittlerweile zuschreibe, zu rechtfertigen. Aber zu meiner Verteidigung: Oft weiß man erst im Nachhinein, was man sich hätte einprägen sollen, und dann ist es für das, was man lieber vergessen hätte, schon zu spät – beziehungsweise wie in diesem Fall genau umgekehrt. Trotzdem habe ich meinen ersten Besuch des neuen Schwimmbads noch überdeutlich in Erinnerung. Es dürfte ungefähr im Juli 2006, ein halbes Jahr nach der Eröffnung, gewesen sein. Ich bin gerade vierzehn geworden, herrenloses Gut, zum ersten Mal ohne meine Eltern unterwegs. Ich trage ein rotes Höschen, unter dem sich meine breiter werdenden Hüften abzeichnen. Das Oberteil ist ein orangefarbenes Polyesterdreieck, dessen Spitze auf meinen entblößten Bauchnabel zeigt. Mein Haar fällt in einem langen Zopf auf meinen Rücken, der mir bis zum Po reicht. Auf der Innenseite meines Handgelenks klebt ein Tribal-Tattoo aus der Chipstüte. Ich hätte gern einen neuen Bikini, am liebsten einen mit einer hochgeschnittenen Hose und Platz für meinen nicht existierenden Busen, so wie Eef, die ein Stück weiter mit ihrem Nachbarsjungen Max im Wasser tobt – sie hat Körbchengröße B und einen Bikini mit Cups. Max ist zehn und mollig, er hat ein niedliches, sommersprossiges Gesicht und eine große Klappe. Wenn ihm langweilig ist, versucht er, uns an Stellen zu berühren, die ihn eigentlich nicht interessieren, aber von denen er weiß, dass sie uns peinlich sind. Eefs Brüste sind sein bevorzugtes Ziel.

Eigentlich ist es zu kalt, um draußen zu schwimmen, aber das Hallenbad ist geschlossen – irgendeine technische Störung. Eef und Max sind im Außenbecken. Ich liege in einiger Entfernung auf meinem Handtuch auf der Liegewiese. Gänsehaut, käsebleich und flach wie ein Bügelbrett, verfügt der erbarmungslose Blick, mit dem sich vierzehnjährige Mädchen betrachten. Außerdem finde ich, dass mein Bauch zu weit vorsteht. Ich stütze mich rücklings auf die Ellenbogen, um die eingebildete Wölbung zum Verschwinden zu bringen. Niemand schaut nach mir, ich bin mehr oder weniger unsichtbar, trotzdem brennen die Blicke sämtlicher Freibadbesucher auf meiner Haut. Ich presse meine flache Brust nach oben, sollte doch jemand ein Auge auf mich werfen wollen.

«Max, nicht, hör auf damit!», höre ich Eef rufen. Vom Rand der Liegewiese neben dem Außenbecken kann ich die einsame Trauerweide auf dem angrenzenden Feld sehen. Im Juli steht das Getreide auf der alten Wiese kniehoch. Aus meinem Blickwinkel scheinen die Halme die Unterseite der herabhängenden Weidenzweige zu berühren, so als würde das Bild dort, wo sie aufeinandertreffen, wie mit einem Reißverschluss zugezogen und verlöre an Tiefe – die Skizze eines Schülers, der mit der Perspektive kämpft.

Ich lese eine zeitgenössische Bearbeitung von *Abélard und Héloise*, die in New York spielt – in dieser Version von der Geschichte heißen sie Arthur und Lois. Im Lateinunterricht haben wir gerade Ovids *Hero und Leander* übersetzt. Ich finde, dass aussichtslose Liebesgeschichten gut zu Trauerweiden passen. Diese Kombination lässt die Sparflamme in meinem noch nicht erblühten Herzen ein wenig höher lodern.

Ich löse die Ellbogen und lege mich flach auf den Rücken,

ziehe das Kinn an die Brust, damit ich die Weide gerade noch so über das Getreide ragen sehe. Von dieser Position aus scheinen sich die Halme an der Weide emporzuranken. Wie Seile wickeln sie sich um die Zweige. Am größten Zweig baumelt zwischen den Blättern ein Strick aus Getreide.

Der Nachmittag scheint kein Ende zu nehmen. Die Farben werden greller. Niemand muss arbeiten. *Peter Getting Out of Nick's Pool* (1966). Kalifornische Sonne auf nackten Männerhintern. Die Bilder von David Hockney feiern den Pool im Garten hinterm Haus als Kultort der Entspannung, des Luxus und der sexuellen Offenheit.

Es ist August 2017. Ich stehe in der Sonderausstellung des Centre Pompidou. Ich bin spontan nach Paris gefahren. In den Wochen davor habe ich manisch an einer Reihe von Gedichten, mit denen ich beauftragt worden bin, gearbeitet. Dem ging ein stressiges Jahr voraus, und das Jahr davor war auch schon stressig. An die Zeit vor dem Stress kann ich mich kaum noch erinnern. Ich bin jemand, der Stress hat. Vermutlich bin ich erschöpft, gestehe mir das aber nicht ein. Stattdessen rege ich mich die ganze Zeit über Kleinigkeiten auf. Ich suche nach einem Trostpflaster. Kunst gucken. Mit Hilfe der rosafarbenen, blauen und gelben Farbflächen Hockneys versuche ich aufzutanken. *A Bigger Splash* (1967): schlichte Formen, ein spielerischer Spritzer, eine fröhliche Farbpalette. Die Sonne trifft außerhalb der Leinwand auf, muss aber sengend heiß sein, nur so sind die vor Hitze triefenden Farben zu erklären. Es scheint in unerreichbarer Ferne zu liegen, ein einfaches Leben mit Schwimmbad.

Auf dem Bild *Portrait of an Artist – Pool with Two Figures* (1972) steht ein Mann, vermutlich Hockney selbst, am Rand eines Schwimmbeckens. Der Garten geht auf eine malerische Landschaft hinaus, hügelig, grün, luftig. Doch der Mann am Beckenrand interessiert sich nicht für die Aussicht, sein Blick ist nach unten gerichtet, auf die nackte Gestalt, die durch die Wasseroberfläche hindurchschimmert und auf ihn zu schwimmt. Die Brechung des Lichts legt Marmoradern auf das Wasser. Der Schwimmer liegt versteinert im Blau des Pools. Es scheint unwahrscheinlich, dass er auftauchen und zu seinem Betrachter aufschauen wird. Hält der Blick des Mannes ihn unter Wasser gefangen, oder will nur ich in allem ein Gefängnis sehen?

Ich laufe durch die Ausstellung, vorbei an Szenen und Farben, Collagen und Bleistiftzeichnungen, Pop-Art-Einflüssen und das Aufbegehren dagegen, an Darstellungen von Hockneys Männern – immer diese vorwitzigen Hintern, die wiederkehrenden Pools, die Jahreszahlen. Ein Leben in Bildern. Sechzig Jahre Pinselstriche, auch damit kann man seine Zeit zubringen.

Im letzten Saal steht Hockneys Videoinstallation *The Four Seasons*. Vier zueinanderzeigende Wände bilden einen abgeschirmten Raum. Ich schlüpfe zwischen zwei Paneelen hinein. Jede der Wände besteht aus neun einzelnen Bildschirmen, die ein großes, bewegtes Gesamtbild zeigen. Ich setze mich auf die Bank vor der Wand mit «Winter».

Woldgate Woods, Winter, 2010 – Das Bild bewegt sich über einen verschneiten Waldweg vorwärts, mit der Geschwindigkeit eines vorsichtigen Fahrers. Ein Vorgänger hat bereits Reifenspuren auf dem schneeweißen Teppich hinterlassen. Am Wegesrand stehen kahle, von Raureif und Schnee bedeckte Bäume. Ich schaue, und die Bewegung zieht mich ins Bild, in die Landschaft hinein, in das Weiß, und ich werde das Sehen, ich werde der Fahrer und gleichzeitig die träge Kamera, die dem Weg in den Wald folgt. Trotzdem scheine ich nicht vorwärtszukommen, weil sich die Landschaft, je tiefer ich darin versinke, nicht verändert, so wirkt es zumindest, denn plötzlich liegt der verschneite Weg, ehe ich mich versehe, nicht nur auf dem Bild-

schirm vor mir, sondern auch hinter mir. Auf der Museums-
bank befinde ich mich inmitten dieses Schnees, bewege mich
noch weiter in die weiße Landschaft hinein – nein, lasse mich
vielmehr durch die langsame Vorwärtsbewegung, das hypno-
tisierende Hinschauen noch tiefer in das Weiß hineinziehen.
Synchron zur trägen Kamerabewegung, spüre ich auf dieselbe
Weise, wie ich durch die Landschaft gezogen werde, Salz durch
mich hindurchziehen, als legten Tränen genauso einen verschneiten Weg durch mich hindurch zurück. Gott, bin ich
müde. Und wie rein ist das Weiß.

Nicht lange nach der endgültigen Schließung des Schwimmbads im Jahr 2011 machten in den Kneipen von Turnhout Gerüchte die Runde. Freunde von früher brachten Geschichten
mit nach Gent. Vielleicht war es auch ganz anders, und ich hörte
sie selbst am Tresen des Café Ranonkel, wenn ich mal wieder
im Kempenland war. Ob ich schon das mit dem Schwimmbad-
architekten gehört hätte? Der soll nach dem x-ten Fehler Selbstmord begangen haben. Je nachdem, wer oder der wievielte das
erzählte, tat der Architekt das, indem er sich in dem im Sumpf
versinkenden Keller erhängte, direkt am Ort seines Scheiterns.
Ganz schön makaber.

Ob der bemitleidenswerte Architekt tatsächlich auf diese
Weise starb, trat, weil die Geschichte so stimmig war, schnell
in den Hintergrund. Jemand, der sich ein öffentliches Scheitern
in der Größenordnung des Schwimmbads von Turnhout ein-
brockt, ja der sich auf seinem Gebiet als dermaßen unfähig
erweist und dermaßen dreist mit den Leuten und ihrem Geld
umgeht, der muss doch wohl den höchsten Preis dafür zahlen?
Man glaubte oder wollte die Menschen offensichtlich glauben
lassen, dass der Konstruktionsfehler den Architekten in den
Selbstmord getrieben hatte, und dieser Glaube war wahrhaftig

genug, um diese Version der Geschichte als Tatsache weitererzählen zu dürfen. Eine aufkeimende Stadtlegende, die mit jedem Mal, dass sie erzählt wurde, an Überzeugungskraft gewann. Sie war wahr, weil man sie für wahr hielt, so, wie auch die Geschichte vom Mörder im Kofferraum bereits seit Generationen an jedem Lagerfeuer für Angst sorgt, weil sie im Grunde eine Urangst weckt. Mörder im Kofferraum sind gruselig. Und Architekten, die scheitern, bringen sich um.

Dass das eine grausame Argumentation ist, die dieser Selbstmordgeschichte vorausgeht, fiel mir ehrlich gesagt erst Jahre später auf. Ich glaube, dass ich die Anekdote zunächst gar nicht hinterfragt habe. So lief das hier eben manchmal. Als ich die Geschichte später selbst einmal zum Besten gab, reicherte ich den Vorfall genüsslich mit einem sicheren Instinkt für eine schwarzromantische Tragödie an: der Architekt als gescheiterter Künstler, das Scheitern seines Werks als Scheitern seiner selbst.

Bei sentimentaleren Versionen der Geschichte wurde der Architekt psychologisiert, nicht als tragischer Künstler, sondern als verkannter Sohn eines Architekten der Turnhouter Schule – man wisse schon, von wem. Über den Vater sei er an den Auftrag für das prestigeträchtige Schwimmbad gekommen. Eine Riesenchance und *die* Gelegenheit, sich unabhängig von seinem Nachnamen auf seinem Gebiet zu beweisen. Nicht nur das eigene Scheitern, sondern auch das Scheitern im Vergleich zu seinem Vater und Lehrmeister habe ihn in tiefste Verzweiflung gestürzt. Wir gehen nicht gerade zimperlich mit Menschen um, denen angeblich alles in den Schoß fällt.

Kneipentratsch. Kleinstadtklatsch. Eine Abrechnung. Die Empörung war jedenfalls groß, was das Schwimmbad betraf, und Wut braucht ein Ventil. Nur allzu gern wurde mit dem Finger auf den Architekten gezeigt. Er hatte das Schwimmbad in seinem Entwurf schließlich, mit dieser Heizungsanlage, auf diesen sumpfigen Untergrund gesetzt. Der Fehler ließ sich zwar nicht rückgängig machen, das Scheitern war bereits geschehen, aber derjenige, der den Fehler begangen hatte, musste – zumindest in dieser die Runde machenden Tatsachenvariante – endgültige Verantwortung dafür übernehmen. Der Selbstmord im Keller, egal, ob er sich nun zugetragen hatte oder nicht, wurde bei jeder Schilderung, bei jedem Faktenverdrehen erneut wahr. Aus irgendeinem Grund wurde der Wahrheitsgehalt dieser Geschichte niemals angezweifelt. Damit wird heimlich ein Urteil gefällt.

Immer wenn ich die Leiter eines Schwimmbads hintersteige, muss ich an zwei vagen Erinnerungen vorbei. Er und ich, für immer sechzehn. An einem Sonntagnachmittag lehnen wir ineinander verschlungen am Beckenrand des Turnhouter Schwimmbads. Im Wasser bin ich schwerelos, ich habe ihm die Beine um die Taille geschlungen, und seine Hände liegen auf meinem Hintern. Von dort aus erkunden seine Finger mein Bikinihöschen. Zwischen den Beinen spüre ich, wie er steif wird in seinem orangefarbenen Badehosenzelt. Unter Wasser ist die Reibung weniger spürbar, trotzdem drängt er sich so fest an mich, dass ich Angst habe, er könnte einen blauen Fleck hinterlassen. Wir küssen uns ohne Unterlass wie Waschmaschinen, mit großen kreisenden Zungenbewegungen. Zwischendurch sagt er, dass ich «sexy» bin, aber sicher sein kann ich mir nicht, weil er die Augen dabei geschlossen hat. Ich möchte, dass er mich ansieht. Ich selbst wage es nicht, ihn anzusehen. Ängstlich kneife ich die Augen zu und denke an das, was ich neulich in einer Zeitschrift gelesen habe, die Schilderung eines Mädchens, das mit seinem Freund Sex unter Wasser hatte. Sein Penis hatte ein Vakuum erzeugt und blieb in ihr stecken. Es

· 23 ·

war sehr schmerzhaft. Ich überlege, welche Möglichkeiten uns bleiben, falls wir uns in einer ähnlichen Situation wiederfinden sollten. Wir könnten davonlaufen und in einem Wanderzirkus als «Siamese Lovers» auftreten. Ich bin total verknallt in ihn, habe gerade angefangen, die Pille zu nehmen, und brenne lichterloh. Die Kinder, die wir vergraulen, und die Erwachsenen, die wir in Verlegenheit bringen, sie sind mir egal. Das öffentliche Schwimmbad ist eine Erweiterung meines Schlafzimmers, in dem ich keine Privatsphäre habe, weil meine Mutter will, dass ich die Tür auflasse, wenn ich mit ihm auf dem Bett liege.

Erst als wir Menschen schreien hören, bekommen wir die Umgebung wieder mit, und ich stoße ihn fort. Am anderen Ende des Beckens umringen mehrere Menschen den Bademeister, der zusammengekrümmt auf dem Boden liegt. Blut auf dem Antirutschboden. Zwei junge Männer verschwinden im Gang mit den Umkleiden. Kurz darauf wird der Bademeister in einen Krankenwagen geschoben. Alle müssen das Schwimmbad verlassen. Weil der Gang mit den Umkleiden Teil des Tatorts ist, müssen wir uns hinter der Absperrung umziehen. Fast hundert Besucher stehen tropfnass im Foyer. Die Polizei befragt sämtliche Augenzeugen.

Der Bademeister soll einen zwölfjährigen Rowdy aus dem Wasser geholt haben, woraufhin der Junge seinen Bruder – Typ Muskelprotz – herbeitrommelte, der den Bademeister daraufhin vermöbelte. Andere behaupten, der Bademeister hätte den Jungen nicht unter Kontrolle bekommen und an der Kehle gepackt, um ihn zum Schweigen zu bringen, woraufhin der große Bruder die Verteidigung übernahm. Auf den Bildern der Überwachungskamera ist nur zu sehen, wie der Retter mit dem Rücken zur Kamera vor dem Jungen steht und dann von hinten angegriffen wird.

Nach anderthalb Stunden Warten erzählen wir dem Polizisten kichernd, dass wir nicht mitbekommen haben, was passiert ist, weil wir rumgemacht hätten. Wir dürfen gehen.

Der Bademeister behält von diesem Vorfall einen gebrochenen Wangenknochen und einen gebrochenen Fuß zurück. Die beiden jungen Männer können nicht identifiziert werden. Das Schwimmbad bleibt für mehrere Tage geschlossen.

Der Architekt des Schwimmbads hat keinen Namen. Zumindest kann ich seinen Namen in der Berichterstattung nirgendwo finden. Irgendwie ist es gelungen, seine Identität aus den Medien herauszuhalten. Dieser Verschwindetrick befeuert die Geschichte von seinem Selbstmord erst recht. Dann und wann behauptet jemand, trotzdem zu wissen, wer er ist. Wissen ist Macht, auch in der Kneipenszene. Wer eine gute Geschichte zu erzählen hat, bekommt vielleicht ein Getränk ausgegeben oder kann so wenigstens dafür sorgen, dass jemand auf dem Barhocker nebenan Platz nimmt und ihm Gesellschaft leistet. Laut Rob V., Stammgast im Café Ranonkel, ist der Architekt nicht der Sohn eines bekannten Architekten, sondern der Neffe eines Beigeordneten aus der Opposition der damaligen Stadtverwaltung. Renée M. behauptet, der Architekt stamme nicht mal aus Turnhout und habe mitnichten Selbstmord begangen. Der Bauunternehmer wiederum sei nach der Schließung spurlos verschwunden. Stan W. hingegen schwört Stein und Bein, dass es in Wahrheit der Bauunternehmer war, der sich aufgrund von ungerechtfertigten Vorwürfen das Leben nahm.

Inzwischen zieht sich das Gerichtsverfahren schon fast sieben Jahre hin. Die Stadt hat Schadenersatz in beträchtlicher Höhe gefordert, die Prozessbeteiligten haben einen Vergleich geschlossen. Informationen über den Fall dürfen unter keinen Umständen rausgegeben werden.

Von einem früheren Beigeordneten erfahre ich, dass der

Bauunternehmer schon im Vorfeld auf das Problem hingewiesen hat, doch es wurde nicht auf ihn gehört. Das Schwimmbad sollte so schnell wie möglich fertig werden, und in der Eile kommt es zu Fehlern. Mehr möchte er dazu nicht sagen, er beendet das Thema mit einer Redewendung: «Die Gemeinde hat uns übers Ohr gehauen.»

Auch der Bürgermeister hält sich strikt an das Embargo, konkrete Informationen herauszugeben. Als ich ihn frage, was der genaue Grund für die endgültige Schließung des Schwimmbads gewesen sei, weicht er mir rhetorisch geschickt aus: «Aufgrund von technischen Störungen wegen der Problematik.»

Der Geschichte über den Architekten schenkt er keinen Glauben, darf aber wegen des laufenden Verfahrens nichts weiter dazu sagen. Stattdessen zeigt mir der Bürgermeister ein paar Fotos von der neuen Wasserrutsche.

Danny aus der Driekuilenstraat, einer Einbahnstraße parallel zu der, in der meine Eltern wohnen: Immer wenn ich ein Duvel bestelle, denke ich an ihn. Tag für Tag kam er um die Mittagszeit zum Trinken in die Schwimmbad-Cafeteria. Die zwei Kilometer bis zum Stadtpark legte er in einem motorisierten Rollstuhl zurück. Über das Öffentliche Sozialhilfezentrum hatte er den umsonst bekommen, weil er an Übergewicht und an einer Fettleber leidet. Seine Erkrankung und seinen Sozialhilfeanspruch erhält er dadurch aufrecht, dass er jeden Tag zwischen zwölf und vierzehn Duvels trinkt. Mein Vater glaubt, dass es sich um einen Kasten Bier am Tag handelt, aber manchmal klingen Tatsachen unglaubwürdiger als etwas, das man sich ausgedacht hat.

Beim Trinken sitzt er jedenfalls immer im Cafeteria-Bereich mit Blick auf das Becken. Von dort aus sieht er den Badegästen zu, ohne jeden Hintergedanken. Vom Trinken wird er weder ausfällig noch vulgär. Er gibt sich einfach nur die Kante. Gegen Ende seines Cafeteria-Besuchs dünstet er einen säuerlichen Geruch aus, manchmal vermischt mit Urin. Ansonsten ist er ein höflicher Gast, eine zuverlässige Einkommensquelle für die ungemütliche Cafeteria, in der selbst die Croque-Monsieurs ungenießbar sind.

Wenn er dann um fünf in seinem Rollstuhl nach Hause fährt, wartet seine Frau mit einem Backhuhn auf ihn, das er mitsamt der Haut aufisst. Anschließend legt er sich schlafen. Am nächsten Tag steht er erst gegen Mittag auf, und alles beginnt von vorn. Dass seine Frau auch mal rauskommt, dafür reicht das Geld nicht. Seine Sozialhilfe und ihre Rente genügen gerade, um die Rechnungen und Biere zu bezahlen. Für unvorhergesehene Ausgaben geht sie schwarz putzen. Sonntags sitzt Danny normalerweise länger in der Cafeteria, wegen des Wettkampfs: Kraulen, das schaut er sich gern an.

An bewusstem Sonntag bricht der Schiedsrichter den Wettkampf auf Anweisung des Trainers hin ab. Obwohl Danny fast bei seinem vierzehnten Bier angelangt ist, schreckt er deswegen trotzdem aus seinem Rausch hoch. Durch die Scheibe sieht er, wie die Mitglieder des Schwimmvereins vom Schwimmbadaufseher Bert P. zusammengestaucht werden. Was Danny in der Cafeteria nicht mitbekommt, ist, dass die Schwimmer ihre Handtücher und Sporttaschen achtlos neben dem Beckenrand fallen gelassen haben. Dadurch wurde ein Großteil der Luftzufuhrgitter verdeckt (der Verein zählt dreihundert Mitglieder). Wegen der von Sporttaschen und Handtüchern gestörten Frischluftzufuhr ist die Luftfeuchtigkeit innerhalb von einer halben Stunde auf achtzig Prozent gestiegen, wodurch das Atmen im Schwimmbad mühsam wurde, die Luft dünn, die Gedanken wirr.

Trainer und Schiedsrichter ermahnen die Mitglieder des

Schwimmvereins, aber Bert P. beschimpft sie als letzten Dreck, so als wollte er Asoziale am Kragen packen, statt erwachsene Hobbyschwimmer auf ein Versehen hinzuweisen. Ein paar Mitglieder teilen gegen ihn aus, die Auseinandersetzung wird schnell hitzig. Trotz des Aufruhrs gelingt es, das Schwimmbad nach zehn Minuten zu räumen.

Bert P. gibt ihm Nachhinein zu, dass er zu impulsiv reagiert hat, und möchte konstruktiv über eine Lösung für die Zukunft nachdenken: Vielleicht kann eine Vollzeitkraft an der Treppe stehen und kontrollieren, dass keine Sporttaschen oder Handtücher mit reingenommen werden?

Nach der Räumung sinkt die Luftfeuchtigkeit rasch wieder auf fünfzig Prozent, zur Sicherheit bleibt das Schwimmbad jedoch für den Rest des Abends geschlossen.

Als das Personal am nächsten Tag eintrifft, um die Morgenschwimmer reinzulassen, entdeckt es vor dem Eingang zur Cafeteria, weit vor der regulären Öffnungszeit, den motorisierten Rollstuhl. Später wird Dannys Frau bestätigen, dass er am Vorabend tatsächlich nicht nach Hause gekommen ist. Sie hatte gewartet, bis das Huhn kalt war, und nur gedacht: Du kannst mich mal ...

Auf dem Blog *Turnhout – van Toen* («Turnhout, wie es früher einmal war») sehnt man sich nach der Vergangenheit zurück. Unter einem sepiafarbenen Foto vom Freibad im Stadtpark (drei Schwimmbecken und ein kleines Sprudelbecken) lese ich folgende Reaktion:

Ich denke immer noch sehnsüchtig an das Freibad im Stadtpark zurück. Ich kann immer noch nicht fassen, dass es dieses Schwimmbad nicht mehr gibt. Es bricht mir jedes Mal das Herz, wenn ich im Stadtpark bin und

sehen muss, wie es einmal war, wie es jetzt ist und wie
es nie mehr sein wird … (W. P. – 29 | 6 | 2012–18u17).

Antwort:

Lieber W. P., es ging einfach nicht anders. Sämtliche
Becken waren an *ein* Stromnetz angeschlossen. Die
Probleme im Hallenbad hatten auch Auswirkungen auf
das Freibad. Wäre das Freibad geöffnet geblieben, hätte
es höchstwahrscheinlich weitere Pannen gegeben. Ich
bin froh, dass wenigstens das verhindert werden konnte.
(D. V. – 17 | 07 | 2012–8u34).

Antwort:

Was für ein Schwachsinn! Der größte Fehler der
Gemeinde war, dass sie sich eingebildet hat, ein Hallenbad mit allen Schikanen haben zu wollen, während ein
einfaches, großes Freibad nie in Erwägung gezogen
wurde. Kein Einwohner von Turnhout braucht beheiztes
Wasser! (M. V. – 02 | 04 | 2017–22u32).

Viertel nach sieben, kaltes Wasser, Kurzschluss. Bin schon
seit vier Stunden wach. Noch nie so früh in einem öffentlichen
Schwimmbad gewesen. Heute Nacht hat mich mein Freund verlassen, das sind die ersten, ratlosen Stunden, und die nächsten
anderthalb Stunden schwimme ich. Arme und Beine, leer und
schwer. Brust, Atemnot. Bauch, Seitenstechen. Haut, in Chlorwasser eingeweicht. Mund, nicht ertrunken. Lippen, knapp über
der Wasseroberfläche. Am Beckenrand klebt kein Liebespaar.
   Im Bus nach Hause schlafe ich ein und verpasse die Halte-
stelle, an der ich aussteigen muss. Trotzdem wache ich zu

Hause in meinem Bett auf und falle gleich wieder in den Schlaf, tief hinunter auf den Beckenboden. Wieder befinde ich mich auf der Fünfundzwanzig-Meter-Bahn, schwimme Schlag für Schlag bis ans andere Ende. Erzählzeit und erzählte Zeit verwischen sich in diesem Traum, sodass ich den Traum rasch mit dem Schwimmen von vorhin verwechsle. Plötzlich werden die Bewegungen schwerfälliger, das Wasser dickflüssiger. Als ich die Bahnmitte erreicht habe, komme ich nicht mehr weiter. Das Wasser hat jetzt eine milchige Farbe. Es gibt keine anderen Schwimmer, keine Zeugen. Die Milch fühlt sich warm an, sie wärmt sich auf, ich spüre, wie das milchige Wasser um mich herum merklich wärmer wird, und lasse mich hinabgleiten. Nur ganz kurz!, denke ich und tauche ein in die dickflüssige, weiße Wärme. Bis mir wieder einfällt, dass ich atmen muss, und panisch nach oben schwimme. An der Wasseroberfläche stoße ich auf ein bewegliches, elastisches Vlies: Es gibt nach, als ich dagegendrücke, platzt aber nicht. Es gibt keine Öffnung. Es gelingt mir nicht, die Haut auf der warmen Milch zu durchbrechen.

«SCHWIMMEN IN MILCH», lautete die Zeitungsschlagzeile wenige Tage später, am Donnerstag, dem 11. Juni 2009. Am Mittwochnachmittag nahm das Wasser im großen Becken des Stadspark-Schwimmbads in Turnhout eine milchweiße Farbe an. Der für die Wartung der Anlagen zuständige Peter R. machte sich deswegen zunächst keine Sorgen: «Wenn es voll ist, können Stoffe ins Wasser gelangen, die zu Verfärbungen führen. Im Sommer passiert das schon mal», wiegelt er ab.

Dennoch gerieten die Schwimmer in Panik. Ein Kind, das mit seinem Vater im Vorderbereich des großen Beckens spielte, schluckte etwas von dem Milchwasser und musste sich anschließend wiederholt übergeben. Mehrere Schwimmer gaben an, das Wasser habe einen verdächtigen, chemischen Geruch gehabt. Eine ältere Dame konnte gerade noch an den Beckenrand gezogen werden, bevor sie fast ohnmächtig wurde. Sie glaubte, der liebe Gott hätte das Wasser mit seiner Anwesenheit beehrt und in Milch verwandelt, so, wie in der Bibel Wasser in Wein verwandelt wird.

Als eine halbe Stunde später die letzten Schwimmer sicherheitshalber doch noch das Bad verließen, legte ein Stromausfall das System zum Scannen der Eintrittsarmbänder lahm. Daraufhin wurde beschlossen, das Bad sofort zu räumen.

Auch am nächsten Morgen blieb das Wasser weißlich trüb. Man befürchtete schon, es könnte Recyclingwasser ins Becken gelangt sein – Wasser, das normalerweise zum Putzen der Duschen und für die WC-Spülung verwendet wird. Daraufhin Peter R.: «Nun, an und für sich ist das sauberes Wasser, aber eben nicht sauber genug, um darin zu schwimmen.»

Am Tag danach sollte das Referat für Gesundheit und Umwelt kommen, um Proben zu entnehmen. Es dauert mindestens achtundvierzig Stunden, bis die Testergebnisse da sind. Nach heutigem Stand bleibt das Schwimmbad bestimmt noch bis Montag geschlossen. In der Zwischenzeit besteht die einzige Lösung darin, das weiße Wasser zu verdünnen, zu verdünnen, zu verdünnen.

Gute Nachrichten: Der maßangefertigte Filter, der bestimmte Grundprobleme im Schwimmbad lösen soll, soll früher als gedacht in Turnhout ankommen.

Sobald der Filter geliefert ist, wird man für ein paar Tage in den Probebetrieb gehen. Das beinhaltet, das Becken so zu befeuchten, als hätten tausend Personen darin geschwommen. Je nach Ergebnis besteht die Chance, dass das Schwimmbad noch vor den Weihnachtsferien wieder aufmacht.

Aber in den Weihnachtsferien 2009 macht das Schwimmbad nicht auf, auch nicht im Januar 2010. Vermutlich ist das große Becken durchlässig wie ein Sieb, das Wasser dringt durch die Fugen, durch den Beton in den Keller, wo es dann auf die Stromleitungen tropft. Noch will niemand gesagt haben, dass der Beton neu gegossen werden muss.

«Ihr sagt, dass der Beton Wasser durchlässt, wir sagen, dass es Wasserlecks gibt. Auch Ritzen, Löcher, Öffnungen können für die Kellerlecks verantwortlich sein, denkt auch an diese Möglichkeit und seht nicht nur das, was ihr sehen wollt, hier werden verdammt noch mal Tatsachen verkündet, bevor sie überhaupt passiert sind!», so die Presseabteilung.

In Band zehn der Gesammelten Werke von Charles Darwin lese ich eine Passage über den «Ausdruck der Gemüthsbewegungen bei dem Menschen und den Thieren». Der Autor spricht darin von den sogenannten «grief muscles» oder «Gram-Muskeln». Diese Muskeln befinden sich im Gesicht und werden bei Tod, Gram, also Kummer, und Misserfolg aktiviert. Passend zum rationalistischen Eifer des 19. Jahrhunderts, betrachtet Darwin das Anspannen dieser Muskeln weniger als äußerliches Anzeichen für innere Regungen, sondern vielmehr als körperliche Reaktion. Die Gram-Muskeln sind miteinander verbunden. Das Zusammenziehen der Brauen lässt die Mundwinkel sinken und wirkt sich außerdem auf die Durchblutung des Gesichts aus. Dadurch wird der Teint blass, die Muskeln erschlaffen, die Lider hängen, und der Kopf fällt auf die Brust. Aufgrund ihres geballten Gewichts vollführen Lippen, Wangen und Unterkiefer eine Abwärtsbewegung. Deshalb, so Darwin, sagt man auf Englisch, dass das Gesicht eines Menschen bei schlechten Nachrichten oder beim Erleiden eines Misserfolgs «fällt». Darüber hinaus kann ein Misserfolg dazu führen, dass wir in den Augen anderer einen «Gesichtsverlust» erleiden. Das Gesicht fällt von uns ab. Wir verlieren unser Gesicht. Sind auf einmal ein Niemand. Zumindest nicht mehr als ein Jemand erkennbar. Das sind alles nur Metaphern. Ich muss das nicht so schwernehmen.

In Ermangelung eines eigenen Schwimmbads sahen sich die Schulen in Turnhout in den neunziger Jahren und zu Beginn des Jahres 2000 gezwungen, den Schwimmunterricht zwei Dörfer weiter anzubieten. Im Schwimmbad von Arendonk wäre ich einmal fast ertrunken, aber das hat niemand ernst genommen.

In der letzten Schwimmstunde vor den Ferien hatten wir immer *Spaßbad*. Knallbuntes Spielzeug aus Schaumstoff oder zum Aufblasen wartete schon im Wasser auf uns: Schwimmnudeln, Schwimmflöße, Bälle, Schwimmbretter und, über die gesamte Länge des Übungsbeckens, die Wasserrutsche. Ich saß mit dem dicksten Jungen meiner Klasse auf einem roten Schwimmfloß und wartete, bis ich bei der Wasserrutsche an der Reihe war, als er sagte, dass er verliebt in mich sei, um mich dann, ganz erschrocken von seinem Geständnis, plötzlich vom Floß zu stoßen. Damit hatte ich nicht gerechnet. Durch das Gewicht des Jungen fiel der Stoß kräftiger aus als beabsichtigt, wodurch ich einen Salto rückwärts machte und unter dem Floß landete. Instinktiv versuchte ich, das Floß nach oben zu drücken, dorthin, wo Luft war, doch weil der dicke Junge immer noch draufsaß, gelang es mir nicht, es anzuheben. Sofort geriet ich in Panik. Wieder versuchte ich, gegen das Floß zu drücken. Vergeblich, und als mir das dämmerte, spürte ich, wie in meinem Kopf ein dünner Faden entstand, anders kann ich das nicht beschreiben, ich spürte, wie sich ein dünner Faden um meinen Schädel spannte. Als würde die Luft, die langsam zur Neige ging, zu diesem Faden zusammengepresst, ja, als müsste ich mich an diesen Atemfaden in meinem Kopf klammern.

Wenn ich heute an die paar beklemmenden Minuten unter dem Floß zurückdenke, finde ich es beängstigend, wie schnell ich eigentlich aufgegeben, wie wenig Überlebensinstinkt ich in dieser Situation bewiesen habe.

Durch die um uns herumtobenden Kinder im wildwogenden Wasser muss das Floß weitergetrieben sein. Erst als ich merkte, dass es sich horizontal bewegen ließ, begriff ich, dass ich mitnichten gefangen war, sondern einfach nur unter dem Floß hervorzutauchen brauchte, um wieder frei zu sein.

Nach Luft schnappen beim Auftauchen. Ich zog mich zur Leiter, und kaum war ich aus dem Becken geklettert, brüllte ich das ganze Schwimmbad zusammen. Der Bademeister, der mehrere Funktionen erfüllte und auch mein Sportlehrer sowie Hort-Betreuer war, kam, um mich zu trösten. Als ich ihm erzählte, dass ich beinahe unter dem roten Floß ertrunken sei, sagte er: «Das glaube ich kaum.»

Am 18. April 2011 wird das Schwimmbad nach vierhundertdreiundvierzig Tagen Schließung wieder eröffnet. Um sieben Uhr morgens steht eine beachtliche Anzahl von Frühschwimmern vor der Tür.

Alle, die bei der Schließung im Jahr 2009 ein Abo hatten, bekommen heute zur Entschädigung eine Gratis-Verlängerung um die Schließungsdauer. Ungefähr hundert Leute stellen sich an der Kasse an, um sich die verpassten Schwimmtage nachtragen zu lassen.

Um Viertel nach zwölf bildet sich vor dem elektronischen System, das die Eintrittsbänder kontrolliert, eine Schlange aus ungefähr vierzig Schwimmern. Das System ist zusammengebrochen.

Nach zwanzig Minuten Warten wird eine defekte Sicherung gefunden – sie ist vermutlich wegen des überlasteten Zutrittssystems rausgesprungen, das morgens die Abos verlängern sollte.

Zehn Minuten später haben sich die Ersten umgezogen. Im Gang mit den Umkleiden, der zum Schwimmbad führt, werden sie aufgehalten. Der Chlorgehalt des Wassers liegt im oberen Bereich. Ein Teil der Besucher ist zu Recht wütend und verlässt das Bad.

Nach einer kurzen Kontrolle dürfen die Schwimmer doch noch ins Wasser springen. Die einen fühlen sich auf den Arm genommen, die anderen sind in erster Linie erleichtert, dass noch geschwommen werden darf. Kurz nach den ersten Platschern fällt die Beleuchtung aus. Stromausfall. Auch die Schließfächer funktionieren elektronisch. Die Schwimmer müssen im Dunkeln in ihren Badesachen warten. Inzwischen stehen auch achtzig ungeduldige Schüler in der Halle.

Dann wird die Ursache für den Stromausfall gefunden. Es wird nicht verraten, was schiefgelaufen ist, aber der Fehler wird behoben. Nach dem Umziehen springen die achtzig Schulkinder abwechselnd von den Sprungbrettern der drei für sie reservierten Schwimmbahnen und beginnen mit fünfhundert Metern Kraulen.

Als die Kinder das Wasser verlassen haben, schließt die Cafeteria, und an der Kasse wird eine Entscheidung getroffen: lieber bis zum Wettkampf am Sonntag vorläufig schließen, wegen der Problematik.

Am Sonntag wird der Wettkampf abgesagt. Das Schwimmbad bleibt geschlossen.

Rückschläge lassen sich überwinden. Aus der endgültigen Schließung wurde vor kurzem nach einigen Jahren wieder eine vorläufige. Mit einer Sturheit, die ich sonst nirgendwo erlebt habe, plante man ein ganz neues Schwimmbad genau am selben Ort, obwohl in diesem Morast die Wahrscheinlichkeit, dass sich der Boden wieder senken würde, hoch war. Das angestrebte Wiedereröffnungsdatum sollte im Frühling 2014 sein. Diesmal musste es klappen. Es ging schließlich nicht mehr bloß um den Bau eines neuen Schwimmbads. Das war in erster Linie die Gelegenheit, Fehler auszubügeln, das gefallene Gesicht wieder aufzuheben und erneut aufzusetzen. Das neue Schwimmbad sollte nicht nur die auf dem Trockenen sitzenden Schwimmer zufriedenstellen, sondern auch einen erfolgreichen Neubeginn symbolisieren. Das A und O der Pläne ist die Umstellung auf ein neues Stromnetz, um Stromausfälle und defekte Grundwasserpumpen zu vermeiden. Dafür sollen zwei neue Technikräume gebaut werden. Die früheren Probleme mit Belüftung und Wasseraufbereitung lassen sich so besser nachverfolgen.

Die einstige Wildwasserrutsche wird abgerissen.

Dort, wo sich vorher der problematische Keller befand, entsteht jetzt auf einer Erhöhung ein neuer Technikraum. Darüber kommen drei Kinderbecken, die direkt an die Cafeteria grenzen.

Das Fünfundzwanzig-Meter-Becken bleibt bestehen.

Das Wellenbad kommt weg. Stattdessen gibt es ein Lehrschwimmbecken mit Hubboden und ein Auffangbecken für die neue Rutsche.

Die neue Rutsche soll sechzig Meter lang werden, auf halber Strecke wird es eine Kamera geben, die Fotos von den hinabrutschenden Schwimmern macht – als Vorbild dient die Wildwasserrutsche im Freizeitpark Bobbejaanland. Das Foto kann man anschließend in Form eines Schlüsselanhängers erwerben oder als Abzug mit einem von drei Mottos: Natur, Piraten oder Delfine.

Die Sauna und der Whirlpool bleiben, bekommen aber ein neues Gewand.

Die Stadtverwaltung beschließt, ein neues Schwimmbad zu

bauen, statt Geld in die Renovierung des alten zu stecken. Die höheren Kosten sollen innerhalb von fünf Jahren eingespielt sein, und ja, in diesem Budget sind unerwartete Ausgaben und Reparaturen bereits enthalten.

Es dauert dann bis Februar 2017, bis das neue Schwimmbad eröffnet wird. Keinen Monat später muss es wieder vorübergehend schließen: Während des Schulschwimmens wurden giftige Chlordämpfe freigesetzt. Drei Monate später steht eine Gruppe erschütterter Abendschwimmer vor der verschlossenen Tür, weil es «finanziell nicht mehr vertretbar ist, das Schwimmbad nach 18 Uhr geöffnet zu haben».

Trieb die Schwimmbad-Fehlplanung den Architekten wirklich dazu, ein Seil um eine Oberleitung an der Kellerdecke zu knoten und den Hocker unter seinen Füßen wegzutreten? Wann ist ein Versagen groß genug, um dafür zu sterben? Eigentlich lautet meine Frage: Wann wird ein Scheitern größer als das Leben oder so allumfassend, dass das Leben selbst als gescheitert gelten muss? Wo verläuft die Grenze zwischen Schöpfer und Werk?

Eine Spur hat in Turnhout ihren Anfang genommen, in der Heimat, wo die meisten Geschichten beginnen, und führt zu dreizehn Bauwerken, die für ihren jeweiligen Architekten zum Verhängnis werden sollten. Innerhalb von drei Jahren habe ich diese «Orte des Scheiterns» aufgesucht. Um die Architekten zu rehabilitieren, ihre «gefallenen» Gesichter aufzuheben und etwas gegen die Sinnlosigkeit ihrer Verzweiflung, die Endgültigkeit ihrer Tat zu unternehmen. In Momenten von Größenwahnsinn habe ich mir vielleicht sogar eingebildet, diese Taten im Nachhinein noch verhindern zu können. Zumindest habe ich mir so was anfangs noch eingeredet.

II.

Kirche Saint-Omer
(1607–1676), Verchin

Jean Porc (†1611)

Ob auch ich das Glück habe, in der Nähe einer verdrehten Turmspitze zu leben? Ich versuche, ihre Frage mit angemessener
Enttäuschung zu beantworten. Madame Maquin ist schließlich
niemand Geringeres als die stolze Präsidentin der *Association
les Clochers Tors d'Europe*. Als der frühere Präsident des europäischen Vereins für verdrehte Turmspitzen vor vier Jahren sein
Amt niederlegte, schlug er sie als geeignete Nachfolgerin vor.
Völlig überraschend. Die Präsidentschaft ist ein siebenjähriges
Mandat, nichts, was man auf die leichte Schulter nimmt, in
erster Linie jedoch eine Ehre.

«Außerdem ist sie die erste Präsident*in*», mischt sich ihr
Mann, Monsieur Maquin, ein. Das Ehepaar, beide um die sechzig, hat eine zweieinhalbstündige Autofahrt hinter sich, um
mich an der Kirche von Verchin, einem Dorf in Pas-de-Calais,
zu treffen. Es versteckt sich zwischen Landstraßen, zwei Kilometer von der Quelle der Leie entfernt, und hat rund zweihundert Einwohner.

Der verdrehte Turm von Saint-Omer hat mich vorhin, von
der Straße aus, an einen der kahlen Novemberzweige der Rosskastanien am Rand des Dorfes erinnert. Erst als ich näher an die
Kirche herankam und die Perspektive korrigiert wurde, schien
der krumme Ast nicht mehr einem Baum zu entsprießen, sondern als schiefer Zaubererhut auf einem Kirchturm zu sitzen.

Das Haus gegenüber der Kirche steht zum Verkauf. Daneben befindet sich ein kleiner Baumarkt mit Parkmöglichkeiten für drei Autos. Ab und zu kommt ein Lastwagen vorbei, der die Hauptstraße als Schleichweg benutzt. Ansonsten ist das Zentrum von Verchin wie ausgestorben. Vermutlich befinden sich hinter den Gardinen und runtergelassenen Rollläden Einwohner. Madame Maquin hat mich auf den ersten Blick erkannt. Sie kann nicht fassen, wie jung ich bin – eine Schriftstellerin aus Belgien, die hat sie sich ganz anders vorgestellt –, aber sie begrüßt mich herzlich. Monsieur Maquin schmiedet, kaum dass er mich gesehen hat, Pläne für eine Verjüngungspolitik des Vereins.

Was macht der Verein genau? Vor allem Kontakte zu den Medien knüpfen, den gegenseitigen Austausch befördern und natürlich: Forschung betreiben. Es müssen so viele Erkenntnisse wie möglich über die verdrehten Turmspitzen gesammelt und verbreitet werden. Europa zählt zweiundachtzig *clochers tors*. Ungefähr die Hälfte wurde bereits im ersten Band des auf zwei Bände angelegten Kompendiums beschrieben, das der Verein herausgegeben hat. M. Maquin holt das Buch aus dem Kofferraum seines Wagens. Die beiden haben noch nicht alle beschriebenen Türme persönlich in Augenschein nehmen können, aber das ist sicherlich ihr Traum. Bei jedem Turm, den sie besuchen, kommt ein Stempel in das Buch, ein Pilgerausweis ihrer Wallfahrt.

M. Maquin hat vorläufig auch schon ein Lieblingsexemplar: die verdrehte Turmspitze von Chesterfield, ganz aus Blei und sehr robust. Mme. Maquin bleibt in ihrer Eigenschaft als Präsidentin lieber neutral, aber den Turm von Verchin findet sie schon sehr besonders. «Als wollte er jeden, der vorbeikommt, mit einer Verbeugung begrüßen», schwärmt sie.

Wegen Umbauarbeiten befindet sich das Rathaus vorübergehend in einem Container hinter der Kirche. Das zähnefletschende Gebell von zwei Deutschen Schäferhunden hetzt uns über den Sandweg in die richtige Richtung. Der Bürgermeister von Verchin, Monsieur Lamourette, erwartet uns in seinem provisorischen Büro. Kaum haben wir es betreten, verschlägt uns heiße Luft den Atem, eine Elektroheizung bringt den Container auf tropische Temperaturen. Neben der Heizung stehen ein Archivschrank und eine Senseomaschine, gegenüber davon sechs Klappstühle und zwei schlichte Tische. An einem davon verschanzt sich die Sekretärin hinter einem brummenden MacBook Pro – ein Anachronismus in diesem Dorf, an dem die Digitalisierung ansonsten spurlos vorübergegangen zu sein scheint. Hinter dem anderen Tisch erhebt sich der Bürgermeister. Seine Tischplatte ist so gut wie leer, bis auf ein Stempelkissen in der rechten Ecke, auf dem ein Stempel auf Genehmigungen wartet. Bürgermeister Lamourette begrüßt uns mit einem Händedruck, der Respekt abringen möchte. Er betont, dass er sich extra Zeit für unseren Hobbyclub von Turmspitzenbegeisterten freigeschaufelt hat. Gleich darauf schickt er hinterher, dass wir uns keine Illusionen zu machen brauchen: Das Kircheninnere bekommen wir nicht zu sehen. Einsturzgefahr.

Die Sekretärin hat Kaffee gekocht, der in Verbindung mit der stickigen Hitze von der Elektroheizung sofort zu bohrenden Kopfschmerzen führt. Dann betritt ein extrem kleiner Mann, der sicherlich an die achtzig sein dürfte, den Container. Es handelt sich um M. Defebvin, den hiesigen Vereinsabgeordneten und Verchin-Spezialisten. Er spricht auf *Ch'ti* mit uns. Die harten Laute des Dialekts sorgen dafür, dass sein Französisch unverständlich ist, ganz so, als schlüge er sich bei jedem Wort einen Nagel in den Mund. Ich gehe insgeheim in Deckung und schweife gedanklich ab, hin zur fehlenden Kuppe des Zeigefingers seiner rechten Hand, mit der er meine nicht schüttelt. Defebvin scheint sich nur für die Präsidentin Mme. Maquin zu interessieren. Er überschüttet sie mit etwas, das vermutlich Komplimente sind. Ihr Mann scheint bei diesen Schmeicheleien kein bisschen eifersüchtig zu werden – im Gegenteil, er nimmt die an seine Frau gerichteten Worte entgegen, als gälten sie ihm. Wie Defebvin wohl seine Fingerkuppe verloren hat?

Erst als Mme. Maquin seine Sätze langsam, in lupenreinem Französisch für mich wiederholt, verstehe ich, dass er empört ist über den Grund meines Besuches.

«Das ist ein katholisches Dorf mit einer berühmten Kirche», protestiert Defebvin, «alle sind richtig stolz auf Saint-Omer mit ihrem authentischen, besonderen Turm. Angesichts der damaligen Möglichkeiten ist er gut ausgeführt worden! Sind Sie etwa aus Sensationsgier hergekommen?»

«Ich denke nicht», sage ich. «Aus persönlichen Gründen habe ich ein Interesse an architektonischen Fehlschlägen entwickelt. Vor allem an Fehlschlägen, die für den Architekten zum Verhängnis wurden, ja sich sogar fatal gegen ihn gekehrt haben. *Le suicide?*»

Hätte er mir das Wort damit in den Mund zurückstopfen können, hätte mir M. Defebvin eine Ohrfeige gegeben. Sein Blick verrät Weißglut, aber er reißt sich zusammen.

«Der Architekt, wer auch immer das gewesen sein mag, hat sich nicht vom Kirchturm gestürzt», sagt Defebvin nachdrücklich. «Warum hätte er das tun sollen?»

In seiner Frage liegt eine gewisse Provokation, seine Vehemenz verhöhnt mich, meine Thesen und romantischen Vermutungen. Aus Scham vom schiefen Kirchturm gesprungen? Schlampige Recherche aufgrund eines bloßen Gerüchts. Ein Gerücht, das mich, wie mir der erfahrene Spezialist klarmacht, nicht das Geringste angeht. Die hundertfünfundsiebzig Kilometer, die ich zurückgelegt habe, um eindeutig eines Besseren belehrt zu werden, sind leider umsonst gewesen.

Der Grund für meine Anwesenheit scheint M. Defebvin persönlich zu kränken, der sich als Heimatforscher schon ein Leben lang mit der Kirche beschäftigt. Genauso gut hätte er sagen können, dass ich hier nichts zu suchen habe, denn genau das ist seine Meinung, aber er geht auch taktisch vor. Unser Treffen gibt ihm Gelegenheit, meine Fehleinschätzung, mein Vorurteil über seine Kirche, geradezurücken. Defebvin möchte meinen Geschmack kultivieren, ja korrigieren, denn er sieht in dem Turm mitnichten ein Scheitern, er ist für ihn ein markantes, einzigartiges Symbol für das ansonsten farblose Dorf, in dem er lebt, und damit auch für ihn.

Bürgermeister Lamourette, der Defebvins stolze Sturheit kennt, wird Zeuge, wie sich sein Besprechungstisch in eine Kampfarena verwandelt, und nimmt eine Mittlerrolle ein. Lamourette bestätigt, dass es diese Anekdote gibt. Einer Legende nach soll sich der Architekt tatsächlich vom Kirchturm gestürzt haben, nachdem er sah, dass die Spitze verdreht war. Hier in der Gegend werde das schon mal im Scherz erzählt. Ob es auch der historischen Wirklichkeit entspreche, wage er jedoch zu bezweifeln. Der Bau der Kirche habe ungefähr siebzig Jahre gedauert. Mehrere Generationen seien daran beteiligt gewesen. Damals habe ein Großvater mit der Errichtung eines solchen Baus begonnen, und erst der Enkel, der das Handwerk von ihm lernte, habe erleben dürfen, wie die Kirche bei ihrer Fertigstellung aussah. Es sei nicht bekannt, ob überhaupt ein einzelner Architekt für diesen Entwurf verantwortlich gewesen sei. In Rom habe es damals alle möglichen Michelangelos gegeben, aber hier in Verchin habe der Bau vermutlich in Händen der lokalen Steinmetzgilde gelegen.

«Ursprünglich war das tatsächlich die Gilde, aber eines muss hier schon erwähnt werden: Die heutige Kirche ist nach dem Brand von 1860 entstanden und wurde von der Gemeinde Verchin erbaut», mischt sich Defebvin ein, der das Gespräch erneut an sich reißt.

«Mein Großcousin, der ein Stück weiter in Teneur lebt, ist ein erfahrener Ahnenforscher. Er erstellt Stammbäume und Familiengeschichten für einen fairen Preis. Außerdem kennt er sich mit den allerneuesten Datierungsmethoden aus. Er hat das Beil und die Säge untersucht, die ich als kleiner Junge von meinem Großvater bekommen habe, der sie wiederum von seinem Großvater bekommen hat. Ihm zufolge – und ich vertraue ihm da voll und ganz, er hat an einer *grand école* studiert – sind sowohl Beil als auch Säge Originalwerkzeug aus der Zeit des Brandes. Das bedeutet, dass mein Ururgroßvater noch eigenhändig am Wiederaufbau der Kirche mitgewirkt hat. Alle Einwohner von Verchin und auch alle Einwohner der umliegenden Dörfer haben damals freiwillig und ganz selbstverständlich zu ihrem Werkzeug gegriffen, um die Kirche schnellstmöglich wieder aufzubauen. Jeder hinzugefügte Ziegelstein war ein Kieselstein auf dem Weg ins Paradies. Es galt als Ehre, bei der Restaurierung zu helfen, und das geschah mit großem handwerklichem Geschick. Zweiundzwanzigtausend bretonische Schiefersteine zählt die Turmspitze. Von Hand angebracht. In Wahrheit ist dieser Turm eine Art farbloses Mosaik, ein zurückhaltendes, frommes Kunstwerk.»

Gelangweilt von Defebvins Geschichte, die den Turm allzu erkennbar als Grundstein der Gemeinde darstellt, schweift mein Blick zu dem Containerfenster aus Plexiglas, hinter dem die Turmspitze von Saint-Omer achtundzwanzig Meter hoch aufragt. Zugegeben, das hat schon was. Eitel trägt der Turm seine Bedeckung aus bretonischem Schiefer wie trübe Edelsteine um seinen schlanken, krummen Hals, ein Krüppel, der nach Kräften versucht, sich aufzurichten, rührend in seiner Mischung aus Schwäche und Stolz. Defebvin folgt meinem Blick: «Großartig, sehen Sie nur, wie hoch er ist!»

Seine kindliche Begeisterung über den Turm, der nun so hoch auch wieder nicht ist, lässt mich vermuten, dass er noch nicht oft in einer Großstadt war.

«Vor dem Brand war der Turm etwas niedriger», fährt er fort, «zu niedrig. Der Wetterhahn, der senkrecht zur Achse eines jeden Kirchturms sitzt, muss die Wetterhähne der umliegenden Gemeinden sehen können, kuckuck! Er hat eine didaktische Funktion, müssen Sie wissen, der Wetterhahn soll die Dorfbewohner zu einem rechtschaffenen Leben motivieren. Der Hahn sieht alles! Alles, alles, so, wie der Hahn in der Bibel auch drei Mal gekräht hat, um den Verräter Judas zu verpetzen. Der Wetterhahn von Verchin stand ursprünglich einige Meter tiefer als seine Artgenossen. Man befürchtete, der Höhenunterschied könnte katastrophale Folgen für die Tugend der Einwohner haben. Deshalb nutzte man den Wiederaufbau nach der Zerstörung durch den Brand nicht nur, um den Gemeinsinn zu stärken, sondern auch, um den Turm größer zu machen, damit der Hahn höhenmäßig mithalten kann. Der Dachstuhl war jedoch nicht stabil genug, um den achtundzwanzig Meter hohen Turm zu tragen. Die schwankende Höhe und das Gewicht der Schiefersteine sorgten dafür, dass sich der schlecht verankerte Turm verdreht hat.»

Trotz dieser Bemühungen blieb der Wetterhahn von Verchin auf Halbmast hängen, einen Meter vierzig unter seiner ursprünglichen Position.

M. Maquin sagt grinsend: «*S'il y a du vent fort, la queue dirige la tête, non?*» («Bei starkem Wind steuert der Schwanz den Kopf, nicht wahr?»)

Mme. Maquin empfindet das als ordinären Herrenwitz, bricht aber dennoch in herzhaftes Gelächter aus. Ich werfe noch einen Blick auf den schiefen Turm, der zu einem Dreiviertel aufrecht steht, auf seine Krümmung nach links: das Geschlechtsteil eines Lovers, der es sich mittendrin anders überlegt. Defebvin streckt mehrmals vielsagend den rechten Zeigefinger, aber wegen der fehlenden Fingerkuppe ist die Geste wenig wirkungsvoll. Neben der Krümmung aufgrund der Höhe und des Gewichts scheint sich der Turm auch um die eigene Achse gedreht zu haben.

«Da ist ein Koten drin!», ruft Defebvin fröhlich im Eifer der Anspielungen.

Bürgermeister Lamourette beschließt, sich ebenfalls in das Gespräch einzumischen, und führt den französischen Architekten und Architekturtheoretiker Viollet-le-Duc an, der für die vielen Restaurierungsarbeiten nach dem Bildersturm berühmt ist. Viollet-le-Duc beschrieb das seltsame Phänomen der verdrehten Turmspitzen als Folge einer ungenügenden Trocknung des Holzes. Für den Dachstuhl wurde junges, noch grünes Ulmenholz verwendet. Normalerweise muss Holz vier Jahre trocknen, bevor es verarbeitet werden kann, aber aufgrund von Zeitmangel und einem Jahr mit nicht nachlassenden, sintflutartigen Regenfällen verwendete man es nass, um das Gebälk hastig zu errichten. Schon bald begann der Turm, sich zu verformen, und das Holzskelett wurde krumm.

«Warum herrschte Zeitdruck? Warum musste der Turm so schnell fertig werden?», frage ich.

«Blitze und Tornados gehen auch vorschnell zu Werke, wenn es nicht die Glocken sind, die zu oft schlagen», übersetzt Mme. Maquin Defebvins Antwort auf meine Frage. Ihrem Gesichtsausdruck ist zu entnehmen, dass sie auch nicht genau weiß, was er damit meint. Diese Verwirrung nutzt Defebvin aus, um ein

Thema anzuschneiden, das ihm sehr am Herzen liegt: «Junge Leute wissen gar nicht mehr, wie gut sie es haben. Das Leben heute ist groß, krank und depressiv. Die Menschen übertreiben es. Junge Leute wollen, dass alles schnell-schnell und leicht ist, ohne sich dafür anstrengen zu müssen, und dann wollen sie auch noch die Besten sein. Immer hundert Prozent. Ich trinke jeden Tag Bier, denn in der heutigen Gesellschaft, wenn man sich da nicht wohl in seiner Haut fühlt ... dann bleibt einem gar nichts anderes übrig. Es ist die Schuld der Moderne, dass sich die Gesellschaft so entwickelt hat. Ich habe nichts. Gar nichts. Nur meine Schwester, die den Haushalt macht. Meine Eltern haben zum Glück als Hausmeister gearbeitet. Wir haben alle in einem einzigen Zimmer geschlafen. Alles musste ich teilen, und heute sind alle trotz höchstem Komfort unglücklich. Die Menschen leben schlecht.»

«Sie sind ein Philosoph, M. Defebvin», bemerkt Mme. Maquin.

Er schüttelt den Kopf auf eine Art, die ihn von jeder erdenklichen Philosophie distanziert. Damit möchte er nichts zu tun haben.

«Doch, Sie haben das alles ganz genau im Kopf, aber passen Sie auf, was Sie sagen, M. Defebvin, da sitzt eine junge Person – nicht dass sie sich noch gemeint fühlt.»

Und genau in diesem Moment, als beide den Blick gleichzeitig auf mich richten – den Blick von Mme. Maquin, die mich um Verzeihung bittet, und den Blick von M. Defebvin, der mich anklagt –, spüre ich, wie ich an Ort und Stelle alle Veränderungen, Mängel und Rationalisierungen symbolisiere, die es, seit sie in meinem Alter waren, auf der Welt gegeben hat. Ihre sich gegenseitig verstärkenden Blicke machen mich zum Objekt ihrer Ablehnung, zum Gegenstand ihres Kulturpessimismus. So als machte sich Defebvin dieses Treffen, meine Anwesenheit in diesem Dorf, in dem das Durchschnittsalter dreimal so hoch ist wie meines, zunutze, um alles, womit er nicht einverstanden ist, auf ein einziges, schuldbewusstes, junges Gesicht zu projizieren, das zufällig vor Ort ist und mir gehört. Und, liegt er verkehrt mit seiner Einschätzung? Als ich gerade eben auf dem Weg ins Dorf an den kahlen Zweigen der Rosskastanien vorbeigefahren bin, habe ich nicht umsonst an Gitterstäbe gedacht. Sofort fühlte ich mich in der Stagnation eines solchen Orts gefangen. Beim Anblick der paar eintönigen Straßen versuchte ich reflexartig, mir vorzustellen, wie man hier leben kann. Rein praktisch gesehen, wie funktioniert so was? Wie vergeht hier ein Tag und dann der nächste? Allein das brachte mich schon an die Grenzen meiner Vorstellungskraft. Den lieben langen Tag ist man Altbekanntem ausgesetzt, diesem Mikrokosmos, den man auf einen Blick erfassen kann. Ich finde das beklemmend, so gesehen hat es M. Defebvin mit seinem besserwisserischen Geschwafel irgendwie geschafft, dass ich mich dabei ertappe, seinem Bild von mir zu entsprechen. Bevor ich Gelegenheit bekomme, dieses Bild zu korrigieren, wird die Containertür aufgerissen. Ein Mann kommt angelaufen, mit lauter, drohender Stimme ruft er: «Sie haben mir meine Cousine weggenommen!»

M. Defebvin geht in die Luft, es fehlt nicht viel, und er würde ihm an die Kehle gehen. Heftig diskutierend hämmern sich die beiden Männer die Nägel ihres Dialekts gegenseitig ins Gesicht. Mme. Maquin verfolgt den Disput mit der gleichen Konzentration, mit der sich meine Oma Soaps ansieht. Sie fasst für mich zusammen: «Wenn ich mich nicht täusche, ist dieser Mann in die Cousine von M. Defebvin verliebt.»

«Er ist verdammt noch mal mein Cousin! Es geht um meine leibliche Cousine!», ruft Defebvin.

«Du willst sie für dich behalten!», tobt Defebvins Cousin.

Draußen an der frischen Luft auf dem Grundstück zwischen Container und Kirche beruhigen sich die beiden Cousins wieder. Es geht um ein Missverständnis. Wenn ich das richtig verstehe, hat Defebvin seinem Cousin weniger die Cousine ausgespannt, sondern vielmehr dessen Hochzeit verhindert. Es ist nicht ganz klar, ob Defebvin ihr ebenfalls einen Heiratsantrag gemacht hat.

«Sie ist eine besondere Frau», sagt der Cousin errötend, der plötzlich ganz leise spricht und sein Käppi abnimmt. «Der Turm würde bei ihrem Anblick durchdrehen!»

Damit verweist er auf das bekannte Märchen von den Jungfrauen von Verchin. Darin ragt der Turm von Saint-Omer ursprünglich aufrecht empor wie ein stolzes Gemächt, als neckisches Mahnmal für die vielen jungen Frauen, die so taten, als träten sie jungfräulich in den Stand der Ehe. Eines Tages will eine bildschöne junge Frau, die Tochter des Schweinehirten, in der Kirche heiraten. Im Gegensatz zu allen anderen scheint sie tatsächlich noch Jungfrau zu sein. Der Turm ist dermaßen entzückt, dass er sich zu der tugendhaften jungen Frau hinunterbeugt, um sie sich genauer anzuschauen. Als er mit eigenen Augen sieht, dass sie die Wahrheit sagt, dreht sich der Turm vor lauter Verblüffung um die eigene Achse, als wollte er sich verknoten. Erst wenn eine zweite Jungfrau in dieser Kirche heiratet, soll er sich angeblich wieder zurückdrehen. Aber wie ich selbst sehen könne, warte der Turm bis heute darauf.

«Das ist sexistisch», sagt Mme. Maquin seufzend.

«Unsere Cousine ist doppelt so tugendhaft wie die Jungfrau von Verchin», sagt der Cousin. «Außerdem ist sie Tochter eines Schweinehirten. Das ist symbolisch, von Gott so gewollt, wenn man bedenkt, dass unser Kirchturm wegen der Drehung anatomisch an einen Schweineschwanz erinnert. Ich möchte sie heiraten, in dieser Kirche, bevor wir zu alt dafür sind.»

«Wir werden sehen, was sich machen lässt», verspricht der Bürgermeister. Die Kirche wird eigentlich nicht mehr benutzt, weil das Kirchenschiff baufällig ist. Wegen Einsturzgefahr wird dort schon seit fast sechzehn Jahren kein Gottesdienst mehr gefeiert.

«Und natürlich muss M. Defebvin mit der Ehe einverstanden sein. Es ist schließlich auch seine Cousine», fügt der Bürgermeister versöhnlich hinzu.

M. Maquin hat sich bisher im Hintergrund gehalten, hinter Mme. Maquin verschanzt, wie sich das laut Eigenaussage für den Mann einer starken Frau gehört, aber bei dem Volksmärchen über die Jungfrauen von Verchin kommt Leben in ihn. Ob ich eventuell die Legende vom verdrehten Kirchturm von Saint-Viâtre kenne? Nein? Wunderbar! Die Geschichte ist so was von phantasievoll, dass sie eigentlich gar nicht erfunden sein kann!

Mme. Maquin ermahnt ihn: «Das genügt, sonst nimmt sie dich nicht mehr ernst.»

Gemeint ist, ich könnte *sie* nicht mehr ernst nehmen – jetzt, wo sich ihr Mann in kindlichen Phantasien zu verlieren droht. Nach einem strengen Blick gesellt sich Mme. Maquin zum Bürgermeister und dem hoffnungslos verliebten Cousin Defebvins, um zu erreichen, dass wir die Kirche doch noch von innen sehen dürfen. Kaum ist sie außer Hörweite, kommt M. Maquin näher, die Augen vor heimlicher Erregung weit aufgerissen: Er möchte uns an seiner Geschichte teilhaben lassen. Sogar Defebvin ist sichtlich neugierig. Hastig, so als könnte man ihn gleich ertappen, erzählt M. Maquin: «In Saint-Viâtre, einem kleinen, streng katholischen Dorf südlich von Orléans, wird während der Fastenzeit kein Fleisch gegessen. Nur die Bauerskinder, die auf dem Land mithelfen, dürfen freitags Fisch essen, um wieder zu Kräften zu kommen, aber nur, wenn sie den Fisch selbst fangen. Deshalb krempeln sich die Jungen am Freitagmittag die Hosen hoch, und die Mädchen knoten den Rocksaum an ihr Schürzenband. Im flachen Teich hinterm Dorf gehen sie mit bloßen Händen auf Fischfang. Aber ach, der Teufel ist schwer gereizt! Wegen der Fastenzeit gibt es weit und breit kein Fleisch. Er ist eifersüchtig auf die Bauerskinder, die gleich genüsslich ein Fischfilet verzehren werden, und beschließt, ebenfalls einen Fisch zu fangen. Nur dass der Teufel selbstverständlich keine Hände, sondern Ziegenfüße hat. Ziegenfüße sind natürlich motorisch eine ziemliche Herausforderung, um Fische zu fangen. Er stellt sich stümperhaft an. Irgendwann gelingt es ihm, einen Fisch zu fassen zu bekommen, doch kaum ist er aus dem Wasser, oh weh, entwischt ihm das glitschige Ding! Der Teufel versucht noch, es zu packen, schleudert es aber aus Versehen ungeschickt mit seinem Ziegenfuß hoch in die Luft. Mit einem lauten Klatschen landet der Fisch auf dem Kirchturm von Saint-Viâtre. Der Teufel ist wütend über diese Erniedrigung. Er rüttelt am Kirchturm, um den Fisch herunterzuschütteln. Das Geziehe und Gezerre führt dazu, dass sich der Turm verzieht. Aber egal, was der Teufel versucht – seine Mahlzeit bleibt hängen … Seitdem werfen die Einwohner von Saint-Viâtre am Ende der Fastenzeit alljährlich nach alter Tradition ein Fischfilet an den Turm, peng-pardauz, um den Teufel zu verspotten, peng, peng, peng.»

Daraufhin ruft Mme. Maquin ihren Mann zu sich. Er gehorcht und lässt mich mit Defebvin allein beim Kirchturm zurück. Jetzt, wo wir nur zu zweit sind, ändert sich sein Verhalten ein wenig. Während Defebvin soeben noch wie das autodidaktisch geschulte Mitglied eines Heimatvereins gewirkt hat, verwandelt er sich angesichts seines Forschungsobjekts in einen Wissenschaftler kurz vor dem Durchbruch. Jetzt, wo die Maquins außer Hörweite und der Bürgermeister sowie sein

Cousin in ein Gespräch über eine etwaige Hochzeit im vierten Grad verwickelt sind, vertraut mir M. Defebvin an, dass er unabhängig von dem Verein eigene Forschungen betreibt. Der Verein leiste gute Arbeit, das schon, sei seiner Meinung nach aber viel zu sehr auf die Außenwirkung konzentriert und hantiere viel zu viel mit Kameras herum. Ihm gehe es um das Anschauungsmaterial selbst. Um Hingabe. Und die Liebe zum Fach, ja, das auch.

Ich muss ihm versprechen, sein Geheimnis für mich zu behalten. Auch wenn Defebvin nicht der Typ ist, der Außenstehende an seinem Informationsvorsprung teilhaben lässt, muss er aus irgendeinem Grund beschlossen haben, mir seinen größten Schatz, sein heimliches Wissen über Türme, zu offenbaren. Und sei es nur, um mir sein Genie zu beweisen. Ehe ich mich versehe, beugt er sich zu mir, näher als eigentlich angebracht, und versucht, sich so gut wie möglich verständlich zu machen. Auf einmal scheint er sich seines Dialekts bewusst zu sein – jetzt, wo es um Informationen geht, die er mir unmissverständlich übermitteln möchte. Statt sich bei jedem Wort einen Nagel in den Mund zu hämmern, hustet er die Nagellaute jetzt sorgfältig aus, direkt in mein Ohr.

Im Moment beschäftigt sich Defebvin mit der tellurischen Kraft eines unterirdischen Flusses, der hier verläuft. Mit einem Apparat, den er selbst entworfen hat, führt er Messungen durch, um die Bewegungen von Mond und Erde zu veranschaulichen. Die Ergebnisse seien noch nicht eindeutig, aber es sei wahrscheinlich, sehr wahrscheinlich, dass die Mondstrahlung seit dem Bau des Turmes langsam, aber sicher Druck ausgeübt habe und dass diese versteckten Kräfte zur Krümmung beigetragen hätten. Ein Teil der Messresultate weiche von seiner Theorie ab. Deshalb habe er eine Zeitlang vermutet, die Krümmung liege an der lang anhaltenden Wärmeeinwirkung durch die Sonne, aber sein Gefühl – und die Wissenschaft sei ohne Gefühl und Intuition aufgeschmissen – bringe ihn immer wieder auf die Auswirkungen der Mondstrahlung. Sollte er beweisen können, dass die Krümmung durch den Mond entstanden ist, gehe es nur noch darum, mit Hilfe von Tabellen zu zeigen, dass das Verdrehen der Turmspitze durch die Erdrotation zu erklären ist. Zunehmend sei er davon überzeugt: Hätte sich der Turm von Saint-Omer unter dem Äquator befunden, hätte er sich in die andere Richtung verdreht.

Jetzt erst, wo mich Defebvin, hochrot vor Aufregung, an den vorläufigen Ergebnissen seiner Forschungen hat teilhaben lassen, fällt mir die Ähnlichkeit zwischen ihm und dem Turm auf. Beide sind rank und schlank, verwittert, undurchdringlich und irgendwo da oben verknotet. Er *ist* der Turm. Der Turm ist ein Teil von ihm. Ich sage, dass das alles sehr einleuchtend klingt.

Bürgermeister Lamourette, die Maquins und der Cousin von M. Defebvin kommen wieder aus dem Container. Noch ist nichts entschieden, was die Heirat angeht. Stattdessen hat der Bürgermeister anlässlich des besonderen Besuchs der Vereinspräsidentin und der jungen Schriftstellerin aus Belgien beschlossen, uns heute ausnahmsweise mit in die Kirche zu nehmen. Er betont, dass er nicht hafte, sollte denn ein Unglück geschehen.

Defebvin zögert, mit hineinzugehen. Gleichzeitig sehe ich, dass er es nicht übers Herz bringt, sich eines der wenigen Male, dass er in die Kirche darf, entgehen zu lassen. Er bildet das Schlusslicht der Gruppe, die durch das Südportal hineindrängt. Auf eigenes Risiko betreten wir Saint-Omer. Darin liegen die Gründe für Defebvins Zögern auf der Hand: Der Verfall im Innern der Kirche muss für den leidenschaftlichen Liebhaber extrem schmerzlich sein. Unter der dicken Staubschicht lässt sich die Farbe der Plastikblumen auf dem Altar nur erahnen. Die Figurenszene auf dem großen Gemälde dahinter ist durch eine Art Kaffeefleck bis zur Unkenntlichkeit zerstört. Gleichzeitig fällt die heitere Spätmittagssonne durch die Fenster, und die Bilder von Johanna von Orléans und von der heiligen Thérèse lächeln uns wohlmeinend und vergebend an. Verfall und Pracht vermischen sich zu traurig-einsamer Sakralität. Rechts hinter den Kirchenbänken hängt ein gerahmtes Blatt Papier. In einer kalligraphischen Handschrift, schwarze Tinte mit rotbraunen Konturen, steht ganz oben: L'église de Verchin. Unter dieser Überschrift prangen zwei Zitate:

Rodière: «Eine der schönsten Kirchen im Landkreis!»
Lanfry: «Die Kirche verdient es, unter Denkmalschutz gestellt zu werden!»

Eine detaillierte Auflistung von Fakten füllt den Rest des Blattes:

Verchin, seit dem 16. Jahrhundert Teil der Grafschaft Artesien
1607: Das an der Römerstraße von Thérouanne nach
Vieil-Hedsin gelegene Verchin bekommt eine eigene
Festungskirche, zum Schutz gegen seine ausgesetzte
Lage an der Durchgangsstraße. Der Bau wird unter
der Schirmherrschaft von Antoine de Tramecourt und
Louise de Saint-Venant in Auftrag gegeben.
Stil: Spätgotik
Westausrichtung (Wehrkirche): massiver, befestigter Turm
mit verschiedenen Stockwerken und Schießscharten,
die Mauern des Schiffes weisen eine Dicke von einem
Meter vierzig auf.
1611: Fertigstellung des Kirchenschiffs: fünf Abschnitte,
von großen Kreuzrippengewölben überspannt

16. Januar 1611: Steinmetzmeister Jean Porc stürzt bei
der Arbeit am Gewölbe in die Tiefe und erleidet tödliche
Verletzungen.

1630: Fertigstellung des Turms.

Fassade: Mauerwerg = Bewuchs auf einer Mischung aus
Silikat und Sandstein, aber auch strategisch: Der
Großteil der Fassade ist mit Moos bewachsen: Camou-
flage-Effekt!!!

Überblick über die Heiligenbilder: s. Broschüre.

Das Fach, in dem einmal die Broschüren gelegen haben müssen, ist leer und eingestaubt.

«Das ist die Schrift meiner Schwester», erklärt Defebvin,
«aber ich habe ihr die Informationen genauestens diktiert.»

Ohne dass ich danach gefragt hätte, betont er, dass sich der
Steinmetz Jean Porc nicht hinuntergestürzt hat.

«Er ist gefallen. Vermutlich einfach nur von einer wackligen
Leiter vom hohen Gewölbebogen gefallen, mehr ist da nicht
passiert.»

Ich nicke, als suchte ich auch nichts weiter dahinter, doch
inzwischen verschwimmen beide Geschichten, die vom hin-
untergestürzten Steinmetz und die des sich hinunterstürzen-
den Architekten, miteinander.

Mme. Maquin ruft uns in die Sakristei. Sie steht vor einem
großen Schubladenschrank. In jeder Lade, die sie aufzieht,
liegt ein prächtig besticktes Gewand. Tiefviolett. Grasgrün.
Vergilbtes Weiß. Die teuren Stoffe sind klammfeucht und von
Mäusekot bedeckt. Hier und da lässt das Holz der Schubladen
Termitenfraß erkennen. Aus der letzten Schublade kommt ein
Stück Pappe mit der Aufschrift «silence» («Ruhe») zum Vor-
schein. Wir lachen über den Fund – alle außer Defebvin, der
wendet sich ab und geht schon mal hinaus.

M. Maquin macht ein Gruppenfoto vor der Kirche. Der Cousin will nicht mit aufs Bild. Defebvin verabschiedet sich mit kurzem Händedruck und verschwindet ohne ein weiteres Wort über den Sandweg. Der Bürgermeister vergräbt sich wieder in seinem Container. Während wir zum Auto gehen, frage ich Mme. Maquin, was ihre Begeisterung für verdrehte Türme geweckt hat. Die deutschen Schäferhunde bellen nicht.

«Tja, wie ist es dazu gekommen? Unser Sohn ist in einer Kirche mit verdrehter Turmspitze getauft worden. Freunde haben in einer anderen Kirche mit verdrehter Turmspitze geheiratet. Es ist so originell. Aber es geht nicht um Nostalgie. Als Präsidentin repräsentiere ich die Kirchen, verstehen Sie, junge Frau, und das ist durchaus mit Stress verbunden.»

Trotzdem scheint vor allem M. Maquin unter der Last der Verantwortung seiner Frau gebückt zu gehen. Beim Auto setzt er demonstrativ sein schwarzes Käppi mit dem Vereinslogo auf. Er verkündet, dass es auch T-Shirts zu kaufen gibt und dass sie nächstes Jahr eine Woche in Belgien verbringen werden, um an einer Videoreportage mitzuwirken.

Vor dem Baumarkt winke ich ihnen zum Abschied nach und steige ebenfalls ins Auto. Wenn man das Dorf verlässt, folgt man dem Fluss bis zur Ortschaft Lugy, wo die Traxène in die Leie mündet. Hier hält eine rosa Backsteinkirche aus dem siebzehnten Jahrhundert mit einem geraden, schlanken Turm die Straßen zusammen.

III.

Altes Postgebäude P.T.T. / R.T.T
(1947–1953), Ostende

Gaston Eysselinck (1907–1953)

Zwei unter Wasser versteinerte Füße auf der Zugangstreppe
zum Schwimmbecken. Weiter darf ich nicht. Ich bin sechs und
kann noch nicht schwimmen. Mein Vater hat mir versprochen,
mit mir ins Meer zu gehen, aber es ist schon die ganze Woche
schlechtes Wetter. Sieben Tage am Meer, sieben Tage Regen.

Während der einzigen Urlaubsreise, die ich in meiner Kindheit machen werde, bleiben wir die meiste Zeit drinnen, in dem
Apartment im neunten Stock an der Seepromenade von Ostende. Heute suchen wir notgedrungen das Hallenbad an der
Koniginnelaan auf. Mein Bruder wird hier einen beträchtlichen
Hautlappen seines rechten Knies an die Kante der Wasserrutsche verlieren. Er ist acht und laut der Kindermesslatte groß
genug, um die Attraktion benutzen zu dürfen. Ich sitze auf
dem Beckenrand, damit ich von meiner strategischen Warte
aus zusehen kann, wie mein Bruder aus der Rutschbahnröhre
schießt. Aufgeregt und hochkonzentriert warte ich, dass er
kommt. Oben an der Rutsche springt ein Lämpchen von Rot
auf Grün, wenn der Nächste in den Tunnel darf. Ich sortiere die
Kinder, die in regelmäßigen Abständen von der Rutsche aus-
gespuckt werden, in Geschwister und Nicht-Geschwister. Zu
diesem Zeitpunkt weiß ich noch nicht, dass ich nicht seinen
heldenhaften Plumps in Erinnerung behalten werde, sondern
ein Stück Haut, so groß wie ein Butterkeks, das vor mir im

Wasser treibt. Während des Rutschens schrammt er in hohem Tempo am orangen Plastik der Röhre entlang. Die paar Quadratzentimeter Gewebe, die oben auf dem Chlorwasser treiben, werden eine dauerhafte Barriere in meinem Gedächtnis bilden. Immer wenn der Vorfall wieder in mein Bewusstsein aufsteigt, kommt es mir mehrere Sekunden so vor, dass *mir* das passiert ist. Auch jetzt, wo ich wieder in Ostende bin, die Königlichen Galerien durchquert habe und am Hallenbad vorbei die Koninginnelaan Richtung Zentrum laufe, sehe ich mich durch die Röhre schießen und urplötzlich auf dem Beckenrand sitzen, die Füße auf der Zugangstreppe, während an meinem Knie ein Stück Haut fehlt. Das Chlor brennt in der Wunde, das abgerissene Hautstück treibt vor mir auf dem Wasser, und ich brülle das ganze Schwimmbad zusammen. Wie immer kann ich den Vorfall schnell wieder richtig einordnen, doch jedes Mal habe ich meinem Bruder gegenüber ein schlechtes Gewissen. Es ist seine Wunde. Ich habe kein Recht darauf, nicht einmal auf die Narbe. Wundvermischung.

Im Leopoldhotel in Ostende habe ich mich mit drei Männern verabredet, die alle Koen heißen: ein Schriftsteller, ein Maler und ein Architekt. Sie lieben Reenactments. Deshalb haben sie unter anderem schon im Bett des expressionistischen Dichters Paul van Ostaijen übernachtet und einen Tag im Mittelalter verbracht. Sie haben Erfahrung damit, in die Fußstapfen toter Seelen zu treten – es scheint dabei zu helfen, wenn man sich einem Thema annähern will. Als ich den Koens von meinen Recherchen nach dem Architekten Gaston Eysselinck und seinem tragischen Schicksal erzählt habe, stellte sich heraus, dass sie sich auch gerade mit der Stadt Ostende beschäftigen. Deshalb haben sie mich eingeladen, an ihrer Spurensuche teilzunehmen.

Das Leopoldhotel liegt ungefähr auf halber Strecke zwischen

Eysselincks letzter Wohnung in der Kemmelbergstraat und seinem letzten Projekt, dem Postgebäude. Wir trinken einen Kräuteraperitif.

Koen fragt, wie ich mit meinem Buch vorankomme. Ich erzähle ihm von dem phallischen Knoten im Kirchturm von Verchin und vom Schwimmbad in Turnhout. Angeregt von den tragischen Geschichten, fragt Koen, ob ich wisse, dass hier im Hotel ein Mord aus Leidenschaft stattgefunden habe.

«Das Drama von Ostende», ergänzt Koen.

«Na ja, er wurde freigesprochen», unterbricht mich Koen. «Seine Frau soll Selbstmord begangen haben.»

«Wie dem auch sei, es war eine dubiose Angelegenheit», findet Koen.

Vor fünf Jahren wurde hier die Frau eines wallonischen Politikers in einem der Zimmer tot aufgefunden. Sie hatte sich ans Meer zurückgezogen, um ihren ersten Roman zu schreiben. Der Politiker ist ihr dann nachgereist. Sie tranken etwas an der Bar: Amaretto. Zeugen haben sie als vornehme Leute beschrieben. Als sie vor dem Schlafengehen noch kurz duschte, rief ihr Liebhaber an, der auch ihr Therapeut war und mit dem sie bis kurz vor ihrer Ehe mit dem Politiker liiert war. Der Politiker ging dran. Der Therapeut entschuldigte sich und legte auf, aber da war es schon zu spät. In der Anrufliste sah der Politiker, dass seine Frau und der Therapeut in den letzten Tagen dreißigmal telefoniert hatten. Noch am selben Abend lag sie tot im Bett.

«Glaubst du, er hat sie ermordet?», frage ich.

«Sie waren gerade mal ein Jahr verheiratet», erklärt Koen. So als könnte man nach einem Jahr Ehe unmöglich genug Gründe haben, die eigene Frau zu ermorden.

Parallel zum Leopoldpark laufen die Koens und ich zum Kulturzentrum *De Grote Post*. Das ehemalige Postgebäude an der

Hendrik Serruyslaan wurde vor ein paar Jahren in ein Kulturzentrum umgewandelt. Auf dem vorspringenden, niedrigen
Vorbau breitet vorn in der Mitte des Flachdachs eine Figur ihre
Flügel aus. Aus der Ferne kann man in den Umrissen der Skulptur einen Krebs erkennen. Aus der Nähe ist in der Mitte, dort, wo
sich die Weichteile des Krebses befinden, eine Göttin mit ange-
zogenen Knien zu erkennen. Aus ihren Flanken kommen vier
horizontal schwebende Frauen in Form von Greifscheren hervor.
Rotguss mit einem Metallskelett. Das Ganze ist ein phantasie-
volles Arrangement aus miteinander verschlungenen Armen,
Flügeln, langer Haarpracht und symbolisiert ein utopisches
Motto: Der Postverkehr soll für Einheit in der Welt sorgen.

Schon bei seinen ersten Entwürfen für das neue Postgebäude
hat Gaston Eysselinck eine auffällige Skulptur vorgesehen. In
gewisser Weise prägt sie die Gestaltung des restlichen Baukör-
pers. Das hohe Volumen hinter dem Vorbau, in dem einmal die
Serviceräume und Büros untergebracht sein werden, musste
einen Bezug zur Skulptur haben, und nicht etwa umgekehrt:
keine leicht erhöhte Skulptur als Schmuckelement einer geschlossenen Fassade, sondern ein eigenständiges Kunstwerk
als vollwertiger Gebäudebestandteil.

Eysselinck, ein überzeugter Sozialist, wollte mit seinem
Beruf zur Demokratisierung beitragen, sie ideologisch stützen.
Architektur soll für jedermann zugänglich sein und eine Gesellschaft fördern, in der Kunst und Kultur gedeihen können.
Die Verbindung von Architektur und Plastik wird zu einem
wichtigen Motiv seiner Formensprache, die sich an verschiedenen Orten im Gebäude wiederfindet. Eysselinck verwendet
Blaustein für den Eingang, eine poetische Materialwahl: Die
zusammengepressten Kalkskelette von Muscheln und Meerestieren symbolisieren fünfhundert Meter von der Küste entfernt
ein Urmeer.

Auch das Mobiliar der Inneneinrichtung entwirft er selbst. Zwei Keramikreliefs des Künstlers Jo Maes flankieren die Schalterhalle. Aus dessen Hand stammen auch die vierzehn sandgestrahlten Glasbilder, die allegorisch die Entwicklung der Telefonie und Telegraphie darstellen. Das Hauptwerk, die geflügelte, krebsähnliche Göttin an der Stirnseite, angefertigt vom befreundeten Bildhauer Jozef Cantré, bekommt den ehrgeizigen Titel: «Die Kommunikationsmedien» beziehungsweise «Einheit der Welt durch Telefonie, Telegrafie und Briefverkehr».

Ausgerechnet diese gutgemeinte Skulptur, die alle sozialen Unterschiede in der schlichten Handlung, einen Brief aufzugeben, symbolisch einebnen will, soll für Eysselinck zu einem fatalen Quell von Frust und Enttäuschung werden.

Das Postgebäude ist das einzige öffentliche Bauwerk, das Eysselinck entwerfen wird. Eben wegen seiner öffentlichen Nutzung gibt ihm dieses Projekt Gelegenheit, seine politisch-gesellschaftliche und architektonische Vision zum Ausdruck zu bringen. Mit Herz und Seele widmet er sich dem Postgebäude. In der Kombination von architektonischer Formensprache und künstlerischem Engagement verwirklicht er sich selbst. Eysselinck ist nicht bereit, Kompromisse einzugehen, weder was seine Arbeit noch was seine Person angeht – falls sich das eine vom anderen überhaupt trennen lässt. Diese Sturheit sorgt für ständige Probleme zwischen Architekt, Bauunternehmern, Auftraggebern, der R.T.T.-Direktion (Direktion für Telefonie und Telegrafie) und dem Stadtrat von Ostende. Die Zeitungen berichten von «schlimmen Auseinandersetzungen». So oder so droht die Finanzierung in verschiedenen Bauphasen zu platzen. Die Ausführung des Gebäudes, vor allem die Skulptur von Jozef Cantré, scheint der größte Streitpunkt zu sein: für Eysselinck ein unverzichtbarer Bestandteil seines Entwurfs, für die Auftraggeber ein unnötig hoher Kostenfaktor. Die Meinungsverschiedenheiten eskalieren derart, dass Eysselinck mit einer Klage droht, sollte die Skulptur nicht aufgestellt werden. Nach einem Streit zwischen ihm und seinem Freund Cantré nehmen die Spannungen zu. Eysselinck soll sich über die Vernissage von Cantrés Ausstellung in Brüssel geärgert haben, weil der Bildhauer dort eine frühere Version seiner geflügelten Göttin auf einem Sockel präsentiert hatte – viel zu elitär.

Seine Drohungen, seine Sturheit und ewige Rechthaberei führen dazu, dass Eysselinck nach mehreren solchen Vorfällen der Zugang zur Baustelle im Juni 1953 endgültig verwehrt wird. Ein halbes Jahr nach dieser Katastrophe begeht Eysselinck in der Wohnung in der Kemmelbergstraat Selbstmord. Wenige Jahre später stirbt auch Cantré. Beide werden die am Ende doch noch erfolgte Aufstellung der Skulptur im Jahr 1963 nicht mehr miterleben.

Die Koens und ich besteigen das Postgebäude, um über die Kantine im ersten Stock auf die Dachterrasse zu gelangen. Hier können wir Cantrés Göttinnenskulptur von oben bewundern. Diese Perspektive bringt nicht viel Neues, aber wir finden es wichtig, sie von hier aus zu besichtigen. Um die Bedeutung unseres Versuchs zu unterstreichen, starren wir eine Weile auf den Rücken der Göttin, bis Koen die Stille durchbricht.

«Heute ist der 8. Dezember.»

«Es ist jetzt genau zwei Tage und vierundsechzig Jahre her», erwidere ich.

Am 6. Dezember 1953 wehte ein ziemlicher Ostwind. Die heftigste Bö hatte eine Windstärke von 13 m/s. Es war ein kalter Tag mit einer Durchschnittstemperatur von vier Grad Celsius. Die gefühlte Temperatur betrug minus zwei – noch etwas kälter als heute. Die Sonne ließ sich nicht blicken. Es gab keinen Niederschlag, war aber den ganzen Tag bewölkt. Eysselinck dürfte sich bei diesem Wetter nicht vor die Tür begeben haben, er hasste es, wenn der Wind so tyrannisch am leeren Strand wütete – er hielt das einfach nicht aus. Der Brief an Roger De Kinder war bereits geschrieben, das hatte er schon am Vorabend erledigt, und es brachte nichts, die bereits gefällte Entscheidung noch mal zu überdenken. Trotzdem: den ganzen Tag nervös. Bis bei Einbruch der Dämmerung das Nebelhorn ertönte und er das mit sich selbst vereinbarte Signal erhielt, das ihn endgültig aus dem Leben scheiden lassen würde.

Eysselincks Selbstmord wird ausdrücklich auf die Arbeit am Postgebäude zurückgeführt, das schon beim Vorentwurf auf Widerstand stieß. Auch von Kollegen bekam er anfangs wenig Anerkennung. Zu ausschließlich industriell, zu funktional. Erst ab 1963, zehn Jahre nach seinem Tod, wurde es zunehmend geschätzt. Inzwischen steht das Postgebäude unter Denkmalschutz. Es gilt als einer der Höhepunkte der belgischen Architekturmoderne nach dem Krieg.

Sein einziges öffentliches Bauwerk machte Eysselinck posthum berühmt, doch für sein eigenes Leben hat es das Ende bedeutet. Er hatte sich dermaßen damit identifiziert, dass sich jedes Zeichen von Unverständnis oder Ablehnung zu einer existenziellen Zurückweisung aufaddiert haben muss. Jedes Zugeständnis hätte bedeutet, sich selbst zu verleugnen. Das Gefühl, gescheitert zu sein, muss für ihn letztlich kompromisslos-vernichtende Ausmaße angenommen haben.

«Was ist deiner Meinung nach passiert, Charlotte?», fragt Koen.

Ich weiß nicht, ob ich laut sagen soll, was ich denke.

«Er soll auch schwer gemobbt worden sein. Am Schluss hat man ihm nur noch Steine in den Weg gelegt», erzählt Koen. «Er durfte nicht mal mehr die Baustelle betreten, auch nicht sein Ingenieur Mallebrancke.»

«Außerdem hatte er große finanzielle Probleme», weiß Koen.

«Der Mann hat es wirklich schwer gehabt», bestätigt Koen.

«Ein typisches Architektenleben, eine Aneinanderreihung von Widrigkeiten.» Koen spricht aus Erfahrung.

«Na ja, Koen, so ist das nun mal, er war schon auch ein echter Sturkopf.»

«Es ist nun mal nicht leicht, Kompromisse zu schließen, schon gar nicht als Architekt.»

«Außerdem hat er den Freitod gewählt, nachdem er mit mehreren seiner Entwürfe Schiffbruch erlitten hatte», überlegt Koen laut.

«Wie ist das eigentlich genau passiert, Charlotte? Hat er sich in seiner Wohnung in der Kemmelbergstraat erhängt?», fragt Koen nach.

«Nein», erwidere ich. «Er hat die Küchentür zugemacht, ein zusammengerolltes Handtuch vors Fenster gelegt und anschließend sämtliche Gasbrenner aufgedreht.»

Koen ist sichtlich mitgenommen. «Es ist schon sehr extrem, sich das Leben zu nehmen», sagt er.

Ich nicke, weil ich die Koens nicht verstören will. Ich möchte auch nicht, dass sie denken, ich wäre noch zu jung, um mich wirklich für den Tod zu interessieren. Zwei Koens gehen ans andere Ende der Terrasse, zu dem, der geblieben ist, sage ich: «Von jenen, welche dem Wesen nach zu den Selbstmördern zählen, legen sehr viele, vielleicht die meisten, niemals tatsächlich Hand an sich.» So als wollte ich ihn beruhigen, er ist schließlich auch Architekt, und ich möchte ihm mit meinem Thema nicht zu nahe treten.

· 68 ·

«*Der Steppenwolf* von Hermann Hesse», erwidert Koen.

«Ja.»

«Manchmal wünsche ich mir, ich hätte mir ein anderes Material gesucht, Sprache zum Beispiel, so wie du. Die Zeiten, in denen Architektur unsere Ideale widergespiegelt oder unsere Ängste gezähmt hat, sind längst vorbei. Und das ist auch gut so: dass wir solch kleinlich-privatistische Dinge nicht zu oft von ihr verlangen. Kennst du den Dichter Bashō? Das ist mein Traum, Japan erwandern, auf den Spuren seiner Verse, eine ganz auf den Menschen zugeschnittene Suche.»

«Verse und Sätze sind auch oft zahm. Architektur hat einen deutlich erkennbareren Einfluss auf die Welt. Außerdem können Bauwerke wenigstens für sich beanspruchen, für die Ewigkeit gemacht zu sein. Ich mache mir da bei meinen Gedichten keine Illusionen», sage ich.

«Geht es dir darum? Um die Ewigkeit?», fragt Koen verstört.

Die Ewigkeit ist mir egal – ehrlich gesagt, gilt das mehr und mehr auch für das Hier und Heute, das hinreißend und erbarmungslos zugleich sein kann. Doch stattdessen sage ich: «Vielleicht steht in der Architektur mehr auf dem Spiel? Allein schon, weil die Dimensionen größer sind.»

«Selbst dann darf sie dich nicht das Leben kosten. Deine Architekten hätten auch anders reagieren können.»

Als Beispiel führt Koen den amerikanischen Architekten Richard Buckminster Fuller an. Der kämpfte auch mit Selbstmordgedanken. Wegen unregelmäßiger Einkünfte und einer Entlassung beschloss er eines Tages im Jahr 1927, ins Wasser zu gehen, sich im Michigan-See zu ertränken. Wenn er starb, würden Frau und Tochter wenigstens Geld von seiner Lebensversicherung bekommen. Als er schon weit in den See hineingewatet war – das Wasser bis zu den Lippen und die Glieder völlig erschöpft –, begriff Buckminster Fuller, dass er nicht ertrinken durfte, dass es ihm nicht zustand, sein Leben zu erhöhen oder zu vernichten, dass es nicht an ihm war, über Leben und Tod zu entscheiden. Sein Selbstmordversuch wurde zu einer wichtigen transformatorischen Erfahrung, die er während seiner gesamten Karriere als Offenbarung bezeichnen sollte. Nach dem Vorfall wurde er alles Mögliche, unter anderem auch Dichter.

«Damit war er aber auch nicht besser dran», sage ich. Es klingt ernster als beabsichtigt.

Die anderen Koens gesellen sich wieder zu uns. Wie abgesprochen, fragt Koen: «Das Nebelhorn, von dem du vorhin erzählt hast, das Geräusch soll Eysselinck ganz krank gemacht haben?»

«Es war nicht nur das Postgebäude. Da war auch noch eine Liebesgeschichte im Spiel», gebe ich zu und erzähle den Koens von Georgette Troy, einer Frau, die ich aus der Korrespondenz zwischen deren Cousine, Loulou De Geyter, und Roger De Kinder, einstigem Beigeordneten des Baurats von Ostende, kenne. Georgette selbst bleibt stumm. Bisher weiß ich nur, dass sie Eysselincks Geliebte war und starb, mehr nicht. Aber vielleicht ist das mit das Wichtigste, das man über jemanden wissen kann.

Januar 1954

Ob der Beigeordnete De Kinder mit ihr ans Grab gehen wolle? Der Brief ist mit Schreibmaschine geschrieben. Dicke Tinte, ein frisches Farbband. In ihrem Zustand ist Loulou De Geyter nicht in der Lage, mit der Hand zu schreiben, dafür zittert sie zu sehr. Um Viertel nach elf fahre der Zug aus Antwerpen auf Gleis eins ein. Ob er dort auf sie warten könne, um dann gemeinsam zum

Grab zu fahren? Wegen einer leichten Kriegsverletzung sei sie schlecht zu Fuß. Mijnheer De Kinder sagt zu. Am Bahnsteig erkennt er Mevrouw De Geyter sofort am Topf mit den krausen Chrysanthemen in einer Plastiktüte sowie an ihrem kaum merklichen Hinken. Obwohl sie sich heute zum ersten Mal sehen, hat ihre Begrüßung nichts von einem Kennenlernen. Das Ereignis, das sie zusammenführt, hat sie bereits miteinander bekannt gemacht.

Die Fahrt vom Bahnhof in die Stuiverstraat dauert nicht lang. Obwohl der Friedhof am Rand des Zentrums an der großen Ringstraße liegt, zieht er sich in die Länge und scheint sich vom Eingangsportal aus endlos auszudehnen. Die Skelette der Amerikanischen Eichen ragen über die Mauer. Ein Viertel der Fläche wird von schlichten, weißen Kreuzen eingenommen. Mijnheer De Kinder holt einen Zettel aus seiner Innentasche. Feld 16, Reihe 18, Grab 15.

An Gastons Grab kann Mevrouw ihr Zittern nicht mehr kontrollieren. Mijnheer De Kinder kümmert sich um die Chrysanthemen, doch sie verbietet ihm, den Topf abzustellen. Gaston wollte keine Blumen, die Chrysanthemen sind für Get.

«Wer hat ihn gefunden?», fragt Mevrouw De Geyter. Mijnheer De Kinder sagt, sein Sohn habe ihn gefunden, und da sei es bereits zu spät gewesen. Die Haut habe bereits die typischen roten Flecken aufgewiesen. Er bietet Mevrouw De Geyter seinen Arm an, weil sie inzwischen nervlich sichtlich angeschlagen ist. Untergehakt gehen sie weiter zum Grab ihrer Cousine, Georgette Troy. Unweit des Pavillons am westlichen Rand von Feld 22 ist sie begraben, gestorben an der Krankheit, die kein Erbarmen kennt, zwei Monate vor dem Selbstmord ihres Geliebten, Gaston Eysselinck.

Die sozialistische Partei hat zwei engagierte Mitglieder verloren, die ihre Ideale zutiefst überzeugt vertraten. Sie waren eng befreundet. Mevrouw De Geyter hat es sich so gewünscht, aus tiefstem Herzen, aber Georgette und Gaston sind nicht nebeneinander begraben.

November 1953

Loulou De Geyter schreibt einen Brief an Roger De Kinder. Sie vertraut ihm einen beunruhigenden Vorfall an, er betrifft einen gemeinsamen Freund, Gaston Eysselinck. Vor einigen Wochen, es war ein Dienstag, stand er unangekündigt bei ihr in Antwerpen im Büro. Er machte einen verwirrten, abwesenden Eindruck und trug trotz der kalten Temperaturen nur einen leichten Mantel. Am Empfang war er einfach weitergelaufen, was die Rezeptionistin äußerst seltsam fand, da sie den Mann noch nie zuvor gesehen hatte. Auf einmal stand er wie aus dem Nichts vor Loulous Schreibtisch, in der Rechten einen Füller, als schriebe er gerade einen Brief und sei kurz aufgestanden, um einen Gedanken zu Ende zu denken. Ansonsten hatte er nichts dabei. Er legte den Füller auf ihren Tisch und sagte nur, Get habe ihn ihr vermacht. Loulou reagierte bestürzt: Er sei doch deswegen nicht extra aus Ostende angereist? Warum er sich nicht vorher gemeldet habe?

Daraufhin verlor Gaston die Beherrschung, ja die Fassung, und bekam einen Tobsuchtsanfall, der ihn regelrecht erbeben ließ. Er war außer sich vor Kummer. Ihre Kollegen mussten eingreifen, um ihn wieder zur Vernunft zu bringen. Er schien sich zu fangen, um ihr gleich darauf um den Hals zu fallen: «Lass mich nicht im Stich, lass mich nicht allein, ich kann nicht mehr.»

Wieder und wieder sagte er das. Loulou schlug vor, Gaston eine Zeitlang bei sich in Antwerpen zu beherbergen. Auf kei-

nen Fall dürfe er weiterhin in der Wohnung in der Kemmelbergstraat bleiben. Damit seien viel zu viele Erinnerungen
verbunden. Ob er seine Arbeit nicht wieder aufnehmen wolle?
In so einem Moment sei es gut, beschäftigt zu bleiben. Gaston
schien auf sie zu hören, nahm dann aber trotzdem den Zug
nach Ostende. Kurz darauf teilte Gaston Loulou mit, er werde
sich eine Zeitlang in die Ardennen zurückziehen. Sie schrieb
ihm in diesen Wochen regelmäßig Briefe, um sich nach ihm zu
erkundigen. Er antwortete immer gleich, höflich und knapp:
«Danke, gut.»

Wegen des Vorfalls am Dienstag bei ihr im Büro macht sich
Loulou Sorgen. Ob Mijnheer De Kinder vielleicht etwas von
ihm gehört habe? Ob Gaston inzwischen wieder in Ostende
sei? Ob er ihr bitte zurückschreiben könne? Sie sei die Cousine
der verstorbenen Georgette und eine Freundin von Gaston, er
könne ihr vertrauen.

Wahrscheinlich haben sich Gaston Eysselinck und Georgette
Troy im sozialistischen Künstlerkreis um Emile Langui in Gent
kennengelernt. Gleich nach dem Krieg, bei ersten Gesprächen
über den Wiederaufbau des Postgebäudes, beschließen sie,
gemeinsam nach Ostende zu ziehen und ein neues Leben zu
beginnen. Gaston lässt zwei Söhne aus seiner ersten, schwierigen Ehe zurück. Georgette verlässt ihren Mann. Es muss eine
von diesen Liebesgeschichten mit vielen Kollateralschäden
gewesen sein. Zunächst beziehen sie eine Wohnung im siebten
Stock in der Leopold II-Laan. Nach einem heftigen Streit mit
dem Eigentümer ziehen sie in die Wohnung in der Kemmelbergstraat, unweit der Seepromenade. Sie ist klein, hat aber
genug Platz für seinen Zeichentisch. Nur das wiederkehrende
Brüllen des Nebelhorns – wenn das Fenster auf ist, scheint es
aus unmittelbarer Nähe zu kommen – geht ihm auf die Nerven.

Georgette geht lachend darüber hinweg. Er gibt ihr den Spitznamen «Pietje». Eysselinck ist damals achtunddreißig, verliebt, dickköpfig und talentiert. Alles Dinge, die einen normalerweise verrückt machen können, doch er scheint aufzublühen.

Selbst die kleinsten Bakterien haben eine Zellwand. Eine Schutzschicht um die Membran, die ihrerseits den Zellkern schützt. Eine Schutzschicht kann aus allen möglichen Stoffen bestehen: aus Kork, Holz, Kohlenhydraten ... vorausgesetzt, sie ist stabil genug. Wir sollten uns öfter mit unseren Zellwänden beschäftigen, auch mit der Oberhaut, die sich ihrerseits aus unzähligen Zellen mit Zellwänden zu unserer äußersten Schutzschicht zusammensetzt. Die Zellwand schützt uns vor Eindringlingen von außen, gegen Druck von außen. Das ist eine Stelle, die auf Widerstand stößt, aber auch Widerstand leistet, indem Gegendruck aufgebaut wird. Den ganzen Tag und auch den nächsten Tag, ja, jeden Tag aufs Neue sorgen die Zellwände unermüdlich dafür, dass unsere kleinsten, mikroskopischen Teilchen intakt bleiben, damit wir in der Gesamtheit all unserer Zellen die Einheit bilden können, die wir zu sein glauben. Um meinen fünfzehnten Geburtstag herum begann ich meinem Körper zu misstrauen, weil der sich überwiegend unbewusst, autonom regelt. Das Misstrauen meldete sich bevorzugt in bestimmten Situationen, vor allem im Biologieunterricht, der mich nicht nur zwang, Wissen über die Funktionen des menschlichen Körpers zu erwerben, sondern dadurch auch über mögliche Funktionsstörungen des meinen nachzudenken. Das Misstrauen überfiel mich auch in unspezifischen Situationen, zum Beispiel wenn ich im Zug aus dem Fenster starrte. In so einem kurzen Moment der Unaufmerksamkeit konnte mir plötzlich meine Atmung bewusst werden. Diese Bewusstwerdung ging mit der plötzlichen Angst einher, ich müsste bewusst ans Ein- und Ausatmen denken, denn sollte ich das vergessen, mich nur einen winzigen Moment nicht darauf konzentrieren, könnte meine Lunge genauso gut einfach damit aufhören. Wie kam ich nur dazu, davon auszugehen, dass meine Lunge ohne weiteres atmet? Im Grunde konnte ich jeden Moment aus Versehen ersticken.

Auch in Bezug auf andere Körper wurde ich misstrauisch. Legte ich den Kopf an die Brust meines damaligen Freundes, platzierte ich mein Ohr genau an der Stelle, wo meine Ohrmuschel seinen Herzschlag vernahm. Nicht aus sentimentalen Gründen, eher als eine Art Stethoskop. Er hat ein vergrößertes Herz, ein Sportlerherz, das viel Blut pumpt. Kommt er zum Orgasmus, pumpt es so kräftig, ja dermaßen kräftig, dass es auszusetzen droht. Manchmal dauerte es die ganze Nacht, bis ich es wagte, den Herzschlag sich selbst zu überlassen, bis ich darauf vertraute, dass sein Herz, auch ohne dass es jemand wahrnahm, in seinem Körper weiterschlug.

Seit dieser Mikrobiologie-Stunde hat sich das Misstrauen nach und nach auch auf den Bereich der Zellwände ausgeweitet. Kann ich einfach so davon ausgehen, dass sie ihre mechanische Funktion, ohne dass es mir bewusst wäre, weitererfüllen? Zellwände sind zwar dick, aber wenn sie immer wieder auf Widerstand stoßen oder wenn ein Widerstand zu stark ist oder einer von der Sorte, gegen den sich die Zelle einfach nicht zu wehren vermag, können Zellwände platzen. Ist die Zellwand erst einmal geplatzt, ist die Membran verletzlich. Wenn irgendwann auch die Membran platzt, die deutlich weniger stabil ist als die Zellwand, führt das auf jeden Fall zum Zelltod.

Zellwände und dementsprechend auch Zellen sterben übrigens nicht nur, wenn sie auf Widerstand stoßen, sondern auch aus Mangel an überlebensnotwendigen Stoffen. Oder was wäre, wenn meine Zellen einfach aufhörten, sich zu wehren?

Im Sommer 1953, acht Monate nach der Diagnose, verbringen Gaston und Get noch ein paar Tage bei Loulou de Geyter in Antwerpen. Loulou ist pessimistisch, aber Get wirkt fröhlich, ja seltsam optimistisch, sodass sich auch ihre Cousine von der Hoffnung auf einen guten Ausgang anstecken lässt. Sie haben eine Broschüre von der Wilhelmina-Stiftung in Amsterdam eingesteckt. Auf der Vorderseite ist ein roter Krebs abgebildet, der von einem Säbel durchbohrt wird. Glaubt man der Broschüre, wird gerade erfolgreich an einem Medikament gearbeitet.

Als Gaston zwei Monate später anruft, um zu sagen, dass er Georgette ins Institut Bordet nach Brüssel gebracht hat, weiß Loulou, dass alles umsonst war. Der Krebs hat bis ins Innerste ihrer Zellen gestreut. Tag und Nacht hat Gaston an Gets Bett gesessen, und obwohl auch er angesichts des viel zu frühen Abschieds insgeheim von schrecklichsten Schmerzen zerrissen wird, ist ihm äußerlich nichts anzumerken. Loulou hat den Gaston von damals als Mann in Erinnerung, der sich nur noch auf eines reduziert hat: darauf, die Frau, die er liebt, in der kurzen Zeit, die ihr noch bleibt, zu unterstützen. Er weicht ihr nicht von der Seite.

Am 4. Oktober 1953 stirbt sein Pietje nach schwerer Krankheit an der Krankheit, die kein Erbarmen kennt. Nicht einmal Gastons Sturheit kann den Tod überreden, sich wieder zu verziehen.

Auf dem Weg zum Friedhof in der Stuiverstraat macht Koen in der Acacialaan halt. Nummer 6 ist Woning De Wispelaere. Das Haus wurde von Eysselinck entworfen und stammt von 1953. Dass das Postgebäude sein letztes Projekt sein soll, passt nicht zum Vorhandensein dieses Reihenhauses. Woning De Wispelaere ist ein auffälliges Haus in einer unauffälligen Reihenhausstraße. Weil das Treppenhaus in der zweiten Etage mitten aus der Fassade hervorspringt, wirkt es ein wenig abweisend. Diese vorstehende, kantige Fläche vermittelt den Eindruck, das Reihenhaus wäre zwischen die beiden Nachbargebäude gestopft worden. Obwohl die Fassade ein paar kleine Fenster aufweist, lässt sie sich vor allem als geschlossene Fläche aus Backstein und Beton beschreiben. Das Haus wird auch gern «der Bunker» genannt. Die Koens schicken mich die schiefe Treppe zur Haustür hoch und bleiben selbst im Auto sitzen. Sie lassen den Motor an, für den Fall, dass ich auf Widerstand stoße und auf einmal einen Fluchtwagen benötige – sie haben schon so einiges erlebt.

Die Klingel ist mit dem Zwerchfell zweier kleiner Hunde verbunden, die in dem Moment, als ich auf den Knopf drücke, anfangen, unbändig zu kläffen. Eine Frau macht mir auf. Sie trägt einen weißen Pulli aus einem Material, das an das Fell eines Malterserhündchens erinnert. Sie hat nicht mit mir gerechnet, schickt mich aber auch nicht gleich fort. Gaston Eysselinck habe das Haus tatsächlich entworfen. Ihre Eltern hätten es in den Siebzigern gemietet. Auf einmal hätten die Besitzer es loswerden wollen, weil der Sohn hohe Spielschulden hatte. Deshalb habe ihre Familie es letztlich weit unter dem Angebotspreis erwerben können. Nach dem Tod ihrer Eltern habe sie es als selbstverständlich empfunden, in das Haus zurückzuziehen, in dem sie ihre Kindheit verbracht habe. Es sei allerdings anfangs ein dunkles Loch gewesen ... Die Wand sei zur Hälfte dunkelbraun vertäfelt gewesen und darüber schwarz gestrichen. All die Ecken und Nischen, sehr deprimierend das alles, außerdem schwer einzurichten. Obwohl es Mevrouw wichtig findet, die Innenaufteilung des Hauses zu erhalten, sei sie froh, dass ihre Eltern die ursprüngliche Einrichtung beim Kauf rausgerissen haben. All die Einbaumöbel, alles so festgelegt, nicht wirklich praktisch und außerdem so dunkel, so dunkel, wirklich bedrückend.

Abgesehen davon, dass sie einen anderen Geschmack hat, hat Mevrouw es übernommen, das Haus im Sinne des Architekten zu renovieren. Wenn ich wolle, dürfe ich kurz reinschauen, die Küche sei gerade renoviert worden.

Eine Neuanfertigung mit Kochinsel, makellos in Hochglanzweiß.

«Ich mag es modern», sagt sie. Vor den Schiebetüren, die auf die Terrasse und den tiefer liegenden Garten hinausgehen, steht ein Weihnachtsbaum aus weißem Plastik. Die Geschlossenheit der Stirnseite wird durch die großen Fenster auf der Gartenseite konterkariert. Mevrouw fragt sich schon mal, was Eysselinck wohl zu ihren Änderungen sagen würde. Sie glaubt, er würde sich freuen, dass das Haus nun etwas heller ist. Auf dem Dachboden hat sie einige Bücher über ihn. Von seinem Selbstmord weiß sie nicht viel, außer dass er vermutlich depressiv war. Die ursprüngliche Küche wird heute als Speisekammer genutzt. Mevrouw öffnet all ihre Schubladen und Schränke, um zu zeigen, dass sie bestens gerüstet ist. Es sei so mühsam, mit den Einkäufen immer diese schiefe Treppe bis zur Haustür hochzulaufen, aber begradigen lassen dürfe sie sie verdammt noch mal nicht, da das Haus seit 2009 unter Denkmalschutz stehe. Deshalb gehe sie von Zeit zu Zeit mit einer Freundin einkaufen, die besser zu Fuß ist. Ich zähle siebzehn Tomatenkonserven im Vorratsschrank und bin froh, dass Eysselinck diese Renovierung nicht mehr miterleben musste.

Ein Jahr nach Eysselincks Tod wird das Postgebäude 1954 offiziell eröffnet. Der Eingang befindet sich über der Zugangstreppe mit Bronzegeländer. In die monolithische Fassade aus Blaustein sind drei Drehtüren aus Bronze eingelassen. Die linke

Drehtür gewährt Tag und Nacht Zutritt zur Direktion für Telefonie und Telegrafie, die beiden anderen Türen zur Schalterhalle sind nur während der Post-Öffnungszeiten zu benutzen. Bronze bietet den größten Widerstand gegen die salzhaltige Meeresluft.

Ab 1985 wird auch die linke Drehtür nachts geschlossen bleiben. Für die nächtliche Kommunikation werden Telefonzellen vor dem Gebäude aufgestellt.

1995 zieht die Post an eine neue Adresse am Slachthuiskaai, unweit des Bahnhofs.

Zu Beginn des Jahres 1999 steht das Postgebäude größtenteils leer. Ein paar Räume werden noch benutzt, um technische Geräte zu lagern. Außerdem bleiben noch einige Serviceabteilungen von Belgacom in der Niederlassung in der Hendrik Serruyslaan erhalten.

Es ist stockdunkel. Trotzdem scheint die Dunkelheit durch die Weite des langgestreckten Friedhofs in eine dünnere Dunkelheit zu zerfallen, sodass die Koens und ich anfangs glauben, uns noch erkennen zu können, doch wir tasten uns blind vorwärts. Wir spazieren die Hauptachse des Friedhofs hinunter bis zum Pavillon in der Mitte. Hier führt eine Kreuzung in vier Richtungen. Ohne jede Strategie verschwindet jeder von uns in ein anderes Dunkel. Wir suchen das Grab von Georgette Troy, aber es dauert nicht lange, und ich gebe die Suche auf und halte stattdessen nach den Schemen der anderen Ausschau. Die Aufgabe, das Grab zu finden, wird weniger wichtig als das Lauschen auf Schritte oder auf das Rascheln einer Jacke, weniger wichtig als die Angst, die Dunkelheit könnte mich verschlucken. Koens Stimme erlöst mich. Er trommelt uns beim Pavillon am westlichen Rand von Feld 22 zusammen.

13 Uhr, 5. Dezember 1953

Anweisungen:
- *Der Grabstein für Get steht bei H. bereit.*
- *V. weiß, was er damit machen muss.*
- *B. wird sich um den Transport des Steins zum Friedhof kümmern.*

Ich schulde:
- *W 10 000 fr*
- *Van M. 22 000 fr*
- *Mir: keinen genauen Betrag, hatte aber vor, ihm jedes Jahr eine gute Kiste Zigarren zu schenken, um mich zu revanchieren – die aus dem Laden an der Ecke zur Post. Die erste Kiste ist schon bestellt. Die Karte steckt in meinem Portemonnaie.*
- *Der Steuer: 0 fr*
- *H.: Das soll M. B. entscheiden.*
- *Die Rechnung an G. befindet sich im Überweisungsheft.*
- *Meinem Freund M. B.: eine Reise in die Vogesen und eine nach Marseille.*
- *Mein Sohn W. bekommt den Zeichentisch. Meiner ersten Frau vermache ich nichts.*

Das Urteil, das nach dieser Tat gefällt werden wird, nehme ich mir nicht zu Herzen. Das hab ich ohnehin nie getan, geschweige denn jetzt. Es ist zu kalt geworden.

Will auf einer Brache beerdigt werden. Keine Blumen – denn sie werden nicht von Get kommen.

Mit Get bin ich groß geworden – mit ihr wäre ich richtig groß geworden. Es hat nicht sollen sein.

Get, Pietje, ich vermisse dich einfach zu sehr.

Es ist nicht mehr möglich, dass sie mir neuen Lebensmut schenkt, und deshalb ..., weil ich es für vollkommen ausgeschlossen halte, sie ersetzen zu können, kapituliere ich ...

Grüße an meine Freunde, meine Liebe gilt meiner Mutter,
Schuld gebe ich denjenigen, die sich schuldig fühlen, und ich weiß,
wer das ist.
Gaston Eysselinck.

In den dreiundsechzig Tagen zwischen Georgette Troys Tod und seinem Selbstmord vollendet Gaston Eysselinck sein letztes Werk. Es gehört nicht zum öffentlichen Raum. Es ist kein Privathaus. Sein letztes Werk schenkt seinem Herzen Ruhe: Er entwirft den Grabstein für seine viel zu früh verstorbene, geliebte Georgette. Ein schlichtes Grabmal auf einem konischen Sockel aus Blaustein, demselben Stein, den er für den Eingang des Postgebäudes benutzt hat. Eine Mastaba für eine ägyptische Gottheit. Aus dem Steinrelief wächst ihr Name aus der Fläche. Wegen ihrer Lebensumstände durften sie nicht nebeneinander begraben werden. Dadurch dass er ihr Grab entworfen hat, kann er seinen Namen unter ihren und die Ewigkeit setzen. «Architekt G. Eysselinck», signiert er den Stein, der in Millionen Jahren aus dem unendlich trägen Absinken verschiedener Sedimentschichten entstanden ist, mit der Zeit zusammengepresst mit Millionen Jahren alten Skeletten von Meerestieren und Muscheln auf dem Boden eines prähistorischen, warmen Meeres, das vor Millionen Jahren unseren Landstrich geflutet hat und das jetzt zu Stein gewordenes, wimmelndes Leben miteinschließt.

IV.

Wiener Staatsoper
(1861–1869), Wien

Eduard van der Nüll (1812–1868) und
August Sicard von Sicardsburg (1813–1868)

Im September 2015, kurz nach Merkels historischem «Wir schaffen das», bin ich einige Tage für eine Lesung in Wien, es ist mein erster Auslandsauftritt. Mein Flugticket wird aus europäischen Mitteln bestritten. Ich gebe Diplomaten von der belgischen und niederländischen Botschaft die Hand und bekomme jede Menge Visitenkarten, unter anderem von einem Mann, der am Vortag gerade noch mit Tom Cruise auf dem Balkon der Wiener Staatsoper geplaudert hat. In einem deutschsprachigen Programmheft steht «flämische Schriftstellerin» hinter meinem Namen. Genau vier Gedichte lese ich vor, begleitet von Jazzmusikern – unter den Kristalllüstern des Café Westend, in dem man noch rauchen darf, sodass ich mich in Salonzeiten zurückversetzt fühle. In der Albertina gibt es gerade eine Edvard-Munch-Ausstellung. Liebe, Tod und Einsamkeit in Holzschnitt und Lithographie. Die verlockende Finsternis des Werks steht im Kontrast zu den Wänden der Ausstellung, die wohl schon mal vorsorglich in Königsblau und Grasgrün gestrichen wurden: Elektroschockfarben. Bis auf das Champagnerfrühstück im Hotel esse ich während der ganzen Reise nichts, weil ich noch nicht weiß, wie man allein eine Mahlzeit einnimmt. Auf meinem Hotelzimmer betrachte ich mich ausgiebig und nervös im Spiegel: Ich suche nach etwas, das mich als Lügnerin entlarven könnte. Jemand hat sich geirrt, und jetzt bin ich unter falschen Voraussetzungen hier, die ich nicht erfüllen kann. Ich bin eine Hochstaplerin. Inzwischen spaltet sich Europa in den Zeitungen in Links und Rechts. Nachrichten werden von dem Wort «Grenzen» in Geiselhaft genommen. Ungarn schließt seine Grenzen. Österreich setzt die Armee am ungarischen Grenzzaun ein. Die Slowakei verstärkt die Bewachung der Grenzen, um den Menschenstrom aufzuhalten. Ein Wort, das für mich keine Gültigkeit besitzt. Wörter haben eine eigene Agenda.

Nach der Lesung im Café Westend nehmen mich die Musiker zu einem Karaoke-Abend mit, sämtliche Einnahmen kommen den Geflüchteten zugute. Ich trinke Russian Milk Shots und singe «Dancing in the Dark» von Bruce Springsteen, um mein Scherflein beizutragen. Ich brauche den Teleprompter nicht, ich kenne den Song auswendig: «*I get up in the evening and I ain't got nothing to say, I come home in the morning, I go to bed feeling the same way.*»

Hinter dem Mikrophon auf der grün angestrahlten Bühne scheinen mich die Zuschauer ernst zu nehmen. Eher falsch, aber inbrünstig singe ich die Bridge: «*I'm dying for some action, I'm sick of sitting around here trying to write this book, I need a love reaction, baby give me just one look.*»

Begleitet von Bruces Hüftschwung aus dem Videoclip, auch das kommt gut an, deshalb lasse ich mich anfeuern: «*You can't start a fire, you can't start a fire without a spark.*»

Applaus. Jemand johlt. Mein Auftritt bringt zwölf Euro und dreiundachtzig Cent für den guten Zweck. Ich bestelle noch einen Shot, die Getränkeerlöse gehen schließlich auch an die Hilfsorganisation. Am Tresen steht Hausensteiner, der Gitarrist, der mich bei meiner Lesung begleitet hat.

«Ich werde gerade betrunken *und* menschenfreundlich», sage ich.

«So zynisch sein ist schlecht für eine Schriftstellerin. Die Leute lieben Karaoke. Von dem Geld können wir Decken und Lebensmittel kaufen. Du bist eine schreckliche Sängerin, aber die Performance war okay.»

«Ich wollte früher übrigens auch mal Klassische Gitarristin werden, aber das hat nicht geklappt. Ich habe acht Jahre lang gespielt, und dann kam das eine Stück.» Ich versuche, mich summend an die Melodie zu erinnern.

«Leo Brouwer», sagt Hausensteiner. «*Un día de noviembre.*»

Jetzt, wo er den Komponisten und die Musik beim Namen nennt, bereue ich, überhaupt davon angefangen zu haben. Ich fühle mich ertappt, so als wäre Hausensteiner dabei gewesen, als das vor Jahren mit der Melancholie passiert ist, in diesem unbeheizten Raum der Musikschule in Turnhout.

Mein Gitarrenlehrer hatte das Stück von Brouwer für meine Oberstufenprüfung ausgewählt und spielte es in seiner unterschätzten Virtuosität vor. Andante cantabile. Dreivierteltakt. Ein großes, südliches Glück, das einfach nicht sein sollte, wird zu Gehör gebracht und betrauert. Während dieser Musik ging etwas verloren, etwas zweifellos Vollkommenes, und als es ein paar Takte weiter tatsächlich verschwunden zu sein schien, kamen mir die Tränen. Als er das Anfangsthema wiederholte, war es vollends um mich geschehen, die Musik war bereits zur Partitur meines Glücks und meiner Trauer geworden, meiner Ohnmacht. Müsste ich umschreiben, was damals passiert ist, ist es noch am treffendsten zu sagen, dass ich während dieser Noten für einen kurzen Moment über meinen unbeholfenen sechzehnjährigen Körper hinauswuchs, eine rein physische Erfahrung, so als wäre er auf einmal zu klein für mich – jetzt, wo sich eine so große Bewegung in mir vollzog. Ich weiß noch genau, dass ich in diesem Moment zum allerersten Mal Melancholie empfunden habe, ein Ziehen und Zerren in meinem tiefsten Innern. Als mein Lehrer die letzte Note, ein hohes E mit Fermate, leise ausklingen ließ, wollte ich sie gleich noch mal fühlen. Wochenlang habe ich mich selbst in Melancholie geübt, bis ich blutige Fingerkuppen hatte. Nachts verfolgte mich die Melodie bis in den Schlaf. Je mehr ich übte, desto weniger klang es wie das erste, intensive Hörerlebnis. Dann eben nicht. Am Ende habe ich die Prüfung doch nicht abgelegt und danach nie mehr gespielt.

Hausensteiner findet das tragisch und sagt, ich solle einfach wieder anfangen, Gitarre zu spielen: «Oder bist du beleidigt?», fragt er. «Woher aus Belgien kommst du genau?»

«Ich komme aus dem Kempenland, bin ihm aber entkommen.»

Hausensteiner kann mit dem Witz nichts anfangen.

«Es ist eine Art Sumpf, ein Morast, auch im übertragenen Sinn, alles versinkt darin, weißt du, unser Schwimmbad ist buchstäblich darin versunken.»

«Wie die Staatsoper hier in Wien, ‹die versunkene Kiste›», sagt Hausensteiner. «Der Architekt hat sich erhängt, warum, weiß ich nicht, denn das Gebäude ist einfach klasse.»

Versunkene Kiste. Königgrätz der Baukunst. Stil-Mischmasch. Noch ehe sie fertig war, hatte die Wiener Staatsoper bereits zehn verunglimpfende Spitznamen. Man fand, dass die Oper nicht die geforderte Größe besaß, weil ihr Sockel sich nicht weit genug über das Straßenniveau erhob. – «Wie ein gesunkenes Schiff», zischten die Passanten. Man war so gehässig, die Oper mit der Schlacht bei Königgrätz zu vergleichen, einer der blutigsten Niederlagen in der österreichischen Geschichte. Die eklektische Kombination verschiedener Stilelemente hielt man für ein einziges Durcheinander.

Sicardsburg und Van der Nüll,
die haben keinen Styl,
Griechisch, Gotisch, Renaissance,
das ist ihnen alles ans!

In allen Wiener Kaffeehäusern ist dieser Spottvers zu hören. Die Architekten der Oper, August Sicard von Sicardsburg und Eduard van der Nüll, werden von der Presse gnadenlos fertiggemacht.

Stillos und geschmacklos. Im großbürgerlichen Wien des neunzehnten Jahrhunderts können solche Adjektive vernichtend sein. Zeitungen, Tag- und Boulevardblätter sind gerade erst aufgekommen und unglaublich beliebt. Eine breite Leserschaft informiert sich in den Zeitungen darüber, was gerade zum guten Ton gehört, und lässt sich von herrschenden Geschmacksvorschriften beeinflussen. Neben Geld und Status wird auch die Presse und damit die öffentliche Meinung zu einer gesellschaftlich-sozialen Waffe. Von Anfang an haben Sicard und Van der Nüll die Kritiker gegen sich. Neben dem Druck, den die Zeitungen ausüben, müssen die Architekten auch die repräsentative Funktion des Projekts umsetzen: Die Oper soll schließlich das erste Bauwerk des ehrgeizigen Ringstraßenprojekts werden.

Zehn Jahre zuvor unterzeichnet Kaiser Franz Joseph I. 1857 ein Dekret, nach dem die alte Stadtmauer geschliffen werden soll. Im Rahmen ihrer Stadterweiterungspolitik beginnt sich Wien von einer Festungsstadt zur Metropole zu wandeln. Vierunddreißig nahe gelegene Dörfer und Vororte werden eingemeindet. Durch das Abreißen der Stadtmauer und die Annektierung der Gemeinden wird ein großes Areal frei, das der Staat an Privatleute verkauft. Mit dem Erlös finanziert der Kaiser mehrere

Prachtbauten an der neuen Ringstraße, die zur wichtigsten Verbindungsstraße zwischen der Altstadt und den neuen Bezirken werden soll.

Die vermögende, liberale Mittelklasse ist innerhalb kurzer Zeit stark gewachsen und fordert zunehmend politisches Mitspracherecht. Durch Investitionen in das Ringstraßenprojekt will diese Bevölkerungsschicht ihre gesellschaftliche Stellung versilbern. Die Entscheidung, als Erstes die Oper bauen zu lassen, hat symbolischen Wert: Kulturtempel sind der Treffpunkt des modernen Bürgertums geworden. Die alte Oper hat zu wenig Sitzplätze für die immer größer werdende Schicht, die sich eine Karte leisten kann. Außerdem ist sie technisch überholt. Ein neues Operngebäude, das die Bedeutung der *nouveaux riches* widerspiegelt, soll Investoren ködern.

Rasch wird mit dem Bau begonnen. Der Druck ist enorm, und noch ehe das Straßenniveau des Rings feststeht, muss bereits der Sockel, auf dem die Oper thronen soll, fertig sein. Am Ende wird die Ringstraße höher ausgeführt werden als ursprünglich geplant, was zur Folge hat, dass die Oper nicht mehr so eindrucksvoll aufragt. Nach dem pompösen Geschmack des großbürgerlichen Wiens ist der Höhenunterschied zwischen Straße und Oper Ausdruck von Impotenz. Ganz so, als versinke das Gebäude in der Erde, statt emporzuragen.

Wer heute auf der belebten Kreuzung Kärntner Ring / Opernring steht, kann nicht umhin, von ihrer monumentalen Pracht beeindruckt zu sein. Die Karten sind Monate im Voraus ausverkauft. Hunderte von Touristen drängen sich auf der majestätischen Treppe, um sich darauf zu fotografieren. Wer sich auf einem guten Sitzplatz sehen lässt, sammelt Statuspunkte. Die Wiener Staatsoper zählt heute zu den renommiertesten Operngebäuden der Welt.

Die erste Lüge, die mir über die Lippen kam, steht mir noch klar vor Augen. Für jemanden, der mit der einzigen Lebensregel «Du darfst alles außer lügen» erzogen worden ist, war das bei näherer Betrachtung ein wichtiger Moment. Ich erinnere mich noch genau, wie leicht es mir fiel, die Wahrheit zu verdrehen, auch an das anschließende Gefühl von Macht, mit dem dieser Regelverstoß einherging. Ich war sieben und glaubte, das Leben enträtselt zu haben: In schwierigen Situationen war von nun an Lügen ein Ausweg.

Die Schulglocke läutet zur Mittagspause. Wir stellen uns in Zweierreihen auf. Stephanie wohnt gegenüber der Schule und geht mittags nach Hause, um dort ein Brot zu essen. Ihre Mutter bringt sie stets pünktlich zurück. Ich glaube, dass es eine Art stumme Fehde zwischen unseren Müttern gibt, die einfach nur darauf beruht, dass die beiden extrem unterschiedlich sind. Geschmacksfragen. Das hat automatisch zur Folge, dass Stephanie und ich nicht befreundet sein können. Mit ihrem bauchfreien Oberteil und den Buffalo Boots sieht Stephanie eher aus wie meine frühreife, vierzehnjährige Cousine als wie ein siebenjähriges Mädchen. Ihre Mutter kleidet sich genauso und wirkt eher wie vierzehn als wie eine Mutter.

An bewusstem Nachmittag trägt Stephanies Mutter Schlangenlederstiefel. Ich stupse das Mädchen neben mir an und zeige auf ihre Schuhe: potthässlich. Stephanies Mutter sieht meine Geste und kommt drohend auf mich zu.

«Man zeigt nicht mit dem Finger auf andere Leute», zischt sie zwischen den Zähnen hindurch. Ohne das geringste Zögern, so als wiederholte ich bloß, was ich gerade gesagt habe, erwidere ich: «Ich zeige darauf, weil ich Ihre Schuhe total schön finde.»

So einfach habe ich mich aus der Affäre gezogen. Stephanies Mutter lächelt mich freundlicher an als je zuvor, streicht mir kurz übers Haar und verschwindet dann durch die Schulpforte. Der Rausch über die geglückte Lüge beschert mir ein Prickeln. Sollte mich einmal jemand fragen, ab wann ich wusste, dass ich Schriftstellerin werden will, werde ich antworten, dass ich das nicht so genau sagen kann, auch wenn ich im Grunde seit diesem Nachmittag auf dem Spielplatz mit Sicherheit wusste, dass ich später mal «Lügnerin» werden will. Bisher ist das Schreiben die glaubwürdigste Lüge, die ich mir selbst aufgeschwatzt habe. Wenn andere es glauben, ist es so gut wie nicht gelogen.

Im Nachhinein betrachtet, war es nicht weiter verwunderlich, dass ich mich angesichts meiner Faszination für Lügen in andere Lügner verliebte. Die gefühlte Nähe, die zwei Seelen mit einer gemeinsamen Obsession ganz heftig überfallen kann, scheint auf den ersten Blick schicksalhaft vorherbestimmt zu sein. Ein trügerisches Schicksal. Natürlich kann man sich nicht voll und ganz einem Beruf hingeben und dann noch einem anderen Menschen mit allem Drum und Dran. Trotzdem konnte es einem manchmal höchst überzeugend, ja zwingend vorkommen: zwei Schriftsteller, die es gewohnt sind, eine Begegnung mit erhabenen Worten über den bloßen Zufall zu erheben, einem Kuss den Spannungsaufbau der Unwiderruflichkeit zu verleihen, Anziehungskraft auf fatale Weise zu einer Zeile sakraler Erotik auszuarbeiten. Es ist unsere berufliche Deformation, das Liebesobjekt zu idealisieren.

Obwohl er mich nie so genannt hat, bin ich für einen Schriftsteller Sylvia Plath gewesen. Ich selbst habe ihn zum Grafen Vronski geadelt. Einen anderen zu Heathcliff – und er hat mitgespielt. In einem kurzen Rausch haben wir uns sogar kurz eingebildet, Beyoncé und Jay-Z zu sein. Ohne jemals so viel Geld wie sie zu verdienen.

Im Nachhinein kann die Liebe zum Glück immer noch dazu

dienen, Romane und Gedichte hervorzubringen. Oft wird die Liebe schon lange, bevor sie überhaupt in Worte gefasst wird, zu Literatur. Unerträglich. Und sterbenslangweilig. Der Liebesbruch bringt Erlösung und letztlich die besseren Geschichten hervor.

Außer die Seelenverwandtschaft ist nicht gelogen. Wenn es tatsächlich zwei Menschen gibt, die zusätzlich zu ihrer Liebe von derselben Leidenschaft entflammt sind und die vollkommene Liebe leben, dann muss sich der Schriftsteller zurückhalten.

Eduard van der Nüll und August Sicard von Sicardsburg studieren beide Bauwesen am Polytechnischen Institut in Wien. Die zwei Kommilitonen irren durch dieselben Flure und besuchen dieselben Kurse, aber mehr als ein paar höfliche Worte wechseln sie nicht. Van der Nüll ist ein Sonderling, ernst und verschlossen. Seine Mitstudenten meiden ihn, weil er «ungesellig» ist. Stets sitzt er ganz in sich gekehrt da und zeichnet, ohne auch nur das Geringste zu sagen. Sicard ist das genaue Gegenteil: fröhlich, mitreißend, sympathisch. Er besitzt die Art von Anziehungskraft, die einen Raum verändert, sobald er ihn betritt. Drei Leben bräuchte er, um all seine Ideen umzusetzen, aber er kann so spannend von den unrealistischsten, größenwahnsinnigsten Einfällen erzählen, dass er bei anderen die gleiche Leidenschaft entfacht. Auch außerhalb der Akademie wird man auf seine Begabung aufmerksam. 1833 bietet ihm ein Professor von der Akademie der bildenden Künste, der Architekt und Hofbaumeister Peter von Nobile, eine befristete Assistentenstelle an. Das versetzt Sicard in die Lage, auch noch Architektur an der Akademie zu studieren. Zwei Jahre später, nach einem Praktikum bei der Landesbaudirektion, beginnt auch Van der Nüll ein Architekturstudium an der Akademie.

Wieder kreuzen sich ihre Wege, und nach und nach führen ihre Begabungen sie zusammen. Beide Architekten werden mit verschiedenen Akademiepreisen ausgezeichnet. Zufällig werden sie aufeinander aufmerksam. Sicard beginnt, sich für den rätselhaften Van der Nüll zu interessieren, der wortkarg ist, aber angeblich genial zeichnen kann. Umgekehrt lässt die Aura, die Sicard umgibt, den disziplinierten Eduard immer öfter von seinen Blättern aufschauen.

1838 reichen sowohl Sicard als auch Van der Nüll einen Entwurf für den Goldenen Hofpreis ein. Das bringt beiden eine gemeinsame Goldmedaille ein und ein dreijähriges Reisestipendium für eine europäische Studienreise.

Von 1839 bis 1843 sind sie unterwegs. Italien, Deutschland, Spanien, Frankreich. Dreidimensional entfalten sich die Gebäude aus ihren Lehrbüchern vor ihren hungrigen Augen. Sie beobachten, skizzieren, zeichnen, zeichnen noch einmal neu, diskutieren, reißen mit ihren Bleistiften ein und bauen wieder auf. Schon bald zeigt sich, dass die durch den Preis zusammengewürfelten Reisegefährten innerhalb ihrer Formensprache dasselbe anstreben. Sie träumen von einem Stil, der nicht an eine bestimmte Epoche gebunden ist, von einer anderen Architektur.

Dass künstlerische Übereinstimmungen auch eine persönliche Annäherung bewirken, lässt sich nicht vermeiden. Venedig. Wegen ihrer gemeinsamen Liebe zur Architektur Palladios wagt es Van der Nüll zunehmend, sich zu öffnen. Sein Schweigen, seine Schwermut – er ist einfach machtlos dagegen. Er erzählt Sicard von dem dunklen Schatten, der über seiner Kindheit lag. Als er drei Jahre alt war, trennten sich seine Eltern. Die Gerüchte konnten ihm nie etwas anhaben, er hat nur den *einen* Vater – eine endlose, saubere Abstammungslinie. Zu seiner großen Betrübnis hat sein Vater hingegen die Gerüchte über einen anderen Erzeuger irgendwann sehr wohl geglaubt und sich darin verstrickt. Als Van der Nüll dreizehn Jahre alt war, beging sein Vater nach schweren Depressionen Selbstmord. Den Rest seiner Jugend verbringt er notgedrungen bei der Mutter und dem Marschall, den er bis zu dem Tag, an dem er von zu Hause auszog, mit «Herr Feld-Franz» ansprach. Sicard lacht sein herzhaftes Lachen.

Granada. In den Gärten der Alhambra erzählt Sicard von seiner Kindheit und Jugend in Budapest: die Pferde, die Stockschläge. Als Ältester von drei Söhnen einer Familie aus dem Militäradel stieß er mit seinem Wunsch, Architekt zu werden, nicht gerade auf Begeisterung. Eine Traditionslinie wurde unterbrochen. Nachdem er das Studium am Polytechnischen Institut beendet hatte, verdingte er sich auf Druck seines Vaters bei den Ulanen, der Kavallerie des kaiserlichen Heers. Nach einem Jahr riss er in einer rebellischen Anwandlung den Federbusch von seiner Bundesmütze und ging gegen den Willen seiner Familie doch noch an die Kunstakademie. Van der Nüll sagt vorsichtig, er freue sich, dass er durchgehalten habe.

Paris, Notre-Dame. Ihre Seelen finden sich – für immer. In der französischen Hauptstadt genießen sie die Freiheiten der Anonymität. Sie tauschen sich aus, tragen den gleichen Schnurrbart und unterhalten sich bis zum Morgengrauen in den Cafés von Saint-Germain. Sie gehen eine enge Arbeitsgemeinschaft und Freundschaft ein, leben von da an ununterbrochen zusammen.

Trotz dieser innigen Verschmelzung ist ihr Charakter diametral entgegengesetzt, doch diese Gegensätze scheinen sich auszuzahlen: Die Wechselwirkung ihrer unterschiedlichen Temperamente wirkt sich positiv auf ihre künstlerische Arbeit und ihre Psyche aus. Was andere auseinanderbringen würde, verbindet sie untrennbar miteinander.

Doch gleich nach der dreijährigen Studienreise löst sich Sicard aus der Symbiose. Er lässt die Verwandtschaft im vierten Grad aufheben und heiratet seine Cousine Aloysia Janschky. Die beiden bekommen einen Sohn, der am plötzlichen Kindstod stirbt, sowie eine Tochter, Valentine. Van der Nüll stürzt sich solange auf die Innenausstattung der Altlerchenfelderkirche.

Obwohl ich bei meinem Wien-Aufenthalt täglich die Lerchenfelderstraße zum Architekturzentrum nehme, um dort zu lesen, ist mir die Kirche vorher gar nicht aufgefallen. Erst nachdem ich las, dass Eduard van der Nüll für die Ausstattung verantwortlich war, stand sie auf einmal da in ihrem hellrosa Stein, auf halber Strecke, mitten in der Wirklichkeit.

Zum ersten Mal bin ich allein in einer Kirche. Nur durch die Fenster des linken Seitenschiffs fällt Licht und legt sich hauchdünn wie eine Staubschicht auf Bänke, Wände, Säulen und Boden. In dieser Kirche überfällt mich dieselbe Traurigkeit wie angesichts der Winterlandschaft *Woldgate Woods* von David Hockney, die ich vor einigen Monaten im Centre Pompidou gesehen habe. Ich spüre wieder, wie sich der Schnee in mir ansammelt, doch diesmal tritt aus dem Schnee ein Kreis aus Stein hervor. Erdrutschartig. Der Aufprall ist härter. Das Tonnengewölbe der Seitenschiffe ist mit einem einsamen blauen Sternenhimmel geschmückt. Nach oben schauen, bedeutet, gottverlassen zu sein, allein mit dieser Farbtiefe. Als ich mich umschaue, befinde ich mich inmitten einer Unmenge von brutal nebeneinander platzierten Mustern auf Wänden, Säulen, Teppichen, einfach überall. Blumen. Schnörkel. Blattmotive. Gold. Arabesken. Jeder Winkel und jede Nische, ja sämtliche Innenflächen sind damit verziert. Gleichzeitig ist die Fülle so einladend, dass ich darin aufzugehen scheine.

Wut und Ekstase, es kann nur eine Kombination aus beidem gewesen sein, die Van der Nüll zu diesem überschwänglichen Werk getrieben hat. Kurz nach den Studienreisen und dem Bruch mit Sicard beginnt er, an der Innenausstattung der Altlerchenfelderkirche zu arbeiten. Manisch, penibel, fieberhaft und äußerst beherrscht verarbeitet er die Eindrücke, die sich ihm im Ausland offenbart haben, zu einer eigenen Bildsprache. Er setzt verschiedene, bereits bestehende Stile nebeneinander, sodass ein neues Ganzes entsteht. Im klassizistischen Wien war das eine revolutionäre Ästhetik. Die Ausstattung der Altlerchenfelderkirche gilt heute als Höhepunkt des romantischen Historismus.

Eine Austreibung alter Dämonen. Eine Überflutung der Seele. Trauer um das, was hier in Wien und wegen Sicards Ehe nicht sein darf. Arbeitsdruck. Geld. Was auch immer ihn bei der Ausführung des Baus beherrscht haben mag – die Kirche ist noch heute davon beseelt, am helllichten Tag brodelt es in mir.

Für Frau Janschky-Von Sicardsburg muss die Ehe ein Käfig der Einsamkeit gewesen sein. Nach einem Besuch der Altlerchenfelderkirche – er konnte einfach nicht widerstehen – gelingt es Sicard nicht, sich von Van der Nüll fernzuhalten. Die beiden Architekten zeigen sich gemeinsam in der Öffentlichkeit und richten ihr Leben nach ihrer sich gegenseitig ergänzenden, ausgleichenden Beziehung aus. Als Ingenieur und Charmeur übernimmt Sicard den geschäftlichen Teil der Projekte, während Van der Nüll in aller Einsamkeit und Abgeschiedenheit die Ornamente ausarbeitet. Wenn sie sich nicht einig sind, kommen sie schnell wieder zur Vernunft. Über grundlegende Dinge sind sie sich ohnehin nie uneins, weil sie dem Kern ihrer gemeinsamen Architekturauffassung treu bleiben: Ihre Arbeit steht ausschließlich im Dienst der Architektur, will sie in ihrer reinsten Form umsetzen. Wegen dieser gemeinsamen Philosophie lassen sie sich nicht getrennt voneinander betrachten. Sie versichern sich gegenseitig ihrer Daseinsberechtigung als Architekt, als Künstler, als Mann.

Die besondere Beziehungsdynamik zwischen Sicard und Van der Nüll scheint fast so etwas wie eine Aufspaltung der Figur des Architekten zu sein, der in seinem Beruf gleich zwei Seelen in sich vereinen muss: den Künstler und den Pragmatiker. Der Entwurf erfordert sowohl kreatives Genie als auch dessen technische Umsetzung, um zum Leben erweckt zu werden. Beide Arbeitsweisen setzen eine unterschiedliche Herangehensweise voraus, die der natürlichen Aufgabenteilung des Duos entspricht. Der Künstler Van der Nüll ist in sich gekehrt und schöpft aus sich selbst. Der Pragmatiker Sicard wendet sich an die Öffentlichkeit und die Stadt. Man sollte meinen, dass ihnen diese, sich gegenseitig ergänzende Aufgabenteilung viele Kämpfe erspart.

1843 bekommen Sicard und Van der Nüll beide einen Lehrstuhl an der Akademie. Das bedeutet eine gewisse Sicherheit, Arbeit zu haben, doch bezahlt ist eine Professur damals schlecht. Hinzu kommt die ständige Auftragssuche. Die Partner gründen ein gemeinsames Atelier, sodass sie auch den größten Teil ihrer Zeit außerhalb der Akademie miteinander verbringen. Anfangs bekommt das Duo nur Privataufträge: Mietshäuser, eine Privatschule, eine exklusive Badeanlage. Nach einer gewissen Zeit ziehen sie auch Aufträge für wichtige öffentliche Gebäude an Land. Ihren Durchbruch haben sie 1848, als sie den Gebäudekomplex des Wiener Arsenals entwerfen dürfen. Es geht das Gerücht, Van der Nüll hätte den Auftrag nur wegen seines vermeintlichen Vaters «Herr Feld-Franz» bekommen. Der Klatsch zwingt Van der Nüll zurück in seine stumme Trauer, in eine neue Depression. Sicard tritt nach außen hin auf und übernimmt frohgemut die Geschäfte.

1860 wird im Rahmen der Stadterweiterung und des dazugehörigen Ringstraßenprojekts ein internationaler Wettbewerb für eine neue Oper ausgeschrieben, die der strahlende Mittelpunkt des neugestalteten Wiens und des neuen großbürgerlichen Kulturlebens werden soll. Der Wettbewerb verlangt kreative Lösungen. Der Stil ist nicht vorgeschrieben. Die einzige Bedingung ist die, dass es genug Sitzplätze für das verehrte Publikum geben muss. Aus fünfunddreißig Entwürfen wählt der Kaiser höchstpersönlich den von Sicard und Van der Nüll aus. Es ist bereits sechs Jahre her, dass sie einen Auftrag ergattern konnten, und beide Architekten haben große finanzielle Probleme. Der prestigeträchtige Auftrag für die Oper bedeutet für sie nicht nur finanzielle und künstlerische Freiheit, sondern – was in der damaligen Wiener Gesellschaft vielleicht noch viel wichtiger ist – auch ein symbolisches Kapital. Für Sicard und Van der Nüll steht alles auf dem Spiel.

Am 24. August 1867 wird der Bretterzaun um die Baustelle der Wiener Oper entfernt. Am nächsten Morgen erscheinen die ersten Kritiken, die Zeitungsrezensionen sind eine Aneinanderreihung von Baumängeln.

«OB DIE OPER WOHL NOCH RECHTZEITIG FERTIG WIRD?» Es gehe schließlich um sehr komplizierte technische Baufaktoren. Außerdem brauche man eine extrem penible Bauleitung, es sei zu bezweifeln, dass die beiden Architekten dazu imstande sind. Bis auf Weiteres glaube man nicht an eine rechtzeitige Fertigstellung des Projekts. Die Dekorstücke müssten den «Kriechgang» lernen, wollten sie es denn durch diese Tür auf die Bühne schaffen. Der Zuschauerraum trüge: So groß er von außen auch aussehe, von innen sei er es längst nicht. Bloß die Hälfte der Bühne sei einsehbar, und je nach Sitzplatz könne man nur auf eine gute Akustik hoffen. Wer angesichts der zahlreichen Studienreisen der beiden Architekten Eduard van der Nüll und August Sicard von Sicardsburg eine Oper von «Weltniveau» erwartet habe, werde enttäuscht. Ihre sogenannte Erfahrung habe sich in ihrem Entwurf für die Wiener Staatsoper in keinster Weise niedergeschlagen. Sie hätten die Schornsteine vergessen und seien außerdem so blöd gewesen, das ganze Gebäude mit nur einem Heizkessel zu bestücken. Man werde sich noch vor Beginn des Zweiten Akts eine Lungenentzündung holen. Wenn es regne, ströme das Wasser von der Straße ins Innere. Im Nu sei das Erdgeschoss überflutet. Der Eingang sei so armselig, dass Sicard und Van der Nüll selbst den Hintereingang bevorzugten. Das Operngebäude sei architektonisch gesehen einfach schwach. Es habe so gar nichts Elegantes. Van der Nülls detailverliebte Ornamentik wolle den schwachen Entwurf nur verschleiern.

Ein Kletterseil, so würde ich das in Worte fassen. Ich kann nicht sehen, an welchem Balken es oben befestigt ist, aber das Seil selbst ist stabil und straff gespannt, es kann mich halten, ich kann daran emporklettern, und der Aufwand lohnt sich, denn je höher ich klettere, desto mehr bekomme ich zu sehen. Es gibt Tage, an denen das Seil zerfranst, Schmutz, Feuchtigkeit und Licht sorgen für Verschleiß. Es gibt Tage, an denen ich müde bin und keine Kraft zum Klettern habe, an diesen Tagen wartet das Seil trotzdem auf mich. Es gibt Tage, an denen ich klettere, weil ich mir einbilde, klettern zu müssen, aber es ist mühsam, und ich rutsche immer wieder nach unten, wobei das Seil Brandwunden an meinen Händen und an den Schenkelinnenseiten hinterlässt. Es gibt Tage, an denen das Seil einfach immer weitergeht und bis in den Himmel führt wie in dem Märchen mit der Bohnenranke, mühelos gewinne ich an Höhe. Es gibt

Tage, an denen das Seil mich verhöhnt wie ein Strick. Es gibt Tage, an denen es sich aufrollt wie ein Tentakel. Aber nie bin ich schwerer als die Tragkraft des Seils, das Seil ist sicher, das Seil bildet eine feste Verbindung. Es spannt sich zwischen mir und dem Schreiben. Das Seil ist durchblutet, ein Puls rast hindurch. Andere würden das Seil vielleicht «Intuition» nennen, aber das klingt so bieder – verlässt man sich einmal darauf, muss man ihr nur noch folgen, während das Seil Widerstand bietet, einem eine Reaktion abverlangt, ich muss mich mehr anstrengen. Wenn ich es nicht schaffe, höher zu kommen, werde ich irgendwann misstrauisch, mutlos, denn das Seil lässt nie erkennen, woran es befestigt ist, wohin klettere ich eigentlich? So langsam bezweifle ich, ob das Seil überhaupt irgendwo endet.

Ich denke an den englischen Schriftseller und Literaturkritiker des zwanzigsten Jahrhunderts Cyril Connolly, der nur einen einzigen Roman veröffentlicht hat, das Buch wurde mehrfach abgelehnt. Daraufhin brachte er ein Sachbuch heraus, das sich damit beschäftigt, warum er daran gescheitert ist, das literarische Meisterwerk zu schreiben, das er eigentlich hätte schreiben müssen. Sein drittes Buch, *The Unquiet Grave*, eine Sammlung von Aphorismen und Zitaten von ihm bewunderter Schriftsteller, bringt er unter dem Pseudonym Palinarus heraus. Der erste Abschnitt liest sich wie folgt:

Je mehr Bücher wir lesen, desto klarer wird, dass die eigentliche Aufgabe eines Schriftstellers die ist, ein Meisterwerk hervorzubringen, und dass nichts anderes irgendwie von Bedeutung ist. So offensichtlich das auch sein mag, werden die wenigen Autoren, die das zugeben oder zum selben Schluss gelangen, bereit sein, ihr bereits begonnenes Werk von schillernder Mittelmäßigkeit beiseitezulegen.

Es zeugt von absolutem Hochmut, Anspruch auf ein Meisterwerk zu erheben, aber das Gegenteil kommt einem womöglich noch unwirklicher vor. Wann ist man bereit, das eigene Mittelmaß zu erkennen? Mittelmaß ist grausamer, als einfach nur zu scheitern. Scheitern setzt eine gewisse Größe voraus, manchmal geht sie mit Folterqualen einher, die man zu einer Art Ehrgeiz steigern kann. Mittelmaß hingegen ist ein Zustand, über den man nicht hinausgelangt, es bringt eine Totgeburt hervor. Die Uneinlösbarkeit des Meisterwerks und das drohende Mittelmaß sorgen dafür, dass es an den meisten Tagen unmöglich ist, überhaupt etwas zu Papier zu bringen, meist komme ich nicht weiter als bis zu der Erkenntnis, dass ich es nicht kann, dass ich es verlernt habe, und wenn ich es anfangs einmal gekonnt habe, dann war es reiner Zufall. An manchen Tagen gelingt es mir, mich selbst zu riskieren, und ich schreibe trotzdem, denn noch schlimmer, als es anzugehen, ist der Gedanke, sich eingestehen zu müssen, dass nichts daraus werden wird. Sollte es so weit kommen, hoffe ich, mutig genug zu sein, um damit aufzuhören.

Wenn nicht gemeckert wurde, wurde geschwiegen. Einige Zeitungen wählten den Spott, andere übten sich in der schlimmsten Form von Kritik: einfach ignorieren. In den ersten großen Berichten über die Architektur der neuen Ringstraße wurde die Oper – im Grunde das wichtigste Gebäude – mit keinem Wort erwähnt. Dafür wurde lang und breit über den Konkurrenten Theophil Hansen geschrieben, der den Bauauftrag vielen zufolge eigentlich hätte erhalten müssen. Hansen war ein Vertreter des neoklassizistischen Wiens, er hatte seinen Beruf brav in Athen gelernt und keine allzu spannende Architekturauffassung, entsprechend dem Geschmack bürgerlicher Prunkkultur, imitierte er das klassische Paradigma.

Sicard und Van der Nüll waren das genaue Gegenteil, Imitatio fanden sie einfach nur stumpfsinnig. Es galt, nach einer neuen Architektur, nach einer vollkommen neuen Formensprache zu suchen, die trotzdem eine Kontinuität mit der Vergangenheit aufweist. Die Entstehung eines Gebäudes war für sie mit der Entstehung eines Menschen vergleichbar: Das Gebäude entwickelt sich von einem Punkt aus zu etwas Zweidimensionalem, um dann in die Höhe gezogen zu werden, so, wie sich auch der Mensch entwickelt.

Die Schnitzer, von denen die Kritiken berichtet haben, sind im ganzen Gebäude nirgendwo zu finden. Die bösen Zungen scheinen eher im Auftrag von Theophil Hansen zu lispeln.

1866 heiratet der fünfundfünfzigjährige Eduard van der Nüll die dreißig Jahre jüngere Maria Killer. Bis dahin hatte er sich geweigert, den Stand der Ehe einzugehen. Es ist Sicard, der vorschlägt, dass sich Van der Nüll eine Frau nimmt, jetzt, wo ihn ein Nervenzusammenbruch selbst ans Bett fesselt. Die negative Kritik an der Oper, die Klatschpresse, die Unterstellungen, die Lügen, der Arbeitsdruck – all das ist dem seelisch stabilen, optimistischen Sicard zu viel geworden. Er stellt sein Urteilsvermögen in Frage und lässt sich durch das Urteil Fremder fertigmachen, die versuchen, ihn als Betrüger zu entlarven. Vielleicht haben die Leute ja recht? Vielleicht hat er die ganze Zeit nur geblufft. Vielleicht war «so tun als ob», um loslegen zu können, sein einziges Talent. Wenn etwas nur oft genug wiederholt wird, wird es geglaubt. Außerdem gibt es Geldprobleme. Der ganze Boykott erschwert es zusätzlich, Dinge durchzusetzen und zu erledigen. Die Genehmigung, Karstmarmor aus einem kroatischen Steinbruch verwenden zu dürfen, war schon erteilt. Trotzdem wurde in letzter Minute von oben beschlossen, die Oper aus Kelheimer Naturstein hochzuziehen.

Der kostet weniger und lässt sich leichter über die Donau transportieren. Weil das Vorkommen allerdings aufgebraucht war, bevor die Fassade vollständig damit bekleidet war, müssen die Innenhöfe mit Gips fertiggestellt werden. Van der Nüll ließ sich nichts anmerken, doch Sicard wusste, dass es das Herz seines Freundes, des Ästheten, langsam, aber sicher brach. Dann erlitt Sicard selbst einen Zusammenbruch. «Nervenspannung». Sprach jemand in seinem Beisein von der Oper, bekam er eine psychosomatische Fieberattacke. Sicards Erkrankung stört die genau austarierte Balance. Nun muss der introvertierte, menschenscheue Van der Nüll die Geschäfte führen und sich gegen die Presse verteidigen. Er steht allein im Ring. Das muss für jemanden mit seiner Persönlichkeit eine schwere, seelische Folter gewesen sein.

Mitten in seiner größten Verzweiflung findet Van der Nüll die engelsgleiche Maria Killer. Die junge Frau fühlt sich von seiner sanftmütigen Art und seinen verborgenen Talenten angezogen und ist bereit, den Mann, der keinerlei Vermögen besitzt, zu heiraten. Van der Nüll ist damals finanziell am Ende, die sich hinziehenden Bauarbeiten haben ihn mittellos gemacht. Er schläft schon seit Monaten auf dem Fußboden des Ateliers. Besser gesagt, er schläft gar nicht, sondern wacht stattdessen die ganze Nacht an Sicards Bett. Vielleicht ist die Ehe nur Fassade, aber Maria Killers naive Bewunderung bietet ihm wenigstens Aussicht auf Bestätigung. Das bettelarme Ehepaar kann in dem Haus des befreundeten Architekten Le Vigne wohnen. Einige Monate später zieht auch die Familie Sicard dort ein.

Mit einem blauen Taschentuch erhängt sich Eduard van der Nüll an einem Garderobenhaken in seinem Schlafzimmer. Am 3. April 1868 findet das Zimmermädchen um halb sieben Uhr morgens den Erhängten, blau angelaufen und mit glasigem Blick.

Ihr lauter Schrei weckt die übrigen Bewohner des Hauses von Le Vigne. Die hochschwangere Maria Killer hat einen sehr leichten Schlaf. Sie sieht, wie das hysterische Zimmermädchen ihren Mann umschlingt und versucht, ihn vom Garderobenhaken zu holen. Sie ist nicht kräftig genug, ihn anzuheben und die Schlaufe vom Haken zu lösen, ihr hilfloses Gezerre scheint das Taschentuch nur noch enger um seine Kehle zu ziehen. Maria Killer greift mit der Rechten nach ihrem ungeborenen Kind und sucht mit der Linken Halt am Türrahmen. Sicard kommt aus dem Untergeschoss geeilt. Noch ehe er sich einen Überblick verschaffen kann, befiehlt er seiner Frau Aloysia, einen Arzt zu holen. Er legt die Arme um den Körper seines Partners, stößt das Zimmermädchen beiseite und nimmt ihn ab, schüttelt, zerrt, schüttelt heftiger und brüllt ununterbrochen, brüllt Leben in den leblosen Körper, der nicht mehr auf ihn hören will.

Die Ärzte kommen zu spät, aber gerade noch rechtzeitig, um die ohnmächtig werdende Maria Killer aufzufangen. Sie wird in ihr Zimmer getragen und jammert: «Das Kind, das Kind.»

Doch Sicards Schreien nebenan ist lauter als ihres.

Das blaue Taschentuch macht mich fertig. Bis jetzt konnte ich in der Geschichte von Sicard und Van der Nüll aufgehen, die unausweichliche Tragik ihrer Beziehung hätte man sich als Schriftsteller gar nicht besser ausdenken können, aber das blaue Taschentuch? Das überführt die Geschichte in die grausame Realität seiner Tat – nicht zuletzt, weil das Taschentuch ein so unglaubwürdiger Komplize zu sein scheint.

Den Artikeln nach Van der Nülls Selbstmord entnehme ich eine eindeutige Sensationsgier bei der Jagd nach der genauen Ursache. Der zunehmende Druck, unter dem die Bauarbeiten stehen, ist eine beliebte Erklärung. Vorsichtig nennt man hier und da auch die Hetzkampagne in den Zeitungen. Der anhaltende Spott soll den Architekten so weit getrieben haben, dass er «an sich selbst irr», ja wahnsinnig wurde. Die zynischsten Gegner sehen in seiner Tat nur einen Beweis für seine Charakterschwäche. Nach seinem Tod vergeht gerade mal ein Tag, bis die Mythologisierung beginnt: «Es schwebt ein finsterer, Herz und Geist tötender Dämon über diesem Bau des Opernhauses.» (*Neues Wiener Tagblatt*, 5. April 1868.)

Zehn Wochen später, am 11. Juni 1868, extrem mitgenommen vom Tod seines Freundes, stirbt August Sicard von Sicardsburg.

Ohne ihnen eine Liebesbeziehung unterstellen zu wollen, weist alles darauf hin, dass sie ohne einander nicht leben konnten. Das ist eine körperliche Tatsache. Die Beziehung war endgültig. Sie starben den Tod des anderen. Beide Architekten erlebten die offizielle Einweihung der Oper am 25. Mai 1869 nicht mehr.

Kurz nach seinem Tod, vielleicht sogar gerade deswegen, ändert sich der Blick auf Van der Nüll. Die Zeitungen beginnen, ihn als tragisches Genie zu porträtieren. Auf Sicards Tod folgt nur noch mehr Geläster. Er soll speziell arrangierte Bälle geliebt haben, auf denen er übermäßig trank und Frauen belästigte. Die Männer soll er angeblich vulgärst beschimpft haben.

Geschmack ist launisch: 1907, kein halbes Jahrhundert später, schwärmen dieselben Blätter, die damals das Feuer auf die Architekten und den Bau eröffneten, in Superlativen von der Wiener Staatsoper, von ihrer absolut genialen, phantastischen Treppe, die zu den Logen führt, von Logen, die so groß sind wie gemütliche, aber intime Wohnungen, davon, dass die Galerien jeden, der schauen und hören will, liebevoll empfangen, davon, dass es der große Saal erlaubt, sämtliche Töne noch leiser, noch zarter wahrzunehmen, weil das nun einmal seine heilige, ernste Aufgabe sei. Und ihre beiden Architekten hätten sich umbringen müssen, aus Angst, ein unvollkommenes Bauwerk geschaffen zu haben! Dabei sei es vollkommen, einfach vollkommen.

V.

Kirche San Carlo alle Quattro Fontane
(1634–1677), Rom

Francesco Borromini (1599–1667)

Durchs Fenster mustere ich das Blau des Himmels, um den zu
wählenden Buntstift so genau wie möglich darauf abzustim-
men. Vielleicht hat damals alles angefangen. Ich bin sechs, und
vor mir auf dem Küchentisch liegt meine erste Hausaufgabe
für die Schule, die darin besteht, einen Bibelcomic auszumalen – ein DIN-A4-Blatt mit Strips, die Schäfer in einer Hügel-
landschaft zeigen, eine Kinderversion der Geschichte von Abra-
ham unter Auslassung des Menschenopfers. Ab dem Moment,
an dem die Spitze des blauen Buntstifts das Papier berührt,
nehme ich die Aufgabe ernst. Vom ersten blauen Strich an bin
ich jemand, der Hausaufgaben macht, jemand, der eine Aufgabe zu erfüllen hat, oder besser noch: jemand, der Aufgaben
vollbringt. Ich drücke extrem fest auf beim Zeichnen, um die
Fläche bestmöglich zu füllen, fett und knallblau, denn genau
so ist der Himmel, ich darf nicht über die Umrandungen malen
und schon gar nicht über die Erzählfelder hinaus. Erst als meine
Mutter das Licht anmacht und mich aus meinem hingebungs-
vollen Rausch reißt, spüre ich den Krampf in der rechten Hand,
das Blut, das sich in den Fingerkuppen staut. Draußen ist das
Blau inzwischen drei Nuancen dunkler geworden. Im Fernsehen läuft der Abspann von *The Simpsons*. Meine Mutter findet
zwar toll, was ich gemacht habe, sagt aber auch, dass ich mich
nicht so hätte anstrengen müssen, es sei doch bloß eine Zeich-

nung. Wir befestigen den Abraham-Comic mit Buchstaben-
magneten am Kühlschrank, bis ich ihn am nächsten Tag mit in
die Schule nehmen werde. Kurz vor dem Schlafengehen werfe
ich noch einen letzten Blick auf die Zeichnung. Mir kommen
Zweifel, auch wenn ich den Grund dafür noch nicht kenne.

Zwei Jahre später beginnt meine kurze Karriere als Bildende
Künstlerin an der Malschule von Arendonk, einem kleinen
Dorf an der Grenze zwischen Belgien und den Niederlanden.
Eine Retrospektive mit Arbeiten aus dieser Zeit würde die vagen kosmopolitischen Sehnsüchte enthüllen, die ich als Acht-
jährige hatte. In freier Arbeit gestalte ich: einen Araber mit
Turban, den hinduistischen Gott Vishnu, einen orientalischen
Philosophen, ein Indianertipi, eine griechische Amphore und
eine westliche Familie, die sich um den Fernseher versammelt
hat – die Tochter hat das Kommando über die Chipstüte. Meine
letzte Töpferarbeit kann man im Nachhinein fast schon visio-
när nennen: Ein Jahr, bevor der Film rauskam, modellierte ich
bereits ein anthropomorphes Huhn, das dem Huhn Ginger aus
dem Animationsfilm *Chicken Run – Hennen rennen* zum Verwechseln ähnlich sieht – nur dass mein Huhn einen roten Schal
trägt und keinen geblümten wie Ginger. Nach diesem Huhn
wurde ich von der Malschule genommen. Kunsthistoriker würden sagen, ich hätte meine Karriere auf dem Höhepunkt beendet, kurz vor Beginn meiner kommerziell erfolgreichen Pe-
riode, aber was wusste ich damals schon von Kunstgeschichte
oder Kommerz, ich musste aufhören. Nach der Sache mit dem
Huhn fanden meine Eltern, das sei besser für mich. Das Huhn
hatte innerhalb der Familie nämlich für Streit gesorgt. Obwohl ich meine Töpferarbeiten normalerweise beiden Eltern
widmete, machte ich das Huhn eigens für meinen Vater. Da er
unsere echten Hühner, die wir im Garten halten, versorgt, fand
ich das nur passend.

Mein Vater will dem getöpferten Huhn einen Ehrenplatz auf seinem Schreibtisch im Büro geben. Aber die Vorstellung, andere, fremde Augen könnten das Huhn betrachten, führen dazu, dass ich die gesamte Kreation in Frage stelle, und zwar so sehr, dass ich nach dem Töpfern, Brennen, Bemalen und Glasieren nichts mehr mit dem Huhn zu tun haben will. Ich finde es nicht gut genug. Mein Vater versucht, mich zu beruhigen, sagt immer wieder, wie schön das Huhn sei, aber ich weine, weigere mich, flehe ihn an, befehle, weine erneut, diesmal lauter. Ob er das Ding bitte, bitte zertrümmern könne? Oder in den Mülleimer werfen? Zur Not möge er das Ton-Huhn in unseren Stall stellen, damit es die echten Hühner zerstören oder zumindest mit heller Hühnerkacke bis zur Unkenntlichkeit entstellen können. Ich habe nicht lockergelassen, bis das getöpferte Tier irgendwann verschwand. Dass ich anschließend samstagvormittags nicht mehr in die Malschule durfte, nahm ich gefasst in Kauf. Mir war es lieber, die Folgen meiner Sturheit auszubaden, als zu scheitern.

Bald darauf kam der Jahrtausendwechsel. Vor dem Hintergrund der apokalyptischen Geschichten, die damals kursierten, lässt sich auch die Sache mit dem Huhn erklären: Sollte die Welt zu Beginn des Jahres 2000 tatsächlich untergehen, wollte ich nicht durch dieses blöde, nichtssagende Huhn in Erinnerung bleiben. Als letztes Legat war das einfach zu schlecht.

An jenem Silvesterabend schauten meine Eltern, mein Bruder und ich uns zu Hause eine Musiksendung an, es gab Kindersekt und Chips. Einige Minuten vor Mitternacht betraten die D-Devils die Bühne. Zwei als Teufel verkleidete Männer predigten über repetitive Housebeats hinweg mit verstellter Stimme, dass die sechs Pforten der Hölle offen stünden und dass wir mit dem Teufel tanzen sollten. Mein Bruder flippte völlig aus – das war damals sein Lieblingssong.

«*And dance with the devil!*», sang er zappelnd und zuckend. Den ganzen Song über kniff ich die Augen zusammen. Als er vorbei war und die Uhr zwölf schlug, kam aus den zwei Kanonen auf der Bühne ein lauter Knall, der zu silbernem Konfetti verpulverte. Wir waren nicht in die Luft geflogen. Alles war genau so wie immer.

Nach dem Ausbleiben der vorhergesagten Apokalypse zerbrach mein Bruder seine Single von den D-Devils. Ich legte eine Liste mit Dingen an, mit denen ich es schaffen könnte, für immer in Erinnerung zu bleiben:

Rekorde brechen und ein Eintrag im *Guinnessbuch der Rekorde*
Wunderschön singen können
den Weltfrieden erfinden
eine neue Jane Goodall werden und mein Leben dem Erforschen von Menschenaffen widmen

Schließlich war nicht ich das Kind mit dem Todestrieb, ich hatte noch so einiges vor.

Es gibt keine Zwischentöne. Es gibt nur Vollendung und Scheitern. Das ist schon immer so gewesen bei mir, das ist Gesetz: ein Stock auf Höhe meines Zwerchfells, unverrückbar, Sieg oder Niederlage. Gleichzeitig ist der Stock sehr wohl in der Lage, heftig vor- und zurückzuschaukeln, er pendelt hin und her, ein Trapez, an dem ein Sprung vorbereitet wird.

Perfektionisten streben angeblich aufgrund von fehlender Eigenliebe nach Perfektion, um in der Bewunderung anderer Bestätigung zu finden – ein Bedürfnis, das jedoch nie gestillt werden kann. Habe ich Bestätigung bekommen, hält die nicht lange vor. Ist das nicht eher ein Zuviel an Eigenliebe? Ein vorstehender Bauchnabel. Narziss, gefesselt an sein Spiegelbild. Außerdem dürfte ich trotz meines Perfektionsstrebens vor kaum etwas so viel Angst haben wie vor Vollendung. Die Verantwortung für Vollkommenheit wäre mir einfach zu viel. Da ist es deutlich sicherer, zu behaupten, etwas strebe nach Perfektion, denn dieses Streben lässt Raum für Verbesserung. Es gibt immer etwas zu verbessern.

Als ich ein Foto von der Kirche San Carlo alle Quattro Fontane in Rom sah, war ich mir sicher: Diese extrem sinnliche Fassade mit ihren sich nach innen und außen wölbenden Rundungen musste von einem ruhelosen Geist entworfen worden sein. Eine kurze Recherche bestätigte meine Vermutung. Ihr Architekt, Barockbaumeister Francesco Borromini, litt vermutlich an einer manisch-depressiven Störung. Das und sein Perfektionismus haben ein umfangreiches Oeuvre fast übermenschlicher Entwürfe hervorgebracht, mit der Schattenseite, dass sein getriebenes, kreatives Genie dunkle Phasen totaler Ablehnung durchmachte.

In gewisser Weise stand Borrominis gesamte Laufbahn im Zeichen dieser Kirche. Die Kirche San Carlo, wegen ihrer geringen Grundfläche auch gern San Carlino genannt, mit dem dazugehörigen Schlafquartier und Kloster war Borrominis erster Auftrag als selbständiger Architekt, und der war alles andere als einfach. Die Fläche, auf der die Kirche errichtet werden sollte, war klein und kompliziert, eine asymmetrische Eckparzelle an der Kreuzung Via del Quirinale / Via delle Quattro Fontane, am höchsten Punkt des Quirinal-Hügels in Rom. Außerdem standen an dieser Kreuzung vier vom Papst verfügte Brunnen, zu denen der Entwurf sich verhalten musste. Borromini scheint San Carlino meisterhaft zwischen die bereits bestehenden Elemente geschoben zu haben, so als hätten sich Straße, Brunnen und Hügel im Nachhinein der Kirche angepasst statt umgekehrt.

Der Grundriss ist komplex und lässt sich ganz unterschiedlich lesen, vielleicht noch am ehesten als Raute mit elliptischen Ecken beziehungsweise als zwei ineinandergeschobene gleichschenklige Dreiecke, um die sich ein Oval zeichnen lässt – ein verzerrter Zentralbau, den man sich als langgestrecktes Griechisches Kreuz vorstellen kann.

Tutto il suo sapere. Borrominis gesamtes Wissen und Können sollte in dieser Kirche seinen Ausdruck finden. Der brillante Entwurf hat ihn berühmt gemacht und verzweifeln lassen. Wegen finanzieller Probleme wird er erst gegen Ende seines Lebens mit der Fassade beginnen können.

Ein Werk ist in gewisser Weise immer von seinem Schöpfer durchdrungen, das geht gar nicht anders. Wer etwas erschafft, verleiht etwas von sich Form und Ausdruck. Das ist eine Bewegung, die von innen nach außen geht, von der unergründlichen Innenwelt in die physisch-konkrete – jaja, ich weiß, das ist eine überholte Vorstellung aus dem neunzehnten Jahrhundert: der Künstler als autonomes, schöpferisches Genie. Vermutlich komme ich der Wahrheit näher, wenn ich es als dialektischen Prozess betrachte, die Bewegung geht von außen nach innen und dann wieder nach außen. Die Welt hinterlässt Eindrücke, die über die Innenwelt des Schöpfers in der Außenwelt erneut Gestalt annehmen, über die durchlässige Membran der künstlerischen Umsetzung. Doch egal, wie ich es nenne, es findet ein Austausch statt, der für eine ganz enge Verbindung zwischen Künstler und Schöpfung sorgt. Auf meine eigene Arbeit übertragen, bedeutet das, dass das Schreiben nur mir gehört. Es gibt mir zumindest das Gefühl, dass es etwas gibt, das nur mir gehört, es gibt nur das Schreiben. Es ist immer gegenwärtig.

Es gehört zu mir, so wie ich mir einbilden kann, dass man zu einem Partner gehört, zu einem Kind oder zu einer anderen Mutter, ja zu einem Wurf Katzen, wenn es sein muss. Es bestimmt, wer ich bin, und das ist beruhigend. Es befreit mich davon, zu viel über mich nachdenken zu müssen. Bei Identitätsfragen kann ich mich auf eine bestimmte, vorherrschende Meinung zum Schriftstellerdasein verlassen oder darauf, dass mein Beruf für Außenstehende ein Rätsel darstellt. Meist muss ich das Thema gar nicht ausführlicher erörtern. Ein weiterer Vorteil besteht nämlich darin, dass sich die meisten Menschen überhaupt nicht dafür interessieren. So bin ich geschützt und brauche mich fast nie dafür zu rechtfertigen. Wenn ich möchte, kann ich mich ganz in mich zurückziehen. Ein Autorenkollege meinte einmal, so endgültig sei das alles gar nicht: «Vielleicht schreibst du ja bloß zwei Bücher, und das war's, danach machst du was anderes.»

«Ja, das weiß man nie so genau», erwiderte ich, weil ich etwas Unverbindliches antworten wollte, doch bei dem Gedanken, es könnte irgendwann vorbei sein, ist da nur gähnende Leere.

Der zypriotische Prinz und Bildhauer Pygmalion aus Ovids «Metamorphosen» verwechselt die enge Bindung, die Übertragung zwischen Künstler und Werk, mit Eigenliebe. Er scheint ein Perfektionist zu sein, immer auf der Suche nach dem Absoluten, ein Maßstab, den er auch bei anderen anlegt. Vielleicht ist das auch der Grund, warum es ihm nicht gelingt, eine Frau zu finden. Laut Pygmalion leben nämlich alle Frauen in Sünde. Das desillusioniert ihn zwar, gibt ihm aber auch genug Zeit und Raum, sich ganz seiner Kunst hinzugeben. Da ihm diejenigen aus Fleisch und Blut zu fehlerhaft sind, setzt er alles daran, die perfekte Frau aus einem Steinblock hervorzumeißeln. Sein Streben nach Vollendung gelingt. Eines Tages erschafft Pygmalion aus Elfenbein die Statue einer Frau von vollkommener Schönheit: Galatea. Er verliebt sich Hals über Kopf in sie – er kann gar nicht anders, schließlich hat er sie so erschaffen, dass sie wie lebendig wirkt, und so, als wollte sie geliebt werden. Das tut er dann auch voller Leidenschaft. Pygmalion schmückt seine Frau aus Elfenbein mit kostbaren Stoffen und Juwelen, er schmeichelt ihr und liebkost sie wie eine Geliebte. Aber das Material bleibt kalt, Galatea ist leblos und nicht in der Lage, ihn zurückzulieben. Pygmalions Liebe zu seiner Statue bleibt nicht nur unerwidert, sondern auch narzisstisch: Sein Liebesobjekt ist nichts anderes als die Verkörperung seines Ideals, seines Verlangens. In Wahrheit liebt er in der Skulptur nur sich selbst. Und diese Form der Eigenliebe in ihrer perfekten, vollendeten Form ist unbefriedigend. Erst als Pygmalion bereit ist, Fehler zu akzeptieren, wird sein Verlangen gestillt. In seinem Liebesschmerz bittet er die Liebesgöttin Aphrodite um Gnade und fleht sie an, ihm eine Frau zu geben, die seiner Frau aus Elfenbein ähnelt, weil er sich schämt, sie um die Frau aus Elfenbein selbst zu bitten. Zum Glück hat Aphrodite Erfahrung mit Männern, die sich für ihr eigentliches Verlangen schämen, und durchschaut seinen Wunsch.

Als Pygmalion nach Hause kommt und seine steinerne Galatea zum wiederholten Mal erfolglos auf den Mund küsst, verwandelt sich die Statue in eine Frau aus Fleisch und Blut. Perfektion scheint frigide zu sein, während aus Fehlerhaftigkeit Liebe wird.

In der BBC-Dokumentation *Guys and Dolls* sprechen einige Männer, moderne Pygmalions, offenherzig über «die synthetische Liebe» zu ihrer «*real doll*», einer Puppe, die einer echten Frau zum Verwechseln ähnlich sieht, einschließlich zarter Haut und Zunge. Ursprünglich wurden diese Puppen als Sexobjekte auf den Markt gebracht, aber die Neo-Pygmalions aus dem Dokumentarfilm haben eine innige, emotionale Beziehung zu ihnen aufgebaut. Sie betrachten die Puppen als vollwertige Partnerin. Die interessanteste Figur ist der Dreißiger DaveCat, der auch in einer Folge der amerikanischen Doku-Serie *My Strange Addiction* auftaucht. DaveCat führt bereits seit zehn Jahren eine monogame Beziehung mit Sidore, einer Puppe, die seinen Bedürfnissen genau entspricht. Er hat sich zu einer Art Fürsprecher für die synthetische Liebe entwickelt und tritt regelmäßig im Fernsehen auf. Weil er schnell überreizt ist und sich dann gern zurückzieht, findet er eine synthetische Partnerin einfach viel geeigneter für sich als eine menschliche – oder «organische» Partnerin, wie er das nennt.

«*Human females*», so DaveCat, «sind inkonsequent. Es ist höchst selten, dass man eine findet, die nicht lügt, betrügt, meckert oder sonst irgendwie unverschämt ist.»

In DaveCats Leben ist kein Platz für Charakterschwächen oder Unvollkommenheit. Er findet es toll, dass Sidore keinen eigenen Willen hat, sie besteht ausschließlich aus seinen Vorlieben: DaveCat steckt sie in Latexkleider, denn sie ist sexy. Er setzt ihr eine Brille auf, damit er sich von ihrem Intellekt angezogen fühlt. Je nach Lust und Laune tauscht er ihre Perücke aus. Sidore ist seine Schöpfung, DaveCat bezeichnet das als eine Möglichkeit, «kreativ» zu sein.

Wie Pygmalions Skulptur aus Elfenbein besitzt auch die aus Silikon hergestellte Sidore keine inhärenten Eigenschaften – nur die, die ihr von ihrem Schöpfer zugestanden werden. Im Gegensatz zu Pygmalion findet DaveCat allerdings keine wirkliche Erfüllung.

Eines Abends geschieht etwas Seltsames. Die lokale Polizei erhält einen Anruf, häusliche Gewalt, und rückt aus. Als die Polizisten die betreffende Wohnung betreten, sehen sie das Chaos: Alles wurde kurz und klein geschlagen. In der Zimmerecke sitzt ein in sich zusammengesunkener Mann, er hat etwas auf dem Schoß, das eine Puppe zu sein scheint. Um sein Wimmern zu ersticken, presst er das Gesicht in eine lila Perücke.

«Es tut mir leid, es tut mir leid», entnimmt die Polizei seinem Schluchzen.

Die Puppe ist nackt und feucht. Ihr Silikongesicht ist an mehreren Stellen gerissen.

«Ich bin durchgedreht, Officer, es tut mir leid, aber sie kann so eifersüchtig sein, ich habe es einfach nicht mehr ausgehalten ...», gibt DaveCat zu Protokoll, mit dieser nassgeweinten Perücke in der Hand.

Kurz danach gibt DaveCat ein Interview, in dem er der Öffentlichkeit seine neue Puppe, die russische Lenka, vorstellt. Lenka ist seine Geliebte, Sidore weiß von ihr und toleriert ihre Anwesenheit.

Einige Tage vor seinem Selbstmord, irgendwann Ende Juli 1677, fegt Francesco Borromini mit einer einzigen, wütenden, zielgerichteten Bewegung die ausliegenden Modelle von seinem Arbeitstisch. Während der Ton mit einem dumpfen Knall auf dem Boden landet, klingt das Glas der Vitrinen ganz anders, als es zu Bruch geht, er tritt nach, malträtiert die Gestelle, das empfindliche Holz knackt und knirscht wie ein Vogelskelett unter seinen anhaltenden Tritten, es dauert nicht lange, und der ganze Atelierboden ist mit kaputten Holzteilen, zerborstenem Ton und Glas bedeckt, zwischen den Scherben und Splittern blitzt rotes Wachs hervor, Blutstropfen, er wirft die vielen Kisten und Kartons durcheinander, schleudert sie quer durchs Zimmer, unzählige antike Medaillen fliegen herum, zwölf Kompasse, Muscheln, Hunderte von Muscheln – auch seltene –, klirrendes Metall, Lampen, Löffel und noch viel mehr, während das brutale Scheppern der Gegenstände ihn erst recht in Rage bringt: Er reißt den Pferdekopf von der Wand und wirft damit nach dem großen, ausgestopften Vogel Strauß, der umfällt und dabei den Adlerkopf mitnimmt, der Vogelkopf rollt in irgendeine Ecke. In seinem hitzigen Zerstörungswahn, der sich dem Siedepunkt nähert, greift Borromini zwischen den Scherben der Vitrine nach den ausgestellten Schlangenhäuten. Er zerfetzt sie – erst mit den Händen, dann mit den Zähnen –, und mit den Hautfetzen noch im Mund (auf dem Gipfel seines Wahns) wirft er die Gipsbüste von Seneca um (die von Michelangelo lässt er stehen), um sich anschließend noch wütender auf seine Büchersammlung zu stürzen. Rücken für Rücken fegt er die Bände aus dem Regal, der dumpfe Aufprall, mit dem sie auf dem Boden landen, reißt ihre Wirbel aus den Gelenken, das Papier ist wehrlos gegen seine Raserei, es zerknittert und zerfetzt, als er wie ein schnaubender Stier durch den Trümmerhaufen galoppiert, ans andere Ende des Raumes, wo sein Toben vor seinem Zeichentisch für einige nachdenkliche Sekunden einem Zögern weicht, bis er seine Zeichnungen trotzdem zerstört, die Pläne zerreißt, die Skizzen, die Studien – Hunderte von Blättern zu Tausenden, Tausenden von Schnipseln, die wie Schneeflocken durchs Atelier tanzen und das von ihm angerichtete Schlachtfeld beweinen. Inmitten der herabschneienden Papierfetzen findet ein Diener Borromini vor, fast schon gelassen, in Betrachtung versunken.

Einige Tage vor der Verwüstung seines Ateliers verliert Borromini seinen Freund und Bewunderer, den Antiquitätenhändler Martinelli, dessen Tod ein konkreter Anlass für seine Wahnsinnstat zu sein scheint. Martinelli sollte eine ausführliche Monographie über die Kirche Sant'Ivo alla Sapienza schreiben, für die Borromini seine Originalzeichnungen zur Verfügung stellen wollte. Vielleicht brauchte Borromini die Zeichnungen nicht mehr – jetzt, wo Martinelli gestorben war – und wusste insgeheim bereits, dass er seine Dämonen nicht mehr lange auf Distanz halten konnte.

Aber war die Zerstörung seines gesamten Archivs und Lebenswerks tatsächlich notwendig? Und wenn sie denn notwendig war, genügte das dann nicht? Hätten die Ziegel auch noch fallen sollen? Wäre er dazu in der Lage gewesen – Borromini hätte in der letzten dunklen Episode seines Architektenlebens vermutlich auch noch seine Gebäude zum Einsturz gebracht. Der Schöpfer hat auch das Recht auf Zerstörung.

Verschiedene Quellen berichten von seinem schwierigen, cholerischen Charakter. Mehr als einmal geriet er mit seinen Auftraggebern aneinander. Angeblich konnte Borromini keinerlei Einmischung ertragen. Der künstlerische Wille des Architekten war ihm heilig, er war nicht bereit, Kompromisse zu schließen. Sein unstillbarer Wunsch nach Perfektion, die gemäß seiner Architekturphilosophie mit klaren, komplexen Formen durchaus erreichbar zu sein schien, ließ ihn auf Dauer verzweifeln. Denn wie will man eine ganze sture Epoche völlig allein umkrempeln?

Ende des sechzehnten bis Mitte des siebzehnten Jahrhunderts ist Rom eine einzige Baustelle. Die katholische Kirche bekämpft die Europa spaltende Reformation mit ihrer bombastischen Barockarchitektur. Dynamische Formen und dramatische Effekte werden eingesetzt, um die Gefühlswelt der Menschen zu beeinflussen. Mit Hilfe von Kunst und Architektur will man die Kirche dem Volk wieder näherbringen. Viele Gebäude aus dieser Zeit fußen auf klassischer Formensprache, weil ihr Bau noch in der Renaissance beginnt, bekommen dann aber eine barocke Ausführung.

Der ikonische Petersdom in Rom zum Beispiel: Gemäß des

Entwurfs von Michelangelo beruht sein Grundriss auf dem Griechischen Kreuz mit einem breiten Umgang. Als der Architekt Carlo Maderno 1603 damit beauftragt wird, den Petersdom fertigzustellen, fügt er an der Westseite ein Schiff und einen Narthex hinzu, wodurch der Grundriss in einen basilikalen Entwurf geändert wird. Die Fassade bekommt eine extrovertiertere Ausarbeitung. Im Geist der barocken Vorstellung von Perfektion, die sich in runden Formen widerspiegelt, baut Gian Lorenzo Bernini ein halbes Jahrhundert später die beeindruckenden ellipsenförmigen Kolonnaden vor der Basilika, so als wollten sie die Gläubigen auf dem Petersplatz mütterlich umarmen. So gesehen sind die Kolonnaden eine programmatische Ergänzung der barocken Agenda.

Es wird massiv in neue Bauten investiert, die Architekten und Künstlern ein Auskommen und kreative Möglichkeiten bieten. Da ist es nicht weiter verwunderlich, dass sich in dieser Zeit, in der reichlich Mittel fließen, eine Reihe von eigenwilligen Individuen hervortut. Die Zeitgenossen Gian Lorenzo Bernini und Francesco Borromini sind beide auf der Bauhütte des Petersdoms beschäftigt. Unter der Schirmherrschaft von Papst Urban VIII. erlebt Bernini einen kometenhaften Aufstieg.

Nach Carlo Madernos Tod 1629 soll der gerade mal dreißigjährige Bernini die Bauhütte leiten. Er ernennt sich selbst zum Koordinator für Ornament und Skulptur der Innenausstattung. Getrieben von Ehrgeiz und autodidaktischem Genie, gelingt es Bernini, den riesigen Dom durch Eingriffe in die Ausstattung auf menschliches Maß zurechtzustutzen. Er leistet meisterhafte Arbeit, unter anderem am berühmten *baldacchino*, dem Baldachintuch über dem Petrusgrab.

Im Schatten von Berninis Erfolgen führt Borromini bescheidenere Aufträge aus. Er baut unter anderem den Sockel für Michelangelos *Pietà* und fertigt einen einsamen, aber quicklebendigen Cherubim über dem Relief in der südwestlichen Ecke der Kirche an. Dass Borromini tüchtig ist und einen sehr genauen Blick hat, fällt dem Hauptarchitekten Maderno positiv auf. Maderno beginnt, sich für den jungen Borromini zu interessieren, und nimmt ihn in den letzten Jahren seines Lebens unter seine fast väterlichen Fittiche.

Während Madernos Tod für Bernini zum Sprungbrett wurde, bedeutete er für Borromini eine lebenslange Wunde. Noch auf dem Sterbebett soll er seines Lehrmeisters gedenken. Außerdem fand Borromini, dass er als Madernos Protegé der rechtmäßige Nachfolger wäre, um dessen Vision vom Petersdom umzusetzen.

Das ist die Keimzelle der andauernden Rivalität zwischen den beiden zukünftigen Barockbaumeistern. Die Fehde zwischen Bernini und Borromini soll sich zur bekanntesten der westlichen Architekturgeschichte auswachsen. Von diesem Moment an werden sich ihre Visionen immer mehr polarisieren. Während Bernini mit der dramatischen Schlichtheit seiner Kompositionen den Geschmack des großen Publikums traf, wagte Borromini so manches Experiment. Er strebte eine extravagante Komplexität an, die auf Widerstand stieß.

Bernini hat in seiner Architektur konventionelle Formen und vertraute Elemente auf eine bewährte, noch relativ klassische Art miteinander verbunden und daraus mit Hilfe von hochexpressiven Innenausstattungen ein künstlerisches Ganzes gemacht. Borromini hingegen schuf bewusst schlichte Ausstattungen. Er verwendete durchgängig preiswerte Materialien wie weißen Stuck und nur wenig Gold oder Marmor. Und zwar, um die räumliche Geometrie seiner Entwürfe zu betonen. So brachte er die Art, wie er komplexe Formen zusammenführt, voll und ganz zur Geltung.

Natürlich stieß Bernini laut mit in das Horn, als Borromini

vorgeworfen wurde, er vergewaltige die klassische Tradition: Er
gehörte schließlich der Schule an, die fand, Architektur müsse
die Proportionen des menschlichen Körpers wiedergeben. Borrominis Werk ist eine Verzerrung des Körpers, wollüstig frönt
er den Rundungen. Dennoch faszinierten seine Entwürfe. Trotz
Roms zurückhaltender Reaktion auf Borrominis Experiment
erkannte man durchaus, dass sich «auf der ganzen Welt nichts
Vergleichbares finden lässt».

Das Auge findet keine Ruhe. Ich stehe vor der dreisten Gewalt,
die die Kirche San Carlino im Grunde ist, uns trennt nur eine
Straße, und ich gehe unter. Ein unermüdliches Spiel aus kon-
vexer und konkaver Bewegung erfasst die durch Abgase ange-
fressene Fassade. Druck und Gegendruck bekämpfen sich mit
maximaler Intensität. Die Fassade von San Carlino ist sowohl
fest verankert als auch ein Wackelpudding. Das Medaillon, das
oben als Giebel fungiert, ist dermaßen geneigt, dass es sich hin-
unterzubeugen scheint, um sich die Passanten näher anzusehen. Sogar die Statuen in den Portalnischen sind unterwegs,
setzen einen Fuß vor den anderen, als könnten sie jeden Moment aus der Fassade heraustreten. Der Verkehr, der zwischen
Kirche und mir den Hügel hinabtost, betont die Dynamik des
Gebäudes zusätzlich. Dennoch ist dessen starke Wirkung nicht
erschlagend, sondern eher anfeuernd. Ansteckend. So als ver-
körperten die sich bewegenden Steine das Streben selbst, reck-
ten sie sich aus ihren Fugen nach einem größeren Zusammenhang mit allem, was agil ist.
    Borromini wollte mit diesem Entwurf etwas vollenden. Erst
dreißig Jahre nach Baubeginn der Kirche werden 1665 neue
Gelder frei, und er kann die Arbeit wiederaufnehmen. Ein
halbes Leben wirft er in die Schlacht, und damit vermutlich
auch sein ganzes Wesen. Es hat an ihm genagt, dieses Unvoll-

endete – eine Wunde, die während seiner gesamten Karriere, ja sogar noch während seiner späteren Erfolge geklafft hat. Mit kompromissloser Hingabe hat er in den letzten beiden Jahren seines Lebens an der Fassade gearbeitet. Sein Perfektionismus wird zwanghafter denn je und steht ihm im Weg. Damals haben ihn schwere Depressionen heimgesucht. Vielleicht sah er die Wirkung seiner Kreation voraus, vielleicht hat ihn das schwermütig werden lassen: Er sah, wie das Unvergleichliche unter seinen Händen Gestalt annahm. Sein San Carlino wird als Inbegriff des römischen Barocks in die Geschichte eingehen, das kann ihm keiner nachmachen – auch er nicht. Seinen eigenen Schatten kann man nicht besiegen. Beim Gedanken an das, was anschließend kommt, ist da nur gähnende Leere.

In der Kirche geht das Spiel weiter. Über der Nische des Hauptaltars beginnt eine Kuppel im Längsschnitt, die unten von einem Dreieck aus gebogenen Linien durchbrochen wird – und noch während ich über diese Beschreibung stolpere, löst sich die Komplexität der zu beschreibenden Formen wie von selbst in Luft auf. Das Ganze ist reine Mathematik. Es geht so perfekt auf, dass es harmonisch wird, leicht und selbstverständlich. Die Säulen ziehen den Blick der Besucher nach oben, hinauf zum Licht. Um wie viel höher wirkt die Kirche durch diese Himmelwärtsbewegung, als sie es in Wirklichkeit ist? Ich befinde mich in einem völlig schwerelosen Raum. Dass Stein so schlicht, so leicht sein kann!

Mir ist ganz schwindelig, als ich die Kirche verlasse. Draußen betrete ich nicht die Straße, sondern die Straße meiner Erinnerungen. Ich bin wieder zum ersten Mal in Rom, was ein paar Jahre her ist: Juli 2013. Anders als jetzt bin ich nicht allein, meine erste Liebe und unser bester Freund haben mich in die Mitte genommen. In dieser Dreieckskonstellation reisen wir

drei Wochen mit dem Zug durch Italien, Rom ist unsere letzte
Station. Wir sind schon seit Jahren unzertrennlich, gerade mit
dem Studium fertig und total pleite. Alles ist zu teuer. Natürlich haben wir keine Frühbuchertickets. Die Warteschlange
vor dem Vatikan windet sich durch die gesamten Kolonnaden.
Ziellos laufen wir in diesen letzten Tagen in Rom an allem
vorbei, was wir uns eigentlich anschauen wollten. Das Reiseer-
lebnis endet, noch bevor die Reise selbst endet. Wir bewegen
uns zwar durch die Kulisse unseres Ziels, sind aber gleichzeitig
schon nicht mehr anwesend, und es ist heiß, nein, knallheiß.
In diesem Sommer hängt eine Hitzeglocke über Europa, und
Rom ist der Brennpunkt, über vierzig Grad. Selbst jetzt noch
kann ich den Würgegriff körperlich spüren, genau wie damals
mitten im Touristengewimmel, eine erstickende Hitze verjagt
uns aus dem Zentrum. Wie Verbannte stolpern wir den Quiri-
nal-Hügel hinauf, und weil wir uns so nach Schatten sehnen,
übersehen wir San Carlo alle Quattro Fontane. Wir haben die
Kirche schlichtweg nicht wahrgenommen, so heiß war es.
A relaxing escape from the heat, sagt Tripadvisor über den giardino
di Sant'Andrea, etwa hundert Meter neben der Kirche. Dort verbringen wir den ganzen Nachmittag.

Wie kann es sein, dass wir an der Kirche San Carlo und ihrem hypnotisierenden Anblick vorbeigelaufen sind? Was habe
ich stattdessen gesehen? Die Bäume im Garten mit ihren dicken Stämmen, ja, und vom höchstgelegenen Punkt auf dem
Hügel eine Stadtvedute, flimmernd im grellen Mittagslicht.
Den Umschlag des Buches, das der Freund von mir las – Kleine
Philosophie der Langeweile, ein Essay des norwegischen Philosophen Lars Fredrik H. Svendsen, und das Buch, das mein
damaliger Geliebter las? Nein, aber ich kann es erraten, es ist
ein Buch von García Márquez, und dann sehe ich, was ich sonst
noch wahrgenommen habe: die Taube. Verkrüppelt und halb

tot sitzt sie unter dem Baum, der uns Schatten spendet. Die gesamten Schwanzfedern sind ihr ausgerupft worden, und ein lahmer Flügel hängt aus ihrer Flanke, aus ihrem Auge quillt ein Eiterbatzen. Mir bricht das Herz, die Jungs lesen, laben sich am Schatten des Baumes, versinken in der bukolischen Trägheit des Nachmittags wie Tityrus und Meliboeus, so als hätte sie Vergil höchstpersönlich so ersonnen: Mit ihren Büchern träumen sie sich im kühlen Schatten weit fort, und weil sie in der anderen Welt, der Welt des Lesens, weilen, bin ich die Einzige, die übrig bleibt, um sich um die halbtote Taube zu kümmern. Wie kann ich ihr helfen, sie irgendwie aufpäppeln? Ich gieße Wasser in den Schraubverschluss meiner Flasche, ich verkrümele salzige Chips unweit ihres Schnabels. «Nicht anfassen!», sagen die Jungs, vermutlich habe sie irgendwelche Krankheiten, natürlich sei das traurig, aber ich könne ohnehin nichts machen, trotzdem mache ich was, ich handle, indem ich nichts tue, ich fasse sie nicht an, ich schaue. Ungefähr zwei Stunden schaue ich mir das Leid der Taube an: Wo ist ihr Schwanz? Woher hat sie diesen lahmen Flügel? Begreift die Taube den Schmerz, den sie spürt? Begreift die Taube, dass sie sterben wird? Ob sie schon tot ist? Ist das Wasser weg? Und jetzt, ist sie jetzt schon tot? Ist es meine Aufgabe, sie von ihrem Leid zu erlösen?

Gegen Ende des Nachmittags verlassen wir den *giardino di Sant'Andrea*, um einen Aperitif zu nehmen. Die Taube und ihr Leid lasse ich zurück. Schweigend trinke ich auf ihren sicheren Tod. Schwer zu sagen, wie viele Stunden sie noch darauf warten musste.

Nachts kann ich nicht einschlafen. Das Zimmer liegt direkt unterm Dach, und es ist immer noch knallheiß. Wir schlafen zu dritt in einem Doppelbett. Laut der von uns ausgeklügelten Reihenfolge, nach der jeder von uns abwechselnd eine Nacht neben dem Ventilator schlafen darf, muss ich in der Mitte liegen. Das eine Beinpaar fühlt sich vertraut an unter den Laken, das andere bleibt brav in seinem Drittel des von uns geteilten Bettes. Inmitten dieses Dreiecks liege ich, in fast mathematischer Harmonie, zwischen meinem Liebsten und unserem besten Freund, zwischen den wichtigsten Bezugspunkten meines Lebens, und kuschle mich in die sechs gemeinsamen Jahre, die dieser Nacht vorausgehen. Meine Güte, es kommt mir fast vor wie mein ganzes Leben! Knapp zweiundzwanzig bin ich und habe nicht die geringste Ahnung, wie es weitergehen soll. Ich kann mich kaum dazu aufraffen zu schreiben, ja mich kaum dazu aufraffen, irgendetwas mit mir anzufangen. Und vielleicht kann ich ja deswegen nicht schlafen und denke an die Taube und damit unweigerlich an die etruskischen Haruspices, die Seher, die in den Eingeweiden von Tieren Glück und Verderben erkennen konnten. Welche Vorboten verbirgt die verkrüppelte Taube vor mir: Was würden die römischen Auguren aus ihrem hilflosen Flattern machen? Ist das das undenkbare Ende unserer gemeinsamen Zeit? Muss sie zerstört werden?

Ich verlasse das Bett, verlasse meine Erinnerung und kehre zurück ins Hier und Jetzt, ich laufe an der Kirche San Carlo vorbei zum *giardino di Sant'Andrea*. Es ist nicht weiter schwer, jetzt Jahre später den bewussten Baum wiederzufinden, aber es ist sinnlos, sich wie damals darunterzusetzen, es ist lange her.

Der *giardino di Sant'Andrea* ist der Garten der Kirche Sant'Andrea al Quirinale, erbaut von Bernini. Sie entstand gleichzeitig mit San Carlino. Die Bauplätze liegen keine zweihundert Meter auseinander. Ständig mussten sich die Konkurrenten ertragen.

Auf der Piazza Navona arbeitete Borromini an der Kirche Sant'Agnese, während Bernini direkt gegenüber damit beschäftigt war, den Vier-Ströme-Brunnen aus Travertin zu meißeln. Ursprünglich sollte der Brunnenauftrag an Borromini gehen –

hätte Berninis Schwägerin nicht den Papst mit einem aus Silber gegossenen Modell seines Entwurfs becirct. Als der Papst den silbernen Miniaturbrunnen zu sehen bekam – er war entzückt –, übertrug er die Aufgabe prompt Bernini. Der konnte es nicht lassen, Borromini seinen Sieg kleinlich unter die Nase zu reiben und in der Komposition des Vier-Ströme-Brunnens einen höhnischen Kommentar zu verstecken. Das Becken besteht aus vier Skulpturen, die alle in eine andere Himmelsrichtung schauen. Die Statue, die zur Fassade der Kirche Sant'Agnese schaut, hält sich die Augen zu, so als müsste sie sich des Anblicks von Borrominis Kirche erwehren.

Borromini wiederum reagiert mit Ironie darauf, indem er auf die Kuppel von Sant'Agnese zwei monumentale Türme setzt. Damit macht er sich über den größten Patzer in Berninis Karriere lustig, über die beiden Uhrtürme, die er für den Petersdom errichten ließ, bevor sie ganz schnell wieder abgerissen wurden, weil sie Risse aufwiesen.

Wer hat den Größten? Mitten in Berninis Brunnen wurde ein sechzehn Meter hoher ägyptischer Obelisk gesetzt, der mit Borrominis Türmen wetteifern konnte. Böse-Jungen-Streiche. Aber es war ihnen auch bitterernst.

Jeder Perfektionist hat einen guten Feind verdient. Am liebsten einen, der immer etwas besser ist, damit man sich auch freuen kann, ihn zu besiegen. Anfangs muss die Rivalität zwischen den Architekten noch eine treibende Kraft gewesen sein, doch mit der Zeit hat sie Borromini verbittert. Dass Bernini beim großen Publikum so beliebt war, konnte er mit seinen künstlerischen Überzeugungen einfach nicht vereinen. In seiner Vorstellung drohte Berninis Erfolg sein eigenes Werk zunehmend zu überschatten.

Im Sommer 1667 wurde Borromini schwer nervenkrank. Die

hohen Anforderungen, die er bei San Carlino an sich selbst stellte, der Tod seines Freundes Martinelli, der Neid auf Bernini, sein nicht nachlassender Perfektionsdrang ... Im Nachhinein sind das alles Hinweise auf das, was schon seit Jahren einen verhängnisvollen Lauf nahm. Dennoch griff sein Umfeld erst am 27. Juli ein, als er sein Atelier kurz und klein schlug und all seine Zeichnungen zerriss. Wenn er imstande war, den Ort zu zerstören, der sein ganzes Leben verkörperte, dann war er auch zu Schlimmerem fähig. Sein Raritätenkabinett voller seltener Gegenstände und umfangreicher Werkzeug-, Kunst- und Kuriositätensammlungen war heiliger Boden. Anders als viele Kollegen unterstrich er seinen sozialen Status nicht durch einen protzigen Architektenwohnsitz, sondern umgab sich mit exzentrischen Dingen, angefangen von Kunst bis hin zu Krempel, und baute sich daraus sein eigenes Universum, einen Ort, an dem er seiner Phantasie freien Lauf lassen konnte.

Die mutwillige Zerstörung des Ateliers ist geistiger Selbstmord. Einige Tage später, als es ihm gelingt, seinen Bewachern zu entkommen und aus seinem Waffenarsenal (darunter vier Schwerter, eine Hellebarde und eine kleine Handfeuerwaffe) den mittelgroßen Säbel zu wählen, um sich hineinzustürzen, folgt sein Körper seinem Geist.

Er starb nicht gleich an den selbst zugefügten Säbelstichen. Er konnte so weit wiederhergestellt werden, dass er noch das letzte Sakrament empfangen und sein Testament machen konnte. Danach stirbt Borromini einsam und allein, denn er war nie verheiratet. Seinen Besitz hinterlässt er einem Neffen, unter der Bedingung, dass der die Nichte seines alten Lehrmeisters Carlo Maderno heiratet. Nach seinem Tod wird Borromini in Madernos Grabstätte beigesetzt. Eine Inschrift soll es nicht geben. Das ist ein sehr schmerzhafter letzter Wunsch: Der Architekt bittet darum, dass sein Name nicht in Stein verewigt wird. Auf diese Weise zieht sich Borromini vollständig aus seinem Material zurück und perfektioniert seinen Tod.

Bernini wird seinen Konkurrenten um wenige Jahre überleben. Er verbringt seine alten Tage auf beschauliche Weise. Der Sohn Domenico notiert, wie Bernini in seinen letzten Lebensjahren täglich den *giardino Sant'Andrea* aufsucht, und wie den alten Meisterarchitekten dort, im schattigen Garten mit Blick auf Borrominis Kirche San Carlino auf der einen und seiner eigenen Kirche Sant'Andrea auf der anderen Seite, eine große Ruhe überkommt.

Und ich tue es doch. Die Vergangenheit holt mich ein, ich setze mich doch unter den Baum, unter dem ich die unheilverkündende Taube fand. Ich bleibe eine Weile dort sitzen. Erinnerungen kommen hoch. Auf einmal schmerzt es wieder, dass sich alles so anders entwickelt hat. Das Dreieck erwies sich als eine doch nicht so stabile, beständige Form. Ich entfremdete mich, zog mich im Sommer nach unserer Studienabschlussreise immer mehr aus der Dreierbeziehung zurück – unter dem Vorwand, dass ich lesen wollte, was ich auch tat, ununterbrochen, fiebrig, auf der Suche nach einem Ziel, das meinem Leben plötzlich auf schicksalhafte Weise fehlte. Je mehr ich las, desto mehr musste ich feststellen, dass es beinahe nie so lief: In keinem einzigen Meisterwerk ging es darum, ein zufriedenes, braves Leben ohne jedes Risiko zu führen. Vor allem Goethe konnte die unsäglich schlechten Entscheidungen seiner Figuren meisterhaft rechtfertigen. Faust schließt den Pakt mit dem Teufel Mephistopheles, was er im Nachhinein lieber doch nicht getan hätte, aber er tut es, um sein Verlangen ungehemmt ausleben zu können, und wie beneidenswert mitreißend ist sein Leben bis zu dem Punkt, an dem er dafür büßen muss! Und ja, der junge Werther hätte sich genauso gut dafür entscheiden können, Lotte nicht wieder in Wahlheim zu besuchen, jetzt, wo sie mit Albert verheiratet ist, er weiß, dass er damit ihre Tugend gefährdet, während sie ihrerseits so unvernünftig ist, Werthers Liebe zwar zu erwidern, aber dann nicht entsprechend zu handeln. Eine aussichtslose Situation – hätte Werther sich ferngehalten, wäre er nie zu dem Ergebnis gelangt, dass einer sterben muss, um den ewigen Liebesschmerz zwischen ihnen zu beenden – er am allerwenigsten. Aber er hat sie trotzdem besucht, natürlich, ungeachtet der auf der Hand liegenden verhängnisvollen Folgen, denn es ist schön, zutiefst menschlich und unumgänglich, den eigenen Begierden nachzugeben, und außerdem ansteckend.

Trotz meines gerade erworbenen Diploms in Literaturwissenschaften entwickelte ich beim Lesen eine pubertäre Schwäche für menschliche Fehler und für das trotzige Herausfordern des eigenen Schicksals. Damals flackerte auch scheinbar wie aus dem Nichts ein Interesse an Romanen des poetischen Realismus aus dem späten neunzehnten Jahrhundert auf, die hauptsächlich von unglücklichen Ehen handeln, und zwar aus der Perspektive der Frau. Couperus' launische Eline Vere mit ihrer Bindungsangst und ihren von der gesellschaftlichen Norm abweichenden Vorstellungen. Tolstois Anna Karenina, deren Verliebtheit über die Moral triumphiert, Flauberts eskapistische Madame Bovary, Fontanes Sorgenkind Effi Briest ... Alles Frauen, die ihre bürgerliche Langeweile mit dem Erkunden und Ausleben ihrer sexuellen Neugier bekämpfen. Die Freiheit einiger weniger Augenblicke erkauften sie ausnahmslos mit Selbstmord. Mit Ausnahme von Effi, die an Nervenschwäche starb. Wegen der breiten, unterschwelligen Gesellschaftskritik in diesen Büchern kann man nicht einmal sagen, dass der Selbstmord eindeutig als moralistische Strafe gedacht ist. Die Gesellschaft und ihre institutionalisierte Unterdrückung der Weiblichkeit sind ebenso sehr dafür verantwortlich. Es ging auch nicht darum, dass sie ein schlimmes Ende finden, sondern um die Geschichte und das Drama an sich. Den kritischen Apparat, den ich mir nach vier Jahren Studium angeeignet hatte, gab ich zugunsten einer neuen, erfahrungsbasierten Lebensstrategie auf. Außerdem sah ich damals öfter sterbende Tauben. Wenn ich am Bahnsteig stand und aus Versehen nach unten schaute, lag mir schon eine zu Füßen. Auf dem Radweg musste ich mehrmals vor einem überfahrenen Exemplar ausweichen. An dem Tag, an dem eine Taube gegen das Küchenfenster unserer Dreier-WG flog und daran zerschmetterte, begriff ich das Motiv: Die toten Tauben verkündeten das Ende der Harmonie. Noch am selben Tag verließ ich besagtes Dreieck. Kurz darauf begann ich, Gedichte zu schreiben. Seitdem muss sich alles andere hinten anstellen.

VI.

Nationalbibliothek Malta
(1786-1796), Valletta

Stefano Ittar (1724–1790)

Ghawdex, auf Maltesisch klingt der Name der Insel Gozo wie
der eines mutierten Pokémon. Wir mieten uns dort außerhalb der Saison ein Ferienhaus. Einmal im Jahr machen wir
einen Kurzurlaub – vier alte, in die weite Welt hinausgezogene
Freunde aus Turnhout mit ihren jeweiligen Partnern. Durchs
offene Schlafzimmerfenster höre ich ihre Stimmen unten
im Garten am Pool. Ab und zu springt einer von ihnen laut
platschend ins Wasser. Ansteckendes Gelächter ertönt. Sogar
der Mosaik-Delfin auf dem Boden des Pools keckert laut. Ein
endloser Nachmittag. Ich ziehe mir die Moltondecke über den
Kopf. Todmüde bin ich und hoffe, vor dem Abendessen noch
ein halbes Stündchen schlafen zu können. Nie fühle ich mich
erholt. Nie gelingt es mir, mein Gedankenkarussell auch nur
für eine halbe Stunde anzuhalten. Sogar jetzt, an diesem Urlaubsziel, wo alles geregelt ist, umgeben von lieben Freunden
und unangestrengten Gesprächen, kann ich einfach nicht aufhören zu grübeln. Muss «bizzilla» noch nachschlagen. Dem Archivar mailen, wegen der Todesanzeige. Meine Notizen schon
mal ausformulieren. Die Decke riecht benutzt, ihr sumpfiger
Geruch durchdringt den Schacht, der meine Gedanken mit stechenden Kopfschmerzen untergräbt. In meinem Kopf rattert es
unaufhörlich.

Valletta, zwei Tage zuvor. Ich stehe vor der Königin-Victoria-Statue, die sichtlich von saurem Regen angefressen ist. Kopf und Schultern werden schamlos von einer Stadttauben-Gang kolonisiert. Trotz ihres verwitterten Zustands schaut das Königinnendenkmal züchtig und hochherrschaftlich über die Piazza Regina, die, verglichen mit ihrem einstigen Reich, fast schon ein ironisch kleiner Platz vor der Nationalbibliothek ist. Die weißen Schirme von Eddy's Café und vom Café Cordina flankieren ihren steinernen Blick. Hier kostet der Kaffee vier Euro zwanzig, im Preis miteinbegriffen: einer der Rattanstühle, von dem aus man beobachten kann, wie die Touristenmassen über die Bühne der Republic Street schlendern. Die Malteser bezeichnen die Piazza Regina als ihren «salott», als ihr öffentliches Wohnzimmer, das inzwischen allerdings eher als Ort fürs Leutegucken bekannt ist als für das eigentümliche neoklassizistische Gebäude, das sich hinter den Caféterrassen erhebt: die Nationalbibliothek Malta, die einst St. John's Library hieß.

Die St.-John's-Bibliothek ist das letzte vom Malteserorden errichtete Bauwerk, bevor die Insel 1800 von den Briten erobert wurde. Der Orden hatte die Insel Malta etwa dreihundert Jahre vorher vom französischen König Karl V. geschenkt bekommen, damit er die verschwenderischen Reichtümer, die die Heiligen Ritter auf ihren Kreuzzügen zusammengerafft hatten, dort lagern konnte.

Das Gebäude zeugt von diesem Reichtum: eine fast akademische Komposition, streng und klar, ein Musterbeispiel an Symmetrie. Die Fassade mit ihrer klassischen Grandezza – dorische, ionische und Blendsäulen, die Loggia, die Arkaden, der Giebel, die stilvollen, unaufdringlichen Ornamente –, ich kann ein Element nach dem anderen in meinem Architekturgeschichtslehrbuch abhaken. Der Bau ist die perfekte Verkörperung des renaissancistischen Strebens nach Harmonie.

Die beeindruckende Außenfassade findet ihre Entsprechung im riesigen Innentreppenhaus, ein Vorgeschmack auf den imposanten Bibliothekssaal im ersten Stock.

Die St.-John's-Bibliothek gilt als architektonischer Meilenstein. Das prächtige Gebäude verströmt genau die Art von Eleganz, die Valletta unter der Herrschaft des Malteserordens herausbildete.

«Bloß schade», lese ich in einer Einführung, «dass das letzte Gebäude der Ritter von einem Nicht-Malteser entworfen wurde, schließlich gibt es genauso viele raffinierte Bauten von Malteser Architekten.»

Stefano Ittar, der Architekt von St. John's, wurde umständehalber in Owrucz geboren, einem kleinen Ort im Norden der heutigen Ukraine. Sein Vater gehörte dem italienischen Adel an, musste aber wegen einer Auseinandersetzung mit dem Großherzog der Toskana mitsamt seiner Familie das Land verlassen. Aufgewachsen in Verbannung und der Vorteile seines Namens beraubt, sollte Ittar sein Leben lang das unbestimmte Gefühl haben, etwas «wettmachen» zu müssen. Er studierte so eifrig, bis er es zur Perfektion brachte. In Rom durfte er den Beruf des Architekten erlernen, als Protegé des Vatikanbibliothekars Kardinal Albani. Die materiellen und spirituellen Vatikanschätze müssen einen enormen Eindruck auf den jungen Ittar gemacht haben. Vermutlich rührt daher sein Wunsch, wieder in den Adelsstand zu gelangen, den Namen des Vaters mit Hilfe seines Talents reinzuwaschen. Und so geschah es auch: Nach einer ruhmreichen Laufbahn, die ihn nach Spanien, Rom und Sizilien führte, sollte Stefano irgendwann in Malta landen, wo er, als höchste Anerkennung seiner Arbeit, vom Malteserorden den renommierten Auftrag für die St.-John's-Bibliothek bekam. Aber ein Malteser ist er nicht, nein.

Um den Ausweis zu bekommen, auf dem in Druckbuchstaben
«Researcher» steht, braucht man bloß einen Personalausweis.
Ich erfülle somit alle Voraussetzungen, um die Referenzbiblio-
thek betreten zu dürfen. Der Bibliothekar starrt mich an, kneift
die Augen zu schmalen Schlitzen zusammen, zu Brei, kann den
Namen auf meinem Personalausweis aber beim besten Willen
nicht entziffern. Er hält ihn sich so nah vors Gesicht, dass seine
Brauen das Dokument berühren.

«Es geht nicht», sagt er irgendwann, nicht im geringsten
peinlich berührt.

Ich buchstabiere ihm meinen Namen, damit er die Lettern
nacheinander in seinen Computer eingeben kann. Als ich sie
zur Sicherheit noch einmal wiederhole, bringt er die Augen nah
an den Bildschirm. Der Mann ist so gut wie blind. «Ein blinder
Bibliothekar», schreibe ich in mein Notizbuch – etwas, das ich
mir selbst nicht besser hätte ausdenken können. Vom Empfang
begleitet er mich, sich an halbhohen Karteikästen vorbeitas-
tend, in die Mitte des Saals zu einem der Holztische mit Buch-
ständern wie für Skriptoren. Hinter mir sitzt ein junger Mann
an einem Computer, so groß wie ein Hutkoffer. Ansonsten hat
die Bibliothek keine Besucher.

Mit dem «Researcher»-Schild an der Brust, dem erwartungs-
voll aufgeklappten Buchständer vor mir und den vielen alten
Büchern und Handschriften der Ritter des Hospitalordens um
mich herum verspüre ich eine beklemmende Nervosität, so
als stünde ich kurz vor einer Offenbarung, die sich nicht mehr
rückgängig machen lässt. Hier im Zentrum der Erkenntnis, im
Strudel der Geschichte, in dieser Schneise in der Zeit, die sich
zu den sakralen, stillen Stunden eines Klosterkopisten verlang-
samt, nimmt alles Wissen seinen Anfang, hier wird meine Spurensuche nach tragischen Architekten Gestalt annehmen, an
diesem Ort, wo Literatur und Architektur aufeinandertreffen.

Wenn ich nach oben schaue, wird mir schwindelig. Die Regale sind vollgestopft bis an die meterhohe Decke. Unten stehen die schweren Folianten mit hohem Rücken, deren Gewicht die Regalbretter verzogen hat. Je weiter es nach oben geht, desto kleiner werden die Fächer und Bücher – vom Folio- zum Quart- bis hin zum Oktavformat. Dadurch scheint sich der Raum nach oben hin optisch zu verengen, als würde die Decke zusammengezurrt.

Stechender, modriger Geruch nach jahrhundertealtem Papier erfüllt den Saal. Die Bücher sind in einem bemitleidenswerten Zustand. Sie sehen aus, als hätte man sie in die Regale geworfen wie eine Ladung Ramschexemplare und nicht wie historisch wertvolle Bände und kostbare Handschriften. Einige Buchrücken haben sich gelöst und hängen am Buchblock herunter. Die meisten sind aufgrund einer Holzwurm-Belagerung verschwunden. Ein Schatz an Archivmaterial, tausend Jahre Dokumentation: All das wird ständig angeknabbert. Millionen winzige Würmer, die während meiner Schwindelattacke unsichtbar über Bücher und Regale krabbeln, alles juckt, würden sich die Bücher denn kratzen, dann bis aufs Blut – kratzen, bis die Tinte vom Papier fließt und die Seiten leerlaufen. Wie viel Zeit ist vergangen, seit eine Hand nach so einem verwitterten Buchrücken griff, das Buch auf den Bibliotheksständer legte, es von vorn bis hinten durchblätterte, jede Seite einzeln berührte wie ein behutsamer Liebhaber, damit das Papier nicht einreißt, oder aber seit jemand das Buch hungrig verschlang? Wenn niemand nach ihnen greift, stehen die Bücher nutzlos und stumm in den Regalen. Etwas droht sich aufzulösen, auseinanderzufallen. Noch bevor mir der Bibliothekar drei verschiedene Suchsysteme und Kataloge erklären kann, verlasse ich hastig den Lesesaal.

Nachgeschaut: «Bizzilla» ist das Wort für traditionelle maltesische Spitze, auf Englisch «Lace». Während das British Empire über Malta herrschte, ließ sich Königin Victoria angeblich sechsundneunzig lange und sechsundneunzig kurze Handschuhe anfertigen. Damit wollte sie das Spitzenklöpplergewerbe und die lokale Wirtschaft ankurbeln. Ein paar Witzbolde verwenden die Wörter «lace» und «bizzilla» auch, um damit die Bücher in der St.-John's-Bibliothek zu bezeichnen.

Noch am selben Abend stehen wir an den Absperrgittern der Fähre und warten auf die Überfahrt nach Birgu. Wegen der Regatta war der Schiffsverkehr heute ausgesetzt. Gegen sieben sollten die letzten Ruderer ankommen, anschließend legen die Fährboote wieder ab. Am Kai drängen sich die Fans, Hüpfburgen und Stände. Rauchende Mütter schieben Kinderwägen, Trophäen funkeln in der Sonne, dick geschminkte junge Frauen verschwinden mit breitschultrigen Ruderern in den Buchten hinter den Felsen. Deren Väter bekommen nichts davon mit, laute Musik dröhnt, alle möglichen Fleischsorten (Wurst, Speck, Huhn, Kaninchenschlegel) werden aus aufgeklappten Burger-Schachteln gegessen. Immer wenn ein Boot mit Ruderern die Ziellinie passiert, brandet ehrfürchtiger Applaus auf. Anschließend breitet sich das Fest weiter über den Kai aus. Das elegante Valletta vergisst seine guten Manieren und lockert den Gürtel.

In Birgu essen wir in einem kleinen Restaurant namens Tal Petut zu Abend. «Prodott lokali frisk», ein Tisch für acht Personen. Die Einrichtung beschwört einen Gemüsegarten herauf, aus der Wandvertäfelung sprießen aromatische Kräuter, es gibt Körbe voller Gemüse und glänzende Flaschen mit Olivenöl. Aus der halboffenen Küche kommt eine unwiderstehliche Duftpalette. Die Mahlzeit selbst ist überwältigend, eine wohltuende

Kombination ausgesprochen einfacher, sich überlagernder Aromen. Die Vorspeise, eine Auswahl hausgemachter Antipasti, füllt den ganzen Tisch. Zerdrückter Knoblauch mit frischer Petersilie, serviert mit hausgemachtem geröstetem Brot, Meersalz und Olivenöl. Selbst angebaute, in Honig eingelegte Oliven mit etwas Chilipaste. Pürierte Saubohnen mit Kumin, Zitronenschale und Fenchelsamen. Bohnenmus, *bigilla*, mit Paprikapaste, Petersilie, Meersalz und frischen Kräutern. Regionale Salami mit Koriander und gekochten Feigen. Eine Auswahl an Saisongemüsen und traditionellen Käsesorten. Wir essen und essen.

«Wenn man bedenkt, dass wir früher alle Künstler werden wollten», sagt Bart, während er die Oliven weiterreicht.

«Heute würde ich das nicht mehr wollen, zu unsicher. Ich arbeite, um Geld auf dem Konto zu haben», sagt Nikki energisch. Sie nimmt ein Stück Wurst, verstreicht mit der Spitze ihres Messers vorsichtig etwas Feigenkonfitüre auf dem Fleisch, bevor sie davon kostet. Ihr Freund Ben nickt. Sie arbeiten beide für einen Minister und sind überwiegend müde. Obwohl ich sie als ehrgeizig kenne, sind sie nach gerade mal drei Jahren im Beruf völlig desillusioniert von ihrem Beamtentum. Im Grunde wollen sie nur noch so oft und so schön wie möglich Urlaub machen. Der Job frisst sie auf und gibt ihnen nichts zurück.

«Am schlimmsten finde ich, dass mir nie jemand über den Kopf streicht und ‹gut gemacht, Nikki› sagt.» Ben streicht ihr über den Kopf, lobt sie mit einer Mischung aus Ironie und Zärtlichkeit: «Schatz, für die bist du einfach nur irgendeine schemenhafte Gestalt hinter einem Schreibtisch. Bei mir ist es genau das Gleiche. Ich habe einen Doktortitel und ein mörderisches Auswahlverfahren überstanden, doch anschließend fühlt sich keiner mehr verantwortlich. Da kann man mitsamt seinen ganzen Zeugnissen sehen, wo man bleibt und wie man aus seinem Job schlau wird. Alles wird uns aufgehalst.»

«Da kann ich ja von Glück reden, dass ich selbständig bin», sagt Bart erleichtert.

«Umso schlimmer, du beutest dich selbst aus», gibt Anna zurück. «Als wir noch zusammengewohnt haben, hatte Bart gerade als freiberuflicher Logopäde angefangen. Er ging um halb acht in die Praxis und kam um acht Uhr abends nach Hause – ich hab dann meist schon gekocht. Schon beim Reinkommen hat er sich ein Glas Wein eingeschenkt und beim Essen aufgezählt, was er bis zum nächsten Tag alles noch tun muss. Das hat er dann nach dem Essen erledigt, um anschließend erschöpft ins Bett zu fallen. Da war kein Raum mehr, zu fragen, was ich so mache, wie mein Tag war.»

Annas Freund Frank nimmt ein Stück Käse und witzelt: «Ja, Bart, damit hast du mich völlig allein gelassen.»

«Am Anfang vielleicht. Aber dann ist es doch besser geworden, oder? Etwa nicht?»

Bart wirft sich Anna theatralisch an den Hals. «Aber was sollte ich denn machen? Niemand sagt einem vorher, wie viel Papierkram das ist, und bis zum Ende des Monats muss man irgendwie über die Runden kommen.»

Barts Freund Stan nutzt die Gelegenheit, seinen Frust loszuwerden. «Das ist bei ihm heute immer noch nicht anders. Er kommt nach Hause und ist total reizbar und empfindlich, weil er von halb neun bis sieben im Halbstundentakt Patienten hatte, ohne jede Mittagspause. Ein Glas Wein, und schon ist er auf seinem Stuhl eingeschlafen. Romantisch ist das nicht gerade.»

«Stan, jetzt übertreib mal nicht so!»

«Wie oft haben wir unter der Woche Sex? Wenn, dann findet der höchstens sonntags statt.»

Ich konzentriere mich auf drei verschiedene Käsesorten, um nicht in dieses Gespräch hineingezogen zu werden. Ein harter, salziger Käse. Eine Art Brie. Und ein Blauschimmelkäse, zu penetrant.

«Du bist doch abends auch viel zu geschafft dafür, Stan. Sex muss momentan gut geplant werden.»

«Zum Glück halten wir uns an unsere Termine», sagt Stan grinsend. Bevor das Gespräch in gegenseitige Vorwürfe ausarten kann, wird der nächste Gang aufgetragen. Ravioli mit *gbenja* (Ziegenkäse), Tapenade aus lokalen Oliven, frittierte Kapern, frische Tomaten, Basilikumpesto und ein Püree aus sonnengetrockneten Tomaten.

Der Kellner schenkt Wein nach. Ich stoße mit meinem Freund Walter an. Wir haben diesen Urlaub dringend gebraucht. Wir nehmen einen wohltuenden Schluck und schauen uns vielsagend an.

Walter lenkt das Gespräch auf weniger heikle Themen. «Wie läuft's mit deiner Zeitschrift, Stan? Ich hab gesehen, dass in Kürze eine neue Nummer erscheinen wird.»

Vor einem halben Jahr hat Stan einen gutbezahlten Versicherungsjob aufgegeben, um Chefredakteur einer führenden LGBTQ+-Zeitschrift zu werden. Fünfhundert Euro im Monat weniger und doppelt so viele Sorgen. Haufenweise Überstunden, sodass Nachtschichten keine Seltenheit sind. Stan fasst seinen Aufgabenbereich zusammen: «Fünfundzwanzig Ehrenamtliche koordinieren, Inhalte ranschaffen, die komplette Schlussredaktion übernehmen, die sozialen Medien bespielen, Interviews vorbereiten, Interviews führen und dann hoffentlich noch Zeit für eigene Artikel finden.»

Eine Welle der Bewunderung für die vielen Verantwortlichkeiten schlägt ihm entgegen. Stan ist müde, aber auch stolz, weil er das alles packt.

«Wie war's in Rom, Charlotte?», fragt Nikki. Sie schenkt mir nach und reicht die Schale mit den Ravioli weiter.

Ich erzähle der Runde, was ich in Rom alles über Francesco Borromini herausgefunden habe. Die Erotik der Fassade, sein Rivale Bernini, wie Borromini sich in den Säbel stürzt. Währenddessen höre ich mir selbst dabei zu, wie effekthascherisch ich formuliere, Gefallsucht macht sich in mir breit. Ich möchte, dass meine Freunde die Geschichte toll finden, es wichtig finden, dass ich sie aufschreibe, dass sie das genauso notwendig finden wie ich.

«Schon schön, dass du für dein Buch so viele Kurztrips machen kannst», sagt Nikki.

Der Gnadenstoß, auch wenn sie es bestimmt nicht so meint.

«Ja, das ist wirklich toll», erwidere ich.

«Du lässt es aber doch hoffentlich nicht so weit kommen? Ich kann mir nicht vorstellen, jemals Selbstmord zu begehen», sagt Bart nachdrücklich, während er in ein reichlich belegtes Stück Brot beißt.

«Ich auch nicht», bestätigt Anna.

«Noch nie darüber nachgedacht?», frage ich.

Mit Hackfleisch gefüllte Hähnchenschenkel in Weißwein und frischen Kräutern, serviert mit in Koriandersamen und frischem Rosmarin gewälzten Babykarotten, dazu ein Klacks Kartoffelpüree mit Lauch und Meersalz. Das Essen wird zu einem rebellischen Akt gegen das Gesprächsthema, und wir platzen beinahe schon, als dann noch das dreiteilige Dessert kommt: pochierter Apfel, Nougat und Eis mit Rosenwasser. Anna gibt auf, sie kriegt nichts mehr runter. Die anderen haben auch keinen Hunger mehr, aber aus Angst, etwas zu verpassen, greifen wir angriffslustig zu unseren Löffeln. Todesmutig bietet Bart an, auch noch Annas Portion aufzuessen. Auch Frank opfert sich.

Trotz der schweren Mahlzeit macht sich der Wein bemerkbar. Träge und schon ein wenig angetrunken, hängen wir um den Tisch, und Walter erzählt die Anekdote von dem Museumswärter, die ich schon öfter gehört habe. Inzwischen sind wir seit zwei Jahren zusammen, da beginnen sich die Geschichten zu wiederholen. Diesmal erzählt er sie als Rätsel.

«Ein freiberuflicher Museumswärter wird angeheuert, um einen leeren Saal zu bewachen», hebt er an. «Der Saal ist nicht Teil eines Kunstprojekts über Leere oder das Vakuum. Der Saal ist an und für sich uninteressant. Es hängt keinerlei Kunst an den Wänden. In absehbarer Zeit hat auch niemand vor, welche aufzuhängen. Die Wände sind zwar weiß, aber nicht frisch gestrichen, es ist also nicht so, dass der Museumswärter die Besucher auffordern müsste, einen Sicherheitsabstand zur noch nassen Farbe einzuhalten. Der Saal ist, soweit wir uns das vorstellen können, einfach bloß leer. Von zehn Uhr morgens bis sechs Uhr abends muss der Museumswärter den Saal bewachen. Er hat eine kurze Mittagspause von dreißig Minuten. In dieser Zeit behält ein fest angestellter Wärter eines angrenzenden Sicherheitsbereichs seinen Saal mit im Blick. Die meisten Menschen werfen einen Blick auf den Wärter, einen Blick in den leeren Saal, machen aber keinerlei Anstalten, ihn zu betreten, warum sollten sie? Der Saal ist ja leer! Als der Musemswärter am Ende seines Arbeitstags den Saal verlässt, merkt er, dass ein Schlüssel im Schloss steckt, mit dem er die Tür schon morgens hätte zuschließen können ...»

Ich sehe Walter ermutigend an. Wie schon so oft in letzter Zeit mache ich mir Sorgen um ihn. Ich weiß, dass er sich mit dem Museumswärter identifiziert. Er schreibt an einer Doktorarbeit über die Betonungsverschiebung in mittelniederländischen Gedichten. Er tut das mit Hingabe, aber manchmal kann er nur schwer erklären, welchen Sinn diese Hingabe eigentlich haben soll. Immer öfter weiß er es selbst nicht. Er hat dunkle Ringe unter den Augen.

«Was, wenn ich einen leeren Saal bewache, Schatz?», fragt er mich spätnachts im Bett, wenn ihn der Computerbildschirm in blaues Licht taucht. Ich bin auch müde. Es fällt mir schwer, eine diplomatische Antwort auf diese Frage zu finden, manchmal tue ich so, als schliefe ich.

Bevor Walter im Restaurant ähnlich entmutigt in sich zusammenfallen kann, kommt der Digestif: Schnaps aus Kaktusfeigen. Wir können es kaum erwarten, ihn bis auf den letzten Tropfen zu leeren. Acht hochgebildete, erschöpfte Zwanziger prosten sich zu, trinken auf das Essen und auf diese mickrigen fünf freien Tage. Wir schaffen es gerade so, nicht zu platzen.

Als wir um Mitternacht die Fähre zurück nehmen, ist die Party des Regatta-Siegerteams noch in vollem Gang. Stolz wird die blau-weiß gestreifte Vereinsflagge auf der Tanzfläche geschwenkt. Fans, Verwandte und Ruderer tanzen mit blauweißen Blumenkränzen geschmückt ausdauernd zu einem mit Beats unterlegten Bryan Adams.

Die Bankette im Hause Don Ignazio, beim Prinzen von Biscari, müssen von einer märchenhaften Üppigkeit gewesen sein. Goethe und Lord Byron erwähnen ihn unabhängig voneinander in den Tagebüchern über ihre Italienreisen als Wohltäter, als sympathischen, aufgeklärten Zeitgenossen, der den Wissenschaften und Künsten aufrichtig zugetan ist. Der Prinz hat sein Leben dem Wiederaufbau des sizilianischen Catania gewidmet, das im Schatten des Ätna liegt und damals gerade von einem Erdbeben verwüstet worden ist. Von unter den Trümmern lässt er die Schätze der Antike ausgraben: Tempel und Thermenkomplexe, Altäre und Göttinnenstatuen, Amphoren und Mosaiken … Bei ihm dürfen keine Scherbe und kein Stein aus der ruhmreichen klassischen Vergangenheit verlorengehen.

1765 lädt der Principe den Architekten Stefano Ittar zu einem Abendessen ein. Neugierig geworden durch Ittars gute Referenzen und seine ausgezeichneten Bleistiftskizzen von Francesco Borromini, wollte er den aufsteigenden Barockkünstler aus Rom kennenlernen. Nicht umsonst sind die anderen Gäste an diesem Abend Architekt und Stadtplaner Vaccarini, der den Wiederaufbau Catanias leitet, und Architekt Battaglia, der seine heiratsfähige Tochter Rosaria dabeihat.

Lag es am noblen Charakter des Principe, an der geselligen Atmosphäre in seinem Palazzo Biscari oder an der unerklärlichen Anziehungskraft, die Menschen manchmal aufeinander ausüben?

Das Abendessen sollte Stefano Ittars Leben jedenfalls von Grund auf verändern. Es entsteht eine enge Beziehung zwischen Ittar und dem Principe, der nicht nur ein treuer Freund, sondern auch sein Mäzen werden wird. Und eine jahrelang bestehende Partnerschaft mit Battaglia wird gebildet. Die Begegnung mit dessen Tochter Rosaria soll in eine Ehe münden, aus der sechs Söhne und drei Töchter hervorgehen. Sogar der große Vaccarini ist auf Anhieb beeindruckt von Ittar. Ein paar Jahre später wird er ihm auf dem Sterbebett voller Vertrauen das Amt des Stadtplaners und Hofarchitekten übertragen.

Unter Battaglias Federführung, mit Vaccarinis Anerkennung, mit dem Principe als Geldgeber und mit dem Werk Borrominis im Hinterkopf entwickelt sich Ittar innerhalb kurzer Zeit zum Meisterarchitekten. Kaum drei Jahre später wird er 1768 in Catania sein bekanntestes Werk fertigstellen, die Collegiata genannte Kirche S. Maria dell'Elemosina, Inbegriff des flamboyanten sizilianischen Barocks.

Im Lesesaal zieht es aus allen Ecken, obwohl die Fenster geschlossen sind. Draußen sind dreißig Grad, meine Freunde verbringen den Nachmittag in der Bucht bei der St. Elmo Bridge. Ich bin wieder in der Bibliothek und bibbere in einem dünnen Sommerkleid vor mich hin. Von Anfang an soll das Gebäude wegen der Anordnung der Fenster Probleme mit der Luftfeuchtigkeit gehabt haben. Es sind hauptsächlich die fünf großen Fenster auf der Nordseite des Lesesaals, die die ständige Zugluft verursachen. Trotzdem hat der Architekt Ittar die großen Fensterfronten ausdrücklich an der kalten Seite des Gebäudes vorgesehen: Hier ist das Glas nämlich vor dem schädlichen Schirokko geschützt, der von Süden her weht.

Zwei Mal im Jahr kommt der Schirokko nach Malta. Der Wind bringt trockene, glühend heiße Saharaluft mit und lässt die Temperaturen am südlichsten Rand Europas bis auf fünfundvierzig Grad steigen. Nicht einmal nachts kühlt es sich ab. Die Inselbewohner liegen fiebrig in ihren Betten und finden keinen Schlaf. Ausgedörrt und mit einem schweren Schädel von der stechenden Migräne, die man dem Wind zuschreibt, heißt es warten, bis der Sturm vorübergezogen ist. Hinter geschlossenen Fensterläden fleht man den Schirokko an, bei seinem Besuch nicht allzu große Schäden anzurichten. Der Staub, den er mitbringt, ist extrem zerstörerisch. Er greift sogar Stein, Metall und Eisen an, Glas könnte sich ihm erst recht nicht erwehren. Die empfindlichen Bücher hätten nicht den Hauch einer Chance.

Ittar sah die Fenster auf der Nordseite vor, damit das Glas dem tyrannischen Schirokko nicht im Weg ist und dennoch genügend Tageslicht einfallen kann – mit dem Nachteil, dass die Kälte in den Mauern hängen bleibt. Noch bevor die Bibliothek offiziell eröffnet wurde, gab es Beschwerden über Bronchitis, Gicht und Lungenentzündung – von Menschen, die kaum einen Fuß in den Lesesaal gesetzt hatten. Die Übertreibungen sorgten dafür, dass eine Art Fluch über dem Bau zu liegen schien. Wer lebensmüde sei, brauche sich bloß in dieses zugige Loch zu setzen. Wer nach Erlösung von allem Leiden suche, könne in der Bibliothek schon mal einen Vorgeschmack auf den letzten Atemzug bekommen.

Jetzt, wo ich zum zweiten Mal hier und besser gegen den traurigen Zustand der Sammlung gewappnet bin, fällt mir auf, dass zwischen dem fünften und sechsten Fach der Regale etwas Merkwürdiges hervorsteht. In dieser Höhe ragt aus jedem Regal ein Rohr mit Wasserhahn zwischen den Büchern hervor. Ich frage den Bibliothekar, wozu die Hähne dienen. Er zeigt zur Decke. Dort befänden sich Gastanks. Breche ein Feuer aus, komme Gas aus den Hähnen. Könne der Brand nicht sofort gelöscht werden, stelle das System auf Wasser um, aber nur dann, wenn wirklich hohe Flammen aufloderten, und das habe er bisher noch nie erleben dürfen.

Ich denke an die gewellten Seiten von *Malina*, meinem Lieblingsbuch von Ingeborg Bachmann, in dem ich so oft in der Badewanne gelesen habe. Das Papier verlor durch den aufsteigenden Warmwasserdampf seine ursprüngliche Form. Als ich mir die beschädigten Bücher in den Bibliotheksregalen anschaue, drängt sich die Frage auf, ob ein Feuer wirklich schlimmer wäre, als nach und nach von Holzwürmern aufgefressen zu werden. Ein Brand würde sie wenigstens von der Qual des langsamen Zerfalls erlösen.

Die Kälte im Lesesaal geht mir durch Mark und Bein. Ich mache eine Pause von meinem Stapel Nachschlagewerke, um mich draußen auf dem sonnigen Platz aufzuwärmen. Beim Hinausgehen ermahnt mich der Bibliothekar, weil ich das «Researcher»-Schild nach wie vor angesteckt habe. Außerhalb dieser Wände bin ich keine Forscherin. Auf der Terrasse des Café Cordina trinke ich übeteuerten Kaffee. Ein deutscher Reiseleiter macht auf der Piazza Regina halt, eine Gruppe Rentner im Schlepptau. Von meinem Rattanstuhl aus höre ich zu, wie er ausgiebig von der Statue von Königin Victoria erzählt, von den von ihr bestellten sechsundneunzig Paar langen und sechsundneunzig Paar kurzen Spitzenhandschuhen. Er empfiehlt einen kleinen Laden ein Stück weiter die Straße hinunter, wo man schönste Malteser Spitze kaufen könne, die tollsten Tischdecken! Er zeigt kurz auf das Gebäude: «Dahinter sehen Sie die Bibliothek.»

Mehr Worte werden nicht über Ittars letztes Werk verloren, gleich darauf wird die Gruppe zu neuen Sehenswürdigkeiten geschleift. Mein Blick fällt auf eine Gestalt, die von der Reisegruppe verdeckt war. Der Mann hält ein Schild, auf dem steht:

IELES IL-LIBRERIJA TAD-DEMONS LI JIEKLU
L-INJAM !!
FREE THE LIBRARY OF WOOD-EATING DEMONS !!!

Im Dreiteiler, mit einem Anglerhut und Sandalen, hält der Mann unerschütterlich die Stellung. Sein Gesicht glänzt vor Schweiß, unter seiner Nickelbrille rinnt ein Tropfen an seinem Hals hinunter in den Hemdkragen. Als ich ihn anspreche, reagiert er gehetzt und kurz angebunden, so als hielte meine Frage nach seinem Anliegen ihn davon ab, sich für ebendieses Anliegen stark zu machen.

«Sind Sie schon drinnen gewesen? Haben Sie denn das Ausmaß der Zerstörung bereits gesehen, Miss?», sagt er provozierend.

Ich erwidere, dass ich gerade zu Forschungszwecken in der Bibliothek bin – für den militanten Kämpfer noch lange kein Grund, mich zu verschonen.

«Das ist unsere Nationalbibliothek, und sie verkommt, sowohl das Bauwerk als auch die Sammlung. Die Bücher in diesem Gebäude sind von unschätzbarem Wert. Und die Regale, die diese Bücher tragen sollen, sind völlig baufällig: so stabil wie ein Gletscher in Kontakt mit der Erderwärmung. Die Einbände sind angefressen, haben sich gelöst oder wurden durch Gummi ersetzt. Gummi! Jeder Buchkonservator versinkt im Erdboden vor Scham, wenn er die Gummieinbände sieht, einfach respektlos! Und die Pfuscher, die hier arbeiten, unternehmen nichts, rühren keinen Finger, um die Bücher zu erhalten. Letztes Jahr hat Prince William eine Malta-Rundreise gemacht, und man hat ihm die Bibliothek gezeigt – nicht mal einen Helm musste er aufsetzen. Der miserable Zustand der Bücher und dann noch diese vermoderten Bretter – wäre nur ein einziges Regal eingestürzt, wären ihm ein Haufen Codices auf den Kopf gefallen! Das hätte tödlich enden können.»

Wie bei jedem, der lange kein Gehör gefunden hat, kommt es zum Ausbruch, sobald sich ein zuhörbereites Publikum eingefunden hat. Auch dieser Mann mit dem Protestschild, der sich mir als Buchbinder Mafalzon vorstellt, steigert sich in eine Schimpftirade hinein. Jetzt schweige er nicht länger, jetzt wehre er sich gegen den Verfall der Nationalbibliothek. Bis vor kurzem hat Mafalzon am Institut für Bibliothekswissenschaften an der Universität Malta gearbeitet. Schon vor Jahren schrieb er einen offenen Brief an die Zeitungen, in dem er zum Handeln aufrief. Bis ins kleinste Detail hat er die Verwahrlosung beschrieben. Es müssten umgehend Schritte unternommen werden, um das Schicksal der Bücher zu wenden. Wenn nicht, seien die Folgen desaströs. Auf seinen Brief gab es verhaltene Reaktionen. Mafalzon hoffte auf einen guten Ausgang, doch inzwischen sind weitere fünf Jahre vergangen. Noch immer haben die Holzwürmer in der Bibliothek freie Bahn.

«Ich kann verstehen, wie entmutigend das ist, Mr. Mafalzon», sage ich.

Doch er bekommt meine Bemerkung in den falschen Hals und steigert sich in einen Wutanfall hinein. «Entmutigt bin ich nicht. Meckern kann jeder, aber ich meckere, weil ich Lösungen habe. Zuallererst müsste man ausgebildete Buchkonservatoren einstellen. In der Bibliothek arbeiten zwei Buchbinder, ich kenne sie persönlich: Hände wie Bauarbeiter haben die. Und die Konservatoren – wie die die Bücher behandeln. Die nehmen sie in die Hand wie ein Bagger, der Schutt abtransportiert. Sie sollten mal sehen, wie sie Diderots *Encyclopédie* restauriert haben: Das Ding fällt fast auseinander! Ich sage nicht, dass es ihnen an Engagement fehlt. Aber sie beherrschen ihren Job nicht. Sie meinen es gut, aber Sie wissen ja, wohin der Weg führt, der mit guten Vorsätzen gepflastert ist? Das beginnt schon am Empfang. Das Einzige, wozu die in der Lage sind, ist, die Leute die Treppe hochzuschicken, wo man einfach so, ohne jede Kontrolle, einen Ausweis ausgestellt bekommt. Ein jeder kann da reinspazieren und mit den wertvollsten Ausgaben machen, was er will, finden Sie das normal?»

«Skandalös.»

«Zuallererst: Das muss nicht so sein. Zweitens: Es geht mir nicht darum, die Leute, die da arbeiten, abzuwerten. Sie müssen nur mal schauen, wie das im Archiv in Rabat gehandhabt wird oder sogar hier im notariellen Archiv in Valletta, die müssen auch in schimmeligen Gebäuden arbeiten, die haben auch keine finanziellen Mittel, aber verzeichnen trotzdem Fortschritte. Warum dann nicht auch in der Nationalbibliothek? Das ist doch so viel, was wir da haben, die Bücher und das Gebäude, das sie beherbergt, aber nichts wird getan. Das tut mir in der Seele weh.»

Die Touristen, die vorbeikommen, machen ungeniert Fotos von Mafalzons exzentrischer Erscheinung. Brauen werden beim Anblick des seltsamen Texts auf dem Protestschild ge-

· 154 ·

runzelt, ohne dass man den Kopf auch nur ein einziges Mal der anderen Seite des Platzes, der Bibliothek, zuwenden würde.

«Kennen Sie sich mit Stefano Ittar aus?», frage ich.

«Mit wem?»

«Stefano Ittar. Ittar, der Architekt der Bibliothek.»

«Ja, ich denke schon, der ist es, Stefano Ittar ...» Daraufhin begibt sich der Buchbinder Mafalzon an eine andere Ecke der Piazza Regina.

1783 trifft Stefano Ittar eine radikale Entscheidung. Da arbeitet er schon seit zwanzig Jahren als Architekt und Stadtplaner unter der Schirmherrschaft des Principe di Biscari. Dass er den Barockstil perfekt beherrscht, hat ihm enorme Bekanntheit verschafft. Schon zu Lebzeiten hat er sich seinen Platz in der sizilianischen Architekturgeschichte gesichert. Er ist gerade mit der Kuppel des Benediktinerklosters in Catania beschäftigt, als die prestigeträchtige Anfrage des Malteserordens kommt: Ob er eine Bibliothek für den Johanniterorden entwerfen wolle? Sofort lässt Ittar alles stehen und liegen. Er verlässt Catania, den Ort, der ihn berühmt gemacht hat, und zieht mit seiner Familie nach Valletta. Er reist dem eigenen Ruhm hinterher, löst sich vom Principe und seinem Lehrmeister Battaglia. Ein Hauch von Wehmut spielt mit: Am Ende seiner Laufbahn kehrt er zu einem Bibliotheksgebäude zurück, dahin, wo seine Liebe zur Architektur ihren Anfang nahm. Er denkt an seine Ausbildung beim Bibliothekar im Vatikan zurück, an den Prunk der päpstlichen Architektur. Das Gefühl, das ihn so lange beherrscht hat, sein Malus aufgrund seiner Geburt in der Verbannung, lässt sich jetzt besiegen. Sein Name soll von Rom bis Malta Widerhall finden!

Die Bibliothek für den mächtigen Johanniterorden wird in privater und ästhetischer Hinsicht ein Meisterstück, bei dem

Ittar seinen Perfektionismus auf die Spitze treibt. Formenreinheit par excellence, perfekte Symmetrie, der Inbegriff klassizistischer Formensprache.

Dennoch kommt Stefano Ittar in dem Stapel Bücher über die maltesische Architektur vor mir auf dem Tisch so gut wie kaum vor. Auf der Insel, wo er sein Oeuvre vollenden sollte, scheint er in Vergessenheit geraten zu sein. Der Entwurf für die St.-John's-Bibliothek wird zwar erwähnt und in der einführenden Literatur genannt, aber über seinen Architekten erfahre ich kaum mehr als das Geburts- und Sterbedatum. Außerdem wird sein Tod problematisiert. Stefano Ittar scheint auf mindestens drei Arten ums Leben gekommen zu sein.

Einmal starb er eines natürlichen Todes an Altersschwäche. Noch am selben Tag wurde er nach einem von einem Franziskanermönch gehaltenen Hochamt begraben.

Einmal starb er an den Folgen einer Lungenentzündung, die er sich durch schlechte Arbeitsbedingungen zugezogen hatte. Auf seinem Krankenbett bekam er das letzte Sakrament, bevor er im Frieden mit der Kirche starb.

Und einmal bringt er sich um, nach einer ganzen Reihe grundlegender Schwierigkeiten beim Bau der Bibliothek. Eine architektonische Fehleinschätzung soll der Grund für die Bauprobleme gewesen sein.

Wie er genau stirbt, ist im Zuge der Überlieferung verblasst. Wann er genau stirbt, wurde vermerkt: Am 18. Januar 1790, sechs Jahre vor Fertigstellung der Bibliothek, scheidet Stefano Ittar aus dem Leben. Zumindest taucht sein Name an diesem Tag im Totenbuch der Pfarrei Sancta Maria Portus Salutis auf. Hätte er sich umgebracht, wäre ein kirchliches Begräbnis undenkbar gewesen. Selbsttötung störte die göttliche Ordnung, die die Welt zusammenhielt und erklärbar machte – der Selbstmörder stellt Gottes Herrschaft über Leben und Tod in Frage.

Im Fall eines Suizids hätte die Familie Ittar gute Gründe gehabt, seine Todesursache zu verschleiern, denn von der Schande einmal abgesehen, hätte Ittars Besitz in diesem Fall konfisziert werden dürfen. Es hätte also kein Erbe gegeben. Zwei seiner sechs Söhne, Enrico und Sebastiano, waren beruflich in seine Fußstapfen getreten. Man nimmt an, dass sie die Werkstatt und die Arbeit an der Bibliothek fortführten, während es gleichzeitig auch Belege dafür gibt, dass die beiden sofort nach dem Tod ihres Vaters aus Malta geflohen sind: Wovor laufen die beiden jungen Architekten Ittar davon? Vor Geldproblemen? Vor dem Schatten ihres Vaters? Vor dem heißen Atem Napoleon Bonapartes, der es auf die wohlhabende Insel Malta abgesehen hat?

Erst gegen Abend verlasse ich die Bibliothek. Es fühlt sich an, als hätte ich hier bloß meine Zeit verschwendet. Die Straßenlaternen hüllen den weißen Sandstein der Bibliotheksfassade in warmes Licht. Die schlichte Schönheit des Gebäudes kommt dadurch umso mehr zum Tragen. Nichts verstellt den Blick. Die zurückhaltende Formensprache wirkt heiter, ausgewogen, kurz lasse ich mich davon einlullen. Die Welt döst erschöpft vor sich hin, und jeder träumt davon, sich selbst zu verwirklichen. Jeder hat Erfolg. Jeder ist immer empfänglich für Bewunderung. Scheitern findet so unauffällig wie möglich statt und dient dazu, dazuzulernen. Es ist alles so kleinkariert, so eigennützig ... Die Architekten riskieren wenigstens große Gesten, Wagnisse, Arbeiten in riesigem Maßstab, in aller Öffentlichkeit: konkrete Masse und Oberfläche, die eine Reaktion erzwingen und jede Unbeteiligtheit verwehren. Ein Architekt, der im öffentlichen Raum scheitert, scheitert unverhohlen vor Tausenden von Augen, und das während eines ziemlich langen Zeitraums. Wer sich auf die Wiegefläche der Geschichte begibt, fordert die Vergänglichkeit heraus. Bei so viel Hochmut dürfte sich so mancher provoziert fühlen.

Wenn ich einem der wenigen, schriftlich festgehaltenen Augenzeugenberichte über Stefano Ittars Tod Glauben schenken darf, hat es sich in Wahrheit folgendermaßen abgespielt: Antonio Cachia, Großbaumeister des Malteserordens, meldet kurz vor Ittars Tod einen Vorfall auf der Baustelle. Cachia behauptet, der flache Bogen der überwölbten Arkaden habe nachgegeben. Um das Gewicht des Obergeschosses tragen zu können, habe der Bogen zusätzlich gestützt werden müssen. Diese Ergänzung an bestimmten Lastangriffspunkten hat den strengen Rhythmus, den Ittar für die Fassade vorgesehen hatte, zerstört. Angeblich ist er aufgrund dieses Vorwurfs depressiv geworden.

Jetzt, wo ich selbst vor den Arkaden stehe, kann ich keinerlei Belege für diesen Vorwurf erkennen. Die Lastangriffspunkte sind nirgendwo zu sehen. Säulenbögen und Gewölbe sind aus einem Guss und gehen nahtlos in das Kassettenprofil über.

Cachia hatte vermutlich eigene Gründe, Ittars Andenken zu manipulieren. Als man Ittar zum Bau der Bibliothek nach Malta holte, wurde diese Entscheidung über Cachias Kopf hinweg getroffen, obwohl er als Hauptarchitekt der nächstliegende Kandidat gewesen wäre. Man muss nicht einmal besonders nachtragend sein, um sein Recht einzufordern. Fand Cachia, er hätte wegen seines Titels und als Einwohner Maltas Ansprüche auf den Auftrag?

Ein paar Jahre vor Ittars Tod geschieht noch etwas. 1787 vergibt das französische Verwaltungsorgan L'Assemble de Venerable Langue de Provence den Bau einiger Häuser für französische Einwohner von Malta. Sowohl Cachia als auch Ittar reichen einen Entwurf ein. Cachia bekommt eine kleine Aufwandsentschädigung für seine Zeichnung, Ittar den Auftrag.

Als kurz darauf die französische Herrschaft zu bröckeln beginnt, muss sich Cachia ins Fäustchen gelacht haben: Der

Geldhahn wurde zugedreht, und Ittars Bauprojekt für die Langue geriet ins Stocken. Ein neuer Kredit hätte sowohl den Architekten als auch die Bauarbeiter ruiniert. Das Projekt war noch nicht abgeschlossen, als Ittar starb. Die finanziellen Probleme könnten ein Motiv für einen möglichen Selbstmord gewesen sein.

Als Ittar mit dem Bau der Bibliothek begann, war er fast sechzig. Musste er sich nach zahlreichen, bejubelten Entwürfen erneut beweisen, er, der Außenseiter, der ewig Verbannte? Stellte er die strengen Anforderungen, die er an das Gebäude hatte, auch an sich selbst? Rein äußerlich beherrscht, perfekt und gekonnt, während sich innerlich dieses angegriffene, zappelnde Herz ein Leben lang langsam verzehrt – wegen der uneinlösbaren Sehnsucht nach einem selbstbestimmten Streben. Die «*wood-eating demons*», bekamen sie Stefano Ittar zu fassen?

Die Caféstühle auf der Piazza Regina sind zusammengestellt worden, die Schirme zugeklappt. Jetzt erst merke ich, wie viele Menschen unterwegs sind. Zwischen den Gebäuden flattern riesige rote Wimpel, reich geschmückt mit einem golden umrandeten Heiligenbild. Die Kirchenfassaden zieren bunte Lämpchen. Ein Stück weiter spielt eine Kapelle einen Marsch.

Il-Festa l-Kbira reicht von der Republic Street bis zum Stadttor. Volksfest in Valletta. Vier Heiligenstatuen werden auf einem Sockel mit hölzernen Tragestangen durchs Zentrum geschleppt. Jede Statue wird von zwölf jungen Männern in weißen Kutten getragen. Ihre Nacken sind feuerrot, ihre Gesichter zu einer Schmerzensgrimasse verzogen. Einer der Träger, dunkle Augen, schwarzer Vollbart, schaut mir direkt in die Augen, während er seine Schulter besser unter dem Tragebalken platziert.

«Laien, die sich ihr Glück erkaufen müssen – die armen

Jungs!», sagt der Mann neben mir lachend, der sein eigenes Glück mit einem Heiligentattoo auf dem Oberarm besiegelt hat. Unter dem Tintenporträt steht in einem Banner «St. Paul». Aufgrund der Ähnlichkeit muss es Paulus sein, der von den Schultern der jungen Männer emporragt. Am Stadttor treffen die Statuen aufeinander, um von dort aus für eine Nachtmesse wieder in ihre jeweiligen Kirchen getragen zu werden.

Am Stadttor entdecke ich zwischen den Menschenmassen, dem Konfetti, den Böllerresten und Plastikbechern meine Freunde. Die Stimmung ist ausgelassen, Walter küsst mich vielversprechend auf den Mund. Wir trinken Bier und staunen über das christliche Spektakel, das sich vor uns abspielt. Die Jahrmarktkirchen mit ihren bunten Lichtern bleiben nicht ohne Wirkung auf unsere längst verloren geglaubten Kommunionsseelen. Den zurückkehrenden Heiligenstatuen folgt die Kapellenprozession. Extra fürs Volksfest sind zwei rivalisierende Kapellen zusammengetrommelt worden: der La Vallette Band Club und The King's Own Band Club. Die Musikkapelle scheint das wichtigste Ordnungsprinzip für das soziale Gefüge auf Malta und Gozo zu sein. Menschen folgen der Prozession, schwenken ausgelassen Flaggen und Wimpel und singen die Marschmelodie fehlerfrei und aus vollem Hals mit. Inmitten der Euphorie fällt mir die Tristesse des Begleitinstruments auf. Der Zimbelspieler setzt seinen Akzent mit genau zwei Schlägen, lässt dann die Arme hängen und schaut während der übrigen Takte verloren drein. Er erinnert mich an das, was Richard Sennett in *Verfall und Ende des öffentlichen Lebens* schreibt: «Es gibt eine brutale Form von Isolierung an öffentlichen Orten, eine Isolierung, die unmittelbar dadurch hergestellt wird, dass man für andere sichtbar ist.»

Der Betrachtete, derjenige, der erst durch den Blick eines Betrachters in der anonymen Menge sichtbar wird, wird plötzlich zu einer singulären Instanz, er wird isoliert, fremden Blicken und damit zwangsläufig auch einem Urteil ausgesetzt.

Umso brutaler muss ein Gebäude, das allein schon aufgrund seiner Abmessungen und seiner öffentlichen Nutzung so viele Blicke auf einmal auf sich zieht, von Urteilen regelrecht umzingelt sein. Inmitten meiner Freunde und der ausgelassenen Menge auf dem Volksfest überfällt mich eine Schwere. Ich bin umzingelt und gleichzeitig eine Randfigur. Es ist stürmisch im Zentrum der Aufmerksamkeit. Es gibt nirgendwo Deckung.

Am nächsten Tag fahren wir von Valletta nach Gozo, wo wir die restlichen drei Tage unseres Urlaubs verbringen. Ich werde die Bibliothek nicht mehr wiedersehen. Meine Freunde verlangen, dass ich mir den mysteriösen, mehrfachen Tod Stefano Ittars aus dem Kopf schlage. Ich denke so wenig wie möglich an ihn, was relativ gut klappt, da ich nicht einmal weiß, wie er aussah, ich konnte nirgendwo ein Porträt finden. Es fühlt sich an, als würde ich, die eigentlich nach ihm gesucht hat, ihn dem Vergessen noch mehr preisgebe, als er es ohnehin schon war, weil ich in Bezug auf seine Lebensgeschichte so wenig für ihn tun kann.

Unterwegs zum Ferienhaus halten wir in Hondoq Bay. Der Strand ist noch leer. Während wir aufs Wasser zu rennen, ziehen wir uns aus und tauchen kreischend im noch kalten Mittelmeer unter. Stan macht ein Foto für Instagram. Mit dem richtigen Filter sehen wir in unseren bunten Badesachen aus wie einem Bild von Hockney entsprungen, porträtiert in einem unbeobachteten Moment der Entspannung. Niemand muss arbeiten.

Abends zieht ein heftiger Sturm über die Insel. Wir haben uns ins Häuschen zurückgezogen, die Fenster und Türen verbarrikadiert, aber die hölzernen Läden klappern trotzdem wie wild in ihren Angeln. Der Wind peitscht. Draußen fliegen die schweren Holzgartenstühle durch die Gegend. Der Sturm jongliert mit uns. In unserem Schlafzimmer schlägt der Laden rhythmisch gegen die Fensterbank. Die Blumentöpfe zerschellen. Walter und ich lieben uns im Auge des Orkans, aber ich habe Kopfschmerzen, mich zerreißende, bohrende Kopfschmerzen, und schlüpfe unter ihm hervor.

Am nächsten Morgen ist der Pool voller Gartenmöbel und Bierflaschen, am Beckenrand kleben faustgroße Schnecken, die Chipstüte ist an einem in die Luft ragenden Stuhlbein hängen geblieben. Der Sonnenschirm wurde umgeweht, der Grill auseinandergenommen.

Eine apokalyptische Szene mit Urlaubszubehör im Vordergrund. Im Mittelgrund geht die Landschaft hinter der halbhohen Gartenmauer in Terrassenfelder über. In der Ferne ragt ein abgeflachter Hügel empor. Bestürzt schauen wir in den Morgen hinein. Den Rest unseres Urlaubs haben wir schreckliches Wetter.

VII.

Villa Ebe
(1922), Neapel

Lamont Young (1851–1929)

Ebe macht in der Küche einen leichten Salat. Spätsommer in Neapel, die Luft lastet schwer auf der Haut an diesem noch heißen Abend. Bis auf ein paar Knabbereien hat er heute noch nichts gegessen, aber nach einer üppigen Mahlzeit ist ihm auch nicht zumute. Lamont Young begibt sich noch kurz ins Turmzimmer, bis seine Frau ihn zu Tisch ruft. Die dunkle Wendeltreppe aus Holz, Dreh- und Angelpunkt des Entwurfs der Villa Ebe, schraubt sich zwei Stockwerke hoch in die Flanke des Pizzofalcone. Jeder Schritt verlangt seinen müden Beinen etwas ab. Trotzdem macht er nicht halt in seinem Arbeitszimmer im Zwischengeschoss, um vom Fenster aus auf den Dachgarten zu schauen. Die Pomeranzen sind nicht auf seinen Blick angewiesen, voll und wie selbstverständlich hängen sie im Orangenbaum.

Im Turm umrahmen die Bogenfenster auf drei Seiten das herrlichste, nur allzu bekannte Panorama: ein Triptychon des Hafenviertels Santa Lucia. Schaut man aus den Fenstern an der Südseite des Turms, bleibt der Blick schon im Vordergrund an der Kuppel der Chiesa della Concezione hängen, um anschließend gegen mehrere Hochhäuser zu prallen, die vor einigen Jahren vor dem Seeweg hochgezogen wurden. Hinter den Häusern brandet das tyrrhenische Meer sanft gegen die Felsen in der Bucht. Dahinter erstreckt sich das von hier aus schier unendliche Wasser. Im Westen, unterbrochen von der Landzunge des Posillipo, befindet sich dort, wo Bagnoli liegt, der Teil der Stadt, der ihm das Herz gebrochen hat: Neapel hätte dort seine unterirdischen Adern freilegen können – die Phantasie von einer aufblühenden Lagunenstadt, im Keim erstickt.

Young wendet den Blick ab und begibt sich auf die Westseite des Turms. Stadtpanorama. Hier klettern bunte Fassaden Stufe um Stufe den Vomero hinauf. Rosa. Ocker. Weiß. Terrakotta. Seit einigen Jahren floriert dieser Teil von Neapel. Zunächst waren es nur einige elegante Palazzi, aber langsam lässt sich auch die Mittelschicht dort nieder. Es wird nicht mehr lange dauern, bis der Hügel aus allen Nähten platzt. Die Seilbahn, die dort hinaufführt, hat ihren Nutzen jetzt schon bewiesen.

Auf der Ostseite in der Ferne der Vesuv. Seit zwanzig Jahren schweigt der Vulkan, eine bedrohliche Stille, der sich nichts entgegensetzen lässt. Dahinter die eigenwillige Küste Sorrents, nicht weit vom spitzesten Ausläufer schaukelt Capri.

Ebe, ihre sanften Züge sollten das Schwarz des Trauerschleiers erst Jahre später ertragen müssen. Das Meer riecht noch ein letztes Mal nach Salz. Die Pinien. Die Zypressen. Die Platanen. Was ist das Schönste, das er je gesehen hat?

1929 begeht der schottisch-neapolitanische Architekt Lamont Young im Alter von achtundsiebzig Jahren im Turm seines letzten Wohnsitzes Selbstmord, in der von ihm selbst entworfenen Villa Ebe, der Villa «Jugend». Seine junge Frau Ebe Cazzani wird dort bis zu ihrem Tod wohnen bleiben. Danach kümmert sich niemand mehr um das Anwesen. 1991 geht die Villa in den Besitz der Stadt Neapel über.

Neapel präsentiert sich zunächst als aufdringlicher Duft: Benzin, Küchendunst, verschwenderisches Parfüm und Urin geben abwechselnd den Ton an. Sobald ich mich aus den engen, dunklen Gassen der Altstadt hervorgearbeitet habe, riecht es in den breiten Corsi, die zur Bucht hinunterführen, kaum anders als in sonst irgendeiner mittelgroßen europäischen Stadt: nach Abgasen und Müll. Erst unten am Wasser verzieht sich der Geruch und löst sich auf.

Vom Apartment in der Via Atri bis zur Via Chiatamone ist es eine Dreiviertelstunde zu Fuß. «Scusi, Villa Ebe? E-B-E?», frage ich unterwegs, während ich mit dem Stadtplan kämpfe. Die paar Neapolitaner, die stehen bleiben, scheinen es als Beleidigung zu empfinden, dass ich sie nach einem Ort in ihrer Stadt frage, von dem sie noch nie gehört haben. Dafür haben sie die Top-5-Kirchen parat, zu denen sie mich noch mit verbundenen Augen führen können.

Hinter dem Grand, dem New Royal und dem Excelsior Hotel an der Seepromenade finde ich endlich den Fuß des Monte Echia. Auf diesem Hügel muss die Villa Ebe stehen. Neben einer heruntergekommenen Autowerkstatt beginnt der Aufstieg auf der Rampa Pizzofalcone. In sieben gleich langen Abschnitten führt der Weg im Zickzackkurs an ärmlichen, in seine Flanke gebauten Häusern vorbei. Bei jeder Kehre entsteht ein spitzer Vogelschnabel, gewissermaßen eine Versinnbildlichung des Namens «Pizzofalcone»: Früher wurde hier Falkenjagd betrieben.

Die Rampa liegt verlassen da. Die meisten Haustüren stehen offen, sollte sich der Wind denn dazu herablassen, zur heißen Mittagsstunde etwas Kühlung zu bringen. Die kleinen Öffnungen geben den Blick auf scheinbar identische Leben mit Gefriertruhe und Kinderwagen frei. An klapprigen, locker in die Wand gedübelten Ständern ist neben der Haustür Wäsche zum Trocknen aufgehängt. Eine schwarze, fleckige Moltondecke stellt die Schrauben auf die Probe und fällt schwer bis zum Boden. An den Stellen, wo kein Haus in den gelben Tuffstein des Hanges geschlagen wurde, zieren Graffiti die Felswände.

«*Pericolo di morte capite*», lese ich in blauen Lettern zwischen Liebesschwüren und Penissen. Eine bedrohliche Botschaft, die ich zu gern mit der Geschichte in Verbindung bringen möchte, nach der ich Ausschau halte. Ein paar Meter weiter oben hat Lamont Young sich in den Kopf geschossen. Ob die heutigen Bewohner der Rampa mit seinem Schicksal vertraut sind?

Bei genauerem Hinsehen erkenne ich, dass die Graffiti-Botschaft aus zwei Teilen besteht. Eigentlich steht da: «Enthauptungsgefahr für alle, die hier parken.»

Oben – der Schweiß rinnt mir aus den Kniekehlen über die Waden – gibt die Rampa endlich ihr Schmuckstück preis: Villa Ebe mit ihrem romantischen, bezinnten Turm. Das braune Lavagestein hebt sich eindrucksvoll von den gelben Häusern der Umgebung ab. Trotzdem scheint auch die Villa aus der Flanke des Monte Echia hinauszuwachsen, so organisch ragt die kleine Prunkburg aus dem Hügel hervor.

Auf den zweiten Blick sehe ich, dass das Gebäude schwer angeschlagen ist. Fensterbänke aus nacktem Holz. Eingeschlagene Scheiben. Auf der gefliesten Terrasse wuchern Pflanzen. Ein Kettenschloss um die Pfeiler des Eingangstors. Nur das Portal bildet eine trügerische Oase der Bewohnbarkeit. Hinter dem Zaun, zwischen den tiefhängenden Zweigen eines Ficus, hängt die grüne Haustür, die vor nicht allzu langer Zeit gestrichen wurde, reglos in ihren Angeln. Ein Stoß dürfte genügen, um sie zu öffnen. Darüber ist ein buntes Mosaikrelief angebracht: Eine Sonne aus goldenen Steinchen lässt ihre Strahlen wie eine Strickleiter auf ein Meer aus blauen Perlen fallen. Einer der Strahlen wird an seinem Ende vom Halbmond gehalten, der sich auf dem Wasser niedergelassen hat. Unter dem Mosaik wurde ins Holz geschnitzt:

*Lamont Young, Napoli, 1851–1929, utopista, inventore,
ingegnere di una Napoli moderna.*

Es gibt ihn also wirklich.

Die Rampa windet sich noch ein letztes Stück nach oben,
vorbei am Garten der Villa Ebe. Im Gegensatz zu dem heruntergekommenen Anwesen ist der Garten gut gepflegt. Kakteen,
Sukkulenten, violette und grellorange Blumen, sogar ein blü-
hender Orangenbaum.

Ein pulsierendes Organ, gerettet aus einem toten Körper.

Der Vogelschnabelweg macht einen Bogen um die Rückseite
des Monte Echia und führt an verdorrtem Gras vorbei, das mit
herrenlosen Matratzen und Plastiktüten übersät ist, an der verwitterten Fassade des Archivio dello Stato und an Armeebara-
cken, bis sich beim Revier der Staatspolizei der Kreis schließt.
Von hier aus müsste die andere Seite der Villa Ebe sichtbar sein.
Kein Zutritt für Unbefugte.

In der Wohnung meiner Vermieterin Giulia hängen zwei grob
vergrößerte Fotos, gerahmt wie ein Königspaar. Dass ich den
neapolitanischen Sänger Pino Daniele nicht kenne, nimmt sie
mir nicht übel, aber dass ich noch nie etwas von Padre Pio gehört habe, ist ein grundlegenderes Problem.

«Bist du katholisch?», fragt sie argwöhnisch.

Weil ich Kommunion gefeiert habe, ist es nicht gelogen,
wenn ich «Jawohl» sage.

«Padre Pio», so Giulia, «ist der Heilige schlechthin. Aus
seinen Wunden kam das Blut Christi. Stunden, manchmal sogar Tage hintereinander, konnte er die Beichte abnehmen, die
fremden Sorgen waren nur zu schultern, weil seine Seele so
rein war. Außerdem besaß er die Gabe, an zwei Orten zugleich
zu sein.»

Giulia wohnt als Concierge im anderen Teil des Apartments in der Via Atri, das in zwei Wohnungen aufgeteilt wurde. Der Signore ist beruflich viel unterwegs, sodass Giulia seine Hälfte untervermietet, wenn er im Ausland ist. Als ich gestern hier ankam, verschwand der Marmortisch beinahe unter Touristenbroschüren und Stadtplänen. Giulia leierte ohne jede Pause sämtliche Attraktionen herunter, die Neapel zu bieten hat – allerdings ohne die Villa Ebe zu nennen. Sie zeigte mir auch einen Ringordner mit einer nach einem eigenen Fünf-Sterne-System erstellten Restaurantliste. Sorbillo's? Nein, das sei bloß was für amerikanische Touristen, richtige Pizza bei Del Grifo, aber wenn ich die wirklich echte, traditionelle neapolitanische Küche kennenlernen wolle, werde sie morgen Abend für mich kochen.

Giulia lässt mich mit den Porträts allein und verschwindet wieder in der Küche. Pino Daniele ist ungefähr in Giulias Alter, Anfang fünfzig. Er hat einen dunklen Henri-Quatre-Bart und kurzes, blondiertes Haar. Unter seinem Gitarrenband trägt er ein grelles T-Shirt.

Aus der Küche höre ich eine laut anschwellende Schnulze. Die dunkle Stimme Pino Danieles besingt Giulias geliebte Stadt in neapolitanischem Dialekt.

Puparuoli mbuttunati! Gegrillte Paprika, gefüllt mit *Fior di latte*, Schinken und Brot. *Ragù alla Napoletana!* Italienische Wurst, Rippchen und Schmorfleisch in Tomatensoße auf selbstgemachter Pasta. *Moscardini con pomodorini, olive e capperi!* Kleine Tintenfische mit Kirschtomaten, Oliven und Kapern. *Espresso con Vesuvio di cioccolata con crema gianduia!* Kaffee mit Nougatpralinen in Form des Vesuvs.

Giulia schlägt eine wahre Schlacht. Bei jedem Gang, den sie auftischt, strahlt sie ein wenig mehr – vor Kochschweiß und

Chauvinismus. Nachdem sie die jeweiligen Zutaten runter-
gebetet hat, zieht sie sich gleich wieder in die Küche zurück. Ich
esse für mich allein. Ist es unhöflich, keine kleinen Tintenfische
zu mögen? Zumindest sagt Giulia nichts, als sie das unange-
tastete Hauptgericht wieder abräumt, aber bestimmt muss sie
sich schwer beherrschen, mich nicht zusammenzustauchen.
Als sie mir den Kaffee bringt, frage ich sie:

«Giulia, kennst du den neapolitanischen Architekten Lamont Young? Kannst du mir was über ihn erzählen?»

«Noch nie gehört, außerdem glaube ich nicht an Gespenster.
Kannst du mir die Einkäufe bezahlen? Das Kochen war gratis,
das hab ich gern für dich gemacht, aber das Geld für die Einkäufe will ich zurück. Sechzig Euro. *Nun se fa niente pe' ssenza
niente.*»

Von nichts kommt nichts. Oder: Nichts im Leben ist umsonst, nur der Tod, aber der kostet das Leben.

In den Tourismusbroschüren, die Giulia mir hingelegt hat,
wird Lamont Young kurz als Architekt zweier auffallender
Privathäuser im pseudoviktorianischen Stil angeführt: Villa
Ebe und Castello Aselmeyer. Selten wird noch sein Entwurf
für den Parco Grifeo erwähnt. So, wie sich die Villa Ebe in die
Westseite des Hügels gräbt und durch spätere Bebauung ein-
gekesselt wurde, scheint auch ihr Architekt unter mehreren
Überlieferungsschichten begraben zu sein. Giancarlo Alisio,
Architekturprofessor an der Universität Neapel, schrieb 1978
eine Monographie über Young. Ansonsten scheint es keine
wichtigen Werke über ihn zu geben. Die Quellen über ihn sind
überschaubar, nicht übersetzt und eher spekulativer Natur.
Young wird entweder gerühmt oder gerüffelt, aber ausnahmslos als Utopist bezeichnet. Der Großteil seines Werks dürfte aus
Entwürfen bestehen, die nie umgesetzt wurden.

· 171 ·

Am bezeichnendsten sind seine Pläne für einen Rione Venezia. Damit wollte Young das Bagnoli-Viertel bei Posillipo aufwerten, indem er die romantische Kulisse eines Klein-Venedigs mit der Schönheit Kampaniens verband. Er hatte vor, die ungenutzte Vegetation mit Wassergräben zu durchziehen, bis der Eindruck eines Inselarchipels entstünde, das er über parallel zueinander verlaufende Kanäle mit der Stadt verbinden wollte. Die Menschen sollten sich mit Ausflugsbooten und Gondeln fortbewegen können. Zierteiche, Warmwasserbrunnen, ein Zoo, englisch-italienische Gartenarchitektur. An dem Strand mit noch wenigen Seebädern und dem schönsten Sonnenuntergang der Welt wollte er vornehme Hotels errichten und am Ende des Piers ein Kunstmuseum. Der Rione Venezia sollte aus Neapel das irdische Paradies für Flaneure und Touristen machen, das sich bereits seit Jahrhunderten in ihm verbirgt.

Ein anderer Entwurf, Progetto Metropolitana di Lamont Young, enthielt eine für das Jahr 1872 futuristische Skizze des ersten U-Bahn-Netzes Neapels. Das und Seilbahnen hinauf zu den Hügeln sollte die Mobilitätsprobleme zwischen den Außenbezirken der Unterstadt und dem höher gelegenen Zentrum lösen. Unterirdischer Verkehr schien die ideale Lösung zu sein, um die Einwohner Neapels aus den vollen Gassen zu bekommen. Damals lebten ungefähr 450 000 Menschen dort, obwohl nur Wohnraum für 240 000 zur Verfügung stand. Die Seilbahnen sollten den Fußgängern den steilen Aufstieg ersparen. Metropolitana war außerdem ein nachhaltiges Projekt. Das Aushubmaterial für die U-Bahn sollte für andere Bauwerke genutzt werden.

Beide Vorschläge wurden mehrfach abgelehnt und sind über das Entwurfsstadium niemals hinausgekommen. Aufgrund vielerlei bürokratischer Verzögerungen, wirtschaftlicher Schwierigkeiten und Streitigkeiten unter verschiedenen Stadträten gelang es Young jahrelang nicht, finanzielle Mittel für seine Projekte an Land zu ziehen. Letztlich wurden sowohl der Rione Venezia als auch die Metropolitana als «überflüssig und teuer» abserviert.

Weitsicht in einer blinden Zeit, ein in Vergessenheit geratenes Genie. Ein Astronaut im Mittelalter. Seit einigen Jahren beschäftigt man sich wieder mit Youngs Werk. Heute herrscht in einem Punkt durchweg Einigkeit: Young wurde schlichtweg ein Jahrhundert zu früh geboren.

Youngs Entwürfe projizierten Neapel in eine florierende Zukunft, die kaum noch etwas mit den Problemen zu tun hatte, mit denen die Stadt zu seiner Zeit zu kämpfen hatte. Wegen schlechter Kanalisation und beengter Wohnverhältnisse konnte sich die Cholera-Epidemie im letzten Viertel des 19. Jahrhunderts munter ausbreiten. 1884 starben achttausend Menschen an dieser Krankheit, die vermutlich von Matrosen aus Sardinien aufs Festland eingeschleppt wurde.

Der ursächliche Zusammenhang zwischen den schlechten Wohnverhältnissen, in denen die Mehrheit der Neapolitaner lebte, und der epidemischen Verbreitung der Cholera erzwang Maßnahmen zur Säuberung der Stadt. Es mussten realistische und praktische Lösungen für bestehende Probleme gefunden werden. In diesem Klima wurden Youngs Entwürfe als utopische Fingerübungen verlacht.

Das urbane Säuberungsprojekt bekam rasch eine politische Agenda. Die öffentliche Einrichtung Società pel Risanamento di Napoli wurde gegründet, um die Stadt «wieder gesunden zu lassen». Nach dem Credo dieser Sanierungspolitik wurden ganze Viertel abgerissen und neu angelegt. Statt eines flanierenden Bürgertums, wie Young es vor Augen hatte, waren es während des Risanamento die Arbeiter, die in die Außenviertel verdrängt wurden. Die Kluft zwischen Unter- und Oberstadt wurde nur noch größer.

Dass ein anderer Kandidat den Auftrag bekommt, folgt dem Gesetz, dass es nun mal Gewinner und Verlierer gibt. Dass das konkurrierende Risanamento ein paar Jahre später jedoch Seilbahnen installierte, die genau dieselbe Strecke bedienten wie die in Youngs Entwürfen, weckt den bösen Verdacht, dass man seine Ideen einfach kopiert hat. Erst 1993, mehr als hundert Jahre nach Youngs Entwurf für die Metropolitana, sollte in Neapel die erste U-Bahn fahren. Genau dort, wo Young sein Venedig-Viertel vorgesehen hatte, auf dem Posillipo mit dem Küstenort Bagnoli als Tourismusmagnet, wird das Gebiet heute als grüne, touristische Zone aufgewertet, die die Stadt wirtschaftlich sanieren soll. Man spricht davon, große öffentliche Parks, Strandhotels, Restaurants, Kongresszentren und Spas anzulegen … mit anderen Worten von der neuen Riviera Neapels, die auffallende Ähnlichkeit damit hat, wie Lamont Young hundert Jahre zuvor am selben Ort das Venedig-Viertel vor sich sah.

Ein besonders bitterer Nachgeschmack: Anstelle von Youngs Klein-Venedig befand sich in Bagnoli während des gesamten 20. Jahrhunderts das Herz der regionalen Schwerindustrie. Bis 1990 hatte hier die Stahlfabrik Ilva/Italsider ihren Sitz. Das fruchtbare Land des einstigen Bauerndorfs ist von hundert Jahren Stahl- und Asbestproduktion vollkommen vergiftet worden. Allein die Kosten für die Bodensanierung wurden in einer Studie aus dem Jahr 1996 auf fünfhundert Millionen italienische Lire geschätzt. Inzwischen ist die Fabrik komplett demontiert worden. Ihr Steg wurde in einen Pier umgewandelt, der neunhundert Meter weit ins Meer hineinragt. Links vom Pier liegt die Insel Nisida, die fast vollständig von einem Jugendgefängnis eingenommen wird, ein Alcatraz für Adoleszente.

Als ich in Bagnoli ankomme, fühlt sich der Badeanzug unter meiner Kleidung albern an. Die Luft ist stickig. Die Mischung aus Polyester und Lycra kneift mir in den Hintern. Der müllübersäte Strand grenzt an das ehemalige Industriegelände. Ein Schicksalsgenosse, ein ebenfalls umherirrender Zwanzigjähriger, bemerkt mich. Was ich hier verloren hätte?

Auf Google Earth habe ich gesehen, dass das Hotel gegenüber der Villa Ebe über einen luxuriösen Dachpool verfügt. Von diesem Dach aus müsste die andere Seite des Monte Echia zu sehen sein. In Wahrheit, und von der Straße aus gesehen, sieht das Hotel New Continental seinem Nachbarn Hotel Royal Continental allerdings zum Verwechseln ähnlich. Das verunsichert mich, aber niemand scheint es verdächtig zu finden, dass ich den Marmorlift betrete. Neunter Stock. Die letzte Etage ist über eine Treppe zu erreichen, die tatsächlich auf die Dachterrasse führt.

Der Pool hat eine merkwürdige Form: Ein tiefer gelegenes fünfeckiges Becken ist über einen Steg mit einem zweiten, nierenförmigen Becken verbunden. In diesem Teil des Pools planschen zwei ebenso nierenförmige deutsche Frauen, von der Sonne rot verbrannt. Ansonsten benutzt niemand den Pool. Ich überquere die Terrasse, gehe bis zur anderen Seite, wo die Villa Ebe erstmals zur Gänze vor mir auftaucht. Vier Stockwerke zähle ich in der Flanke des Hügels. Die Westfassade der Villa, die mir auf dem Monte Echia verborgen blieb, scheint größtenteils abgerissen worden zu sein. Hier und da ist noch ein Stückchen Tuffstein übrig, trotzdem macht dieser Teil des Hauses einen noch schlimmeren Eindruck als derjenige, den ich vom Monte Echia aus erkennen konnte. Auf Turmhöhe befindet sich auf dieser Seite eine Terrasse, die sich über die gesamte Breite zieht. Die Ummauerung ist ebenso bezinnt wie

· 175 ·

der Turm. Ein seltsames Lebenszeichen in dem verfallenen Gebäude: Jemand hat eine Wäscheleine aufgespannt, an der ein Kinder-T-Shirt mit Spiderman-Motiv, sechs bunte Handtücher und ein Laken flattern. Dahinter scheint ein Holzbrett als Tür zu dienen. Mit Hilfe der Linse meiner Kamera zoome ich das Gebäude heran und suche nach einem Eingang, aber von dieser Seite aus scheint es nicht zugänglich zu sein.

Selbsttötung mit achtundsiebzig, ist das eine Absage an das Leben oder an den Tod?

An den Gebäuden von Lamont Young sind auf den ersten Blick keinerlei Planungs- oder Konstruktionsfehler zu erkennen. Der viktorianische Zierturm im Parco Grifeo weist zwar einen Riss auf, doch der scheint absichtlich angebracht worden zu sein, um den schaurigen Ruineneffekt zu kreieren – ein anachronistischer Eingriff, um dem neuen Entwurf eine Geschichte zu geben.

Lamont Young scheint weniger gescheitert, sondern vielmehr in Vergessenheit geraten zu sein. Zum Teil war er das bereits zu Lebzeiten. Young bekommt nie echten Zugang zum öffentlichen Raum. Schon das allein ist schlimm genug für einen Architekten, über den ich kaum mehr herausfinde, als dass er seine Stadt leidenschaftlich geliebt haben muss.

Young war ein fortschrittlich denkender Neapolitaner. Er wollte das nach der Einigung Italiens auf Provinzniveau abgesunkene Neapel zu einer Metropole machen, die mit dem damaligen London oder Wien konkurrieren konnte. Er träumte von weniger Beton, von botanischen Gärten, von Wasserspielen als vorherrschendem Element, davon, dass der Verkehr besser fließt.

Mit hoher Wahrscheinlichkeit war er genau der Utopist, den man in ihm sah, ein überzeugter und praktizierender Utopist. Dafür sprechen auch die Villa Ebe und das Castello Aselmeyer. Umso schmerzhafter ist es, dass er nicht nur mit seinen Ideen allein dastand, sondern auch noch zu Lebzeiten mitansehen musste, wie sein Traum einer totalen Dystopie wich. Der Bau einer Stahlfabrik – ein größerer Gegensatz zu seinem romantischen Klein-Venedig ist kaum vorstellbar. Das alles muss Young, der jahrelang vergeblich versucht hat, Geld und Genehmigungen für seine Projekte zu bekommen, enorm deprimiert haben.

«Eine Welt, die man – selbst mit schlechten Gründen – erklären kann, ist eine vertraute Welt. Aber in einem Universum, das plötzlich der Illusionen und des Lichts beraubt ist, fühlt der Mensch sich fremd», so Camus in *Der Mythos des Sisyphos*.

Youngs Vision stieß im Neapel seiner Zeit nicht auf Gegenliebe. Ob das nun daran lag, dass er verkannt oder boykottiert wurde, an den sozioökonomischen Umständen der damaligen Zeit oder an fehlendem Talent – die wiederholte Zurückweisung muss seine Kreativität, seine durch träumerisches Denken geprägte Persönlichkeit auf eine harte Probe gestellt haben. Mit der Folge, dass er sich immer fremder geworden ist und letztlich Selbstmord begangen hat.

Darüber liest man nichts. Die Folklore zehrt vom Motiv seiner Verbitterung. In kalten Winternächten soll Lamont Youngs Geist auf der Turmterrasse der Villa Ebe erscheinen. Aus den Zinnenöffnungen schaut er niedergeschlagen auf sein geliebtes, gehasstes Neapel und heult.

Young wurde in Neapel geboren und hat dort sein Leben lang gelebt und gearbeitet. Trotzdem fühlte er sich stets als Engländer. Für die Neapolitaner war er das auch, als Sohn eines schottischen Vaters und einer britisch-indischen Mutter: ein

Fremder – Grund genug, um ihn aus allen städtischen Debatten auszuschließen.

Und dennoch hat Young selbst keine Kompromisse gemacht. Neapolitanischer Stolz versus angelsächsische Sturheit. In seinem Ehevertrag mit Ebe Cazzani sollte seine englische Abstammung festgehalten werden. Seine Entwürfe in pseudoviktorianischem und elisabethanischem Stil zeugen von Heimweh nach seinem nie gekannten Vaterland. Im Vergleich zur mediterranen Architektur der übrigen Stadt sind sie eine seltsame Form des Exotismus. Wer am Castello Aselmeyer oder an der Villa Ebe vorbeikommt, könnte an ein Lego-Set denken, an einen Roman der Schwestern Brontë, an eine in feuchten Gemäuern zugezogene Lungenentzündung, an ein Liebesdrama, das am Ende doch noch gut ausgeht. An einen Überrest einer längst vergessenen Epoche.

«Bracelet? Do you want a bracelet?»

Ich schaue von meinem Notebookbildschirm auf, direkt vor meiner Nase schwebt ein Pappschild, an dem Hunderte von bunten Fäden befestigt sind.

«Come on, take a bracelet, it's beautiful!»

Ich muss lachen, denn die Ware des Straßenverkäufers erinnert eher an Nähgarn als an schöne Armbänder. Auch er muss lachen.

«Where are you from? Belgium? Je connais la Belgique. J'ai visité Genk. Les Belges sont les plus gentils du monde!»

«Das wage ich zu bezweifeln», sage ich.

Er lacht ansteckend, zeigt auf mein Glas Aperol. *«Vacation?»*

«So was in der Art.»

«Toute seule?»

«Hmmm, ich bin auf der Suche nach jemandem. Er heißt Lamont Young. Er war ein Architekt. *And rather disappointed, I*

*guess. He shot himself in his own house. Villa Ebe? Castello Lamont?
Castello Pizzofalcone? No?»*

«*Pizzofalcone, oui, oui, ce sont des clochards, des réfugées et banditi qui vivent là. Here, just take a bracelet. You can have it for free, take some vacation, voici, parce que j'aime les Belges.*»

Während er sich ungefragt hinkniet und mir den Faden um den Knöchel bindet, frage ich ihn weiter über die Villa Ebe aus. Mehr, als dass sie jetzt ein besetztes Haus ist, weiß er am Ende auch nicht.

«*Please, s'il vous plaît, un peu d'argent pour un café, l'arte d'arrangiarsi.*»

Nach unserem Gespräch praktiziert er «die Kunst des Überlebens» noch mit der gesamten Barterrasse, auf der ich arbeite. Auch die Briten und die Deutschen sind die Nettesten der Welt. Er zählt fehlerfrei sämtliche Spieler von Manchester United auf und besingt in perfektem Deutsch die Schönheit des Kölner Doms. Ich sehe bewundernd zu, er ist ein Meister seines Fachs. Nachdem seine Runde beendet ist, winkt er mir noch mal.

«*Comment tu t'appelles?*» *Ich winke zurück.*

«*Dieudonné*, natürlich!» Er lacht mir aus der Ferne zu.

Ich beuge mich wieder über meinen Bildschirm und rufe meine Mails ab. Immer noch keine Antwort von Pasquale della Monaco. Bisher meine einzige Verbindung zur Villa Ebe.

Pasquale della Monaco wurde 1948 in Neapel geboren. Er besuchte das Istituto Caselli der königlichen Porzellanfabrik in Capodimonte und die Kunstakademie in Neapel. Seit 1970 hat er, wie er selbst sagt, «viele schöne Gemälde produziert. Ich habe zahlreiche Preise bekommen, ich bin hoch angesehen. Über einige meiner Erfolge wurde sogar in den Fernsehnachrichten berichtet.»

Mittlerweile ist Pasquale della Monaco siebzig Jahre alt und auf Facebook aktiv. Auf den meisten seiner Fotos ist er auf

Galaabenden, Ausstellungen und Preisverleihungen zu sehen. Stets in italienischen Anzügen, die jedes Mal von einer anderen bizarren Fliege ergänzt werden. Schon seit Jahrzehnten setzt er sich für den Erhalt und die Aufwertung der Villa Ebe und der Rampe di Pizzofalcone ein. Gemeinsam mit Künstlern und Bürgern möchte er das Gebäude aus den nachlässigen Händen der Stadt retten. Er hat in der Villa Ebe Hauskonzerte, Ausstellungen, Opern und Einpersonenstücke organisiert. Vor ihrer verschlossenen Tür veranstaltete er lebhafte Straßenfeste. Als Reenactment ließ er eine Bersaglieri-Parade den Hügel hinaufmarschieren – hundert junge Soldaten schlüpften in die Rolle der historischen Scharfschützen mit ihrem typischen weißen Hut mit schwarzgrünen Hahnenfedern. Die englische Sopranistin Elizabeth Wellington rührte das Publikum zu Tränen. Die schönste Keramik aus Neapel und Amalfi wurde in der Villa ausgestellt. Sogar die italienische Modefirma Canzanella ließ sich überreden, auf dem steilen Catwalk der Rampe eine Modenschau abzuhalten.

Della Monaco ist der Märtyrer von Youngs Vermächtnis, die Quelle einer verheimlichten Geschichte, antwortet aber nicht auf meine Mails.

Trotz der vielen Triumphe über das Vergessen, die er in seiner Facebook-Galerie zur Schau stellt, steht die Villa Ebe heute heruntergekommen und ungenutzt auf dem Hügel, ein trauriger Kontrast zu Lamont Youngs Visionen, und ein vielleicht noch traurigerer zu denen von Pasquale della Monaco.

Della Monaco befürchtete, das Pizzofalcone-Gelände könnte zur x-ten Parkgarage verkommen, und wollte die Villa Ebe zu Ehren von Youngs utopischem Genie in ein Architekturmuseum umwidmen, mit Arbeitsmöglichkeiten für Künstler, die «den Lockruf Neapels» hören. Den größten Teil der 1990er Jahre hat er mit Lobbyarbeit verbracht. Dank seiner Hartnäckigkeit und Beliebtheit, die er sich mit der Organisation von Kulturveranstaltungen erwarb, sah es so aus, als ob er die Stadtverwaltung für seinen Plan gewinnen könnte. Es gelang ihm jedenfalls, seine Ideen vorzustellen, und nach nepotistischen Anstrengungen signalisierte man ihm gute Chancen.

Anfang 2000, ungefähr drei Tage, bevor die Restaurierungsarbeiten beschlossen werden sollten, bricht um Mitternacht ein Brand in der Villa Ebe aus.

Archivbilder der entsprechenden Nachrichtensendung nehmen Bezug auf das ironische Timing. Es handelt sich um einen dreiteiligen, erzählenden Bericht. Im ersten Teil sehen wir, wie Della Monaco mit einem Kameramann das Innere der Villa erkundet, so, wie sie vor dem Brand aussah. Stolz und voller Ehrfurcht darf er die Zuschauer die riesige hölzerne Wendeltreppe hinaufführen. Die stattlichen breiten Stufen schrauben sich in der Flanke des Monte Echia zu Youngs Arbeitszimmer mit Erker empor, von dem aus man die Dachgärten bewundern kann. Noch ein Stockwerk höher führt die Treppe zum Turmzimmer. Von dort aus ist die Aussicht nicht wirklich gut, weil es ein nebliger Tag ist, aber Della Monaco schildert sie so anschaulich, dass sich der Vesuv, das Meer und der Vomero tatsächlich aus dem Dunst zu lösen scheinen. Ein brutaler Schnitt unterbricht die Führung, und es folgt Teil zwei: Die Nachrichtenmoderatorin berichtet von dem «dramatischen Schauspiel». Die dazugehörigen Bilder lassen erkennen, wie ein Vesuvausbruch ausgesehen haben muss: Riesige grellrote Flammen lodern in der Dunkelheit auf, gefolgt von dicken Rauchwolken. Aus sicherer Distanz schauen die Feuerwehrleute zu, wie die Flammen die Scheiben zum Bersten bringen, machen aber keinerlei Anstalten, sie zu löschen. Wegen der Lage ist es zu mühsam, die Spritzenwagen bis ganz nach oben zu kriegen. Im dritten Teil der Reportage bekommen wir Bilder der Verwüstung zu sehen.

Die Trümmer, die Löcher, den aschebedeckten Lüster ... Wie die Räumlichkeiten geschnitten sind, ist kaum zu erkennen. Vor der schlimm zugerichteten Villa steht Della Monaco einem Reporter Rede und Antwort. Er bleibt gefasst, beklagt den Vandalismus und betont, dass es sich vermutlich bloß um einen Böse-Jungen-Streich handle. Das letzte Wort sei noch nicht gesprochen. Trotz der vollständigen Zerstörung ist seiner Meinung nach noch genug intakt geblieben, um die Villa restaurieren zu können. In seiner nächsten Frage benutzt der Reporter das Wort «Illusion». Della Monaco korrigiert ihn, «Hoffnung», sagt er.

Fünf Jahre nach dem Brand schafft es Della Monaco wieder, eine Finanzierung für die Restaurierung und den Umbau zum Museum durchzubekommen, diesmal sind es europäische Gelder. Der Antrag wurde 2005 genehmigt, doch das Projekt wurde bis heute nicht umgesetzt. Das Geld hätte über die damalige Bürgermeisterin bei Della Monacos Kulturorganisation landen sollen, ist aber durch Verwaltungsschlamperei verschwunden. Noch heute kennt man die Villa Ebe nur in diesem Zustand, mit ihren Brandwunden.

Lamont Young hat etwas Sentimentales. Auf dem einzigen Foto, das ich von ihm finden kann, spielt er mit der Kette seiner Taschenuhr, während die andere Hand lässig in die Westentasche gesteckt ist. Er hat eine breite Taille und einen runden Kopf, umrahmt von halblangem, noch vollem Haar. Es wurde so exakt zu einem Seitenscheitel gekämmt, dass es wie eine Perücke aussieht. Sein Blick, der auf etwas weit außerhalb des Bildes gerichtet ist, wirkt nachdenklich, ja verträumt. Gekleidet ist er wie ein Gentleman und sieht betont englisch aus. Ebe Cazzani hingegen, mit starrem Blick und ganz in schwarzer Spitze, ist unschwer als Südländerin zu erkennen – nicht wirklich schön, aber dafür jung. Auf besagtem Foto ist sie die Hälfte eines Doppelporträts. Dass Young die Villa nach ihr benannt hat, könnte durchaus erfunden sein. Angeblich soll Ebe Cazzani bis zu ihrem Tod in den Siebziger Jahren dort gewohnt haben. Das hieße, dass sie Young um zweiundvierzig Jahre überlebt hat. Für mich geht die Rechnung nicht wirklich auf, aber wenn ich die Fotos der beiden betrachte, tue ich so, als stimmte es tatsächlich. Nur zu gern möchte ich glauben, dass diese beiden so unterschiedlichen Menschen tatsächlich zusammengehören, dass Young auch in der Liebe ein Utopist war und seiner Kindsbraut diese Burg auf dem Hügel gebaut hat.

Genau diese Art von eklektischer Romantik macht die Villa Ebe aus. Wegen der pseudoviktorianischen Einflüsse beruft sich ihr Entwurf auf die Vergangenheit, gleichzeitig nimmt er durch seine osmotische Anpassung an den Hügel die organische Architektur des darauf folgenden Jahrhunderts vorweg. Sowohl originell als auch antiquiert, anachronistisch und zur falschen Zeit am falschen Ort. Wie gesagt: ein Astronaut im Mittelalter.

Lässt sich Youngs tragisches Schicksal einfach dadurch erklären, dass er zu früh geboren wurde? Genügt so ein simples Pech für ein ganzes gescheitertes Leben?

Bei manchen älteren Frauen scheinen die Unterschenkel ein Vakuum zu erzeugen. Die Haut schnürt sich um die dünner gewordenen, drahtigen Muskeln. Der steile Aufstieg auf der Rampa di Pizzofalcone droht Giulias Wadenmuskeln jeden Moment reißen zu lassen, doch sie stapft tapfer bergauf, während sie wortreich über die heruntergekommene Gegend schimpft. Sie wollte sich diese Villa Ebe dann doch mal mit eigenen Augen ansehen – vermutlich, um sich davon zu überzeugen, dass ich sie mir nicht ausgedacht habe. Was wir nicht kennen, verbannen wir aus Bequemlichkeit lieber ins Reich der Phantasie als ins Reich des Nichtwissens. Giulia gehört zu den Menschen, die die Phantasie für einen Angriff auf die Wirklichkeit halten, und sei die Wirklichkeit noch so sehr von magisch-religiösen Padre Pios bevölkert und kaum größer als ihr geliebtes Neapel.

Es dämmert bereits. Der Monte Echia und die Rampe sind nicht beleuchtet. Die Wäschestücke wurden reingeholt, die Türen geschlossen.

«Diese Bruchbude da? Und darüber willst du ein Buch schreiben? Das will bestimmt niemand lesen. Außerdem: Es ist doch nicht normal, dass so eine junge Frau dermaßen vom Tod fasziniert ist. Du solltest dir keine Bücher ausdenken, sondern zum Psychiater gehen.»

Inzwischen liegt eine Pechschwärze über dem Hügel, die sich auch in mir zusammenballt. Langsam werde ich mich wohl damit abfinden müssen, dass mir die Villa Ebe einen Teil ihrer Geschichte verschweigt. Im Turm ist der Geist von Lamont Young nicht zu sehen. Hinter dem Zaun ist die grüne Haustür in ihren Angeln festgerostet. Kurz habe ich Angst, Giulia könnte rechthaben. Trotzdem setze ich zur Verteidigung an. «Es geht mir nicht um den Tod, sondern um seine Anziehungskraft. Ich möchte verstehen, warum Lamont Young ihr nachgegeben hat.»

«Ja, es gibt viele illustre, in Vergessenheit geratene Neapolitaner. Mit der Zeit werden sie aus dem Gedächtnis getilgt», sagt Giulia. «Aber Fremden steht es nicht zu, an sie zu erinnern, außerdem musst du mir noch die Touristensteuer zahlen.»

Während ich noch dabei bin, das Geld zusammenzusuchen, muss meine Enttäuschung so etwas wie schlechtes Gewissen bei Giulia geweckt haben. Sie sagt, dass die Villa Ebe bestimmt mal ein vornehmes Anwesen gewesen sei. Eine Art Doppelhaus. Lamont Young sage ihr immer noch nichts, aber auf der Ostseite, bei dem Teil der Villa hinter der Flanke, hätten ihrer

Meinung nach die Astarita, eine reiche neapolitanische Bankiersfamilie, ihre Sommerresidenz gehabt. Wenn sie das noch richtig in Erinnerung habe, sei deren Anwesen im Zweiten Weltkrieg bombardiert worden. Danach sei die Familie verarmt. Giulia rümpft ein wenig die Nase, als sie sagt, dass sich Gerüchten zufolge inzwischen «Nicht-EU-Bewohner» des Astarita-Hauses bemächtigt hätten. Daraufhin verschwindet sie in den dunklen Felsengängen.

«Ich träume davon, nicht schlafen zu müssen, ich habe noch so viel zu erledigen», schreibt mir Pasquale della Monaco Wochen später wie aus dem Nichts.

Auf meine wiederholte Frage, ob ich mich mit ihm über Lamont Young unterhalten könne, hat er nie reagiert. Ich vermute, sein Englisch ist zu schlecht, so wie auch mein Italienisch zu wünschen übrig lässt. In der Kluft zwischen den beiden Sprachen sitzt die Vergangenheit in der Klemme.

Zwischen November 2017 und Mai 2018 schickt er mir via Facebook Messenger, manchmal sogar innerhalb weniger Tage, Zeitungsartikel, die von ihm handeln. Meist geht es um seine Werke oder um Preise, die ihm für seine Werke verliehen worden sind. Kavalier der Kultur. Meisterregisseur. Gründer des Vereins «Vulcano Metropolitana». Applaus von achthundert Paar Händen. Veranstalter von historischen Darbietungen, Vorreiter des Tourismus in Neapel. Pasquale della Monaco hat ganz schön was geleistet. Gleichzeitig ist es schon ein bisschen traurig, dass er meine Frage nach Lamont Young mit sich selbst beantwortet.

Am 2. Mai 2018, nach monatelanger Funkstille von meiner Seite, schickt mir Della Monaco einen letzten Link. Er führt zu einem kurzen Film, in dem er zum x-ten Mal vor dem Tor der Villa Ebe interviewt wird. Er ist eindeutig nach dem Brand entstanden, das Haus ist bereits zerstört, aber es ist Frühling, und der Garten bekommt Farbe. Della Monaco trägt ein Sommerhemd, das Gesicht darüber wirkt erschöpft. Der Interviewer fragt, wann es das Architekturmuseum denn nun endlich geben werde.

«*Il giardino di Villa Ebe prende vita di nuovo. E sono felice di realizzare*», sagt er, doch es klingt extrem mutlos.

Der Garten der Villa Ebe erwache zu neuem Leben. Er freue sich, dass er wenigstens das realisieren konnte.

VIII.

Rossauer Kaserne
(1864–1869), Wien

Karl Pilhal (1822–1878)

Lieber Walter,

wieder in Wien. Zwei Mal war ich schon hier. Das erste Mal im September vor ein paar Jahren für eine Lesung. Letzten Sommer habe ich die Oper besucht. Damals hat sich das Kapitel über Eduard und August wie von selbst geschrieben. Habe ich mir etwa eingebildet, ich könnte noch mal so leicht davonkommen? Diesmal schneit es. Februar, die Straßen sind leer. Ich kann die ganze Kaiserstraße hinunterlaufen und dabei kaum einer Menschenseele begegnen. Die meisten Wiener sind in Ski-urlaub, die Touristen kommen nicht vor April. Eine einsame Pferdekutsche verlässt den Stephansdom, der in seinem goti-schen Spitzengewand in der eisigen Kälte vor sich hin zittert. Für die Sonderausstellung in der Albertina wurde ein relativ unbekannter Künstler ausgewählt. Die Rubens-Ausstellung zieht nach der hektischen Weihnachtszeit weiter.

Was auffällt an der Stadt im Dornröschenschlaf: Taekwondo. Gegenüber von meiner Wohnung in der Kaiserstraße, auf Höhe der Neustiftgasse, befindet sich eine Taekwondo-Schule. Der Trainingsraum hat eine Glasfront wie ein Schaufenster. Das Zehn-Uhr-Training habe ich gestern von meinem Fenster aus mitverfolgt – der Dritte von rechts ist bei weitem der beste Verteidiger. Heute bin ich auf meinen Spaziergängen noch mindestens vier weiteren Taekwondo-Schulen sowie einem allgemeinen Kampfsport-Center begegnet. Ich kann nicht behaupten, bewusst danach Ausschau gehalten zu haben.

Was sonst noch auffällt: Schlagobers-Architektur. Alle Gebäude sind gleich hoch und an den Dächern mit einem Tortenspachtel geglättet. Fensterrahmen mit Butterrändern. Ornamente aus Baiser. Zierleisten aus Nougat. Befinden sich hinter diesen Fassaden tatsächlich Treppen, Flure, Zimmer und Lichtschalter? Die Prunkbauten lassen die Straße irgendwie noch verwaister wirken, die Vorstellung, hier könnten sogar Leute wohnen: zweifelhaft. Der Schnee ist reinweiß und tabu, es kommt mir vor, als liefe ich durch eine Kulisse, durch ein Modell aus Pappe, Holz und Farbe: Ginge ich durch eine der Türen, träte ich ins Leere. Sobald ich innerhalb des Burgrings bin, befinde ich mich Auge in Auge mit der kaiserlichen Architektur: Proportional zur Hofburg, zur Schatzkammer, zur Nationalbibliothek verstärkt sich das Fremdheitsgefühl, wie es auch bei allzu Vertrautem auftreten kann, beispielsweise auf dem einen Kilometer, den ich bisher am häufigsten überhaupt zurückgelegt haben dürfte: auf dem direkten Weg zwischen meinem Elternhaus und dem Marktplatz von Turnhout. Der Marktplatz, die Begijnenstraat, die Reihenhäuser, die Kreuzung, der Augenarzt, noch mehr Reihenhäuser, unsere Haustür. Jede einzelne Fassade ist mir bekannt, den Weg und die Straßen kenne ich so gut, dass sie mir fremd vorkommen, unecht. Zugegeben, dieses Fremdheitsgefühl überkommt mich meist nachts, wenn ich körperlich müde und leicht angetrunken bin, wenn ich von der Kneipe nach Hause laufe, aber hier in Wien überkommt es mich am helllichten Tag. Am liebsten würde ich mich jetzt an dich schmiegen und sagen: «Auf dem Heimweg hatte ich wieder mal Kulisseritis», aber du bist nicht hier, und ich bin freiwillig fortgegangen.

Doch es wäre ein Missverständnis, die Stadt, dieses Lieblings-Wien als bloße Kulisse, als Architektur- oder Bühnenbildmodell in verkleinertem Maßstab zu beschreiben. Zumal das Verdienst der Wiener Architektur hauptsächlich darin liegt, sämtliche Maßstäbe zu sprengen, monumental zu sein. Laut dem Architekturkritiker Friedrich Achleitner war Wien «nie ein Ort der architektonischen Erfindungen. Es war eher ein Umschlagplatz von Ideen, (...) eher ein Ort der Rezeption, der Adaption, der Kontemplation, der Koexistenz einander fremder oder ausschließender Systeme.»

Ich glaube, Achleitner hat recht. Sein Befund wird von den vielen eklektizistischen Gebäuden im romantisch-historisierenden Stil gestützt, so auch von dem Gebäude, von dem ich dir eigentlich erzählen will: von der Rossauer Kaserne am Donaukanal, auf Höhe der Augartenbrücke mit den Graffitimauern am Ufer.

Aber was kann ich dir über die Rossauer Kaserne erzählen? Früher hieß sie einmal Kronprinz-Rudolf-Kaserne. Ihr roter Backstein und ihre pittoresken Türmchen erinnern an das England unter den Tudors. Wegen der klassischen Elemente hat sie auch etwas von einem mediterranen Palazzo. Am meisten erinnert die Kaserne nach ihrer Renovierung noch an einen Neubau im Gutshof-Stil an einer flämischen Straße. Die Mischung aus verschiedensten Einflüssen lässt das Gebäude aussehen wie ein 3-D-Puzzle aus Schaumstoffblöcken.

Trotzdem hatte ich mich riesig auf den ersten Anblick gefreut. Es war ein weiter Weg von der Kaiserstraße. Als ich ihre Westseite dann endlich nach einer guten Stunde völlig durchgefroren von der Kreuzung Türkenstraße/Schlickplatz aus zwischen den kahlen Platanenzweigen auftauchen sah, wirkte sie irgendwie verführerisch: eine nackte Schulter, die aus dem sie umgebenden Stadtkörper hervorragt.

Im Näherkommen blieben sie jedoch aus – die heimliche Vorfreude, die verliebte Begegnung, bei der der erste Anblick des Gebäudes die Phantasie sogar noch übersteigt wie bei den anderen Malen, die Erregung, die mich angesichts Borrominis sinnlicher Kirche San Carlo erfasst hat, angesichts des schiefen Phallusturms von Verchin, über den ich schon wieder kichern muss, oder angesichts der harmonischen Ausgewogenheit der symmetrischen Bibliothek in Valletta. Du warst selbst dabei, ich hätte mich noch an Ort und Stelle darin verlieren können.

Die Rossauer Kaserne dagegen ist ziemlich langweilig, ein bisschen romantisch. Mauerwerk aus rotem, erst kürzlich gesandstrahltem Backstein. Symmetrisch. Rechteckig. Riesig. Auf allen vier Seiten zwei protzige Türme. Zwischen den Türmen die bogenförmig ausgesparten Zugangstore, verziert mit schmalen Streifen Buttercreme, umrahmt von Zimtstangensäulen, und dann in so einem Tor natürlich: ein Schlagbaum, ein Wachposten, Zutritt nur mit besonderer Erlaubnis ... unverkennbar ein genutztes Regierungsgebäude. Die Kaserne sieht tatsächlich auf allen vier Seiten gleich aus.

Mein Herz lässt sie leider nicht höher schlagen. Sie hat keinerlei Wirkung auf mich.

Ohne ein Herz, das höher schlägt, weiß ich nicht, ob das alles einen Sinn hat, der Schnee, das Alleinsein, der Abstand, auch zwischen uns. Noch ein toter Architekt.

Abends starre ich an die Decke in der Kaiserstraße und denke an meine tragischen Architekten. Wenn ich versuche, sie heraufzubeschwören – die meisten haben nicht einmal ein Gesicht –, stehen sie wie die vierzehn Engel aus dem Wiegenlied, das mir meine Oma immer vorgesungen hat, um mein Bett. Sie suchen mich heim, gleichzeitig singen sie mich einer lieblicher als der andere in den Schlaf, der nicht kommen will.

Es stimmt übrigens gar nicht, dass der Oberst und Militäringenieur Karl Pilhal die sanitären Einrichtungen einfach vergessen hat. Im obersten Stockwerk der Türme befanden sich an den Längsseiten sehr wohl Toiletten. In jedem der Türme stand eine Porzellanschüssel – also vier insgesamt. Auch in den Offiziersräumen gab es Toilettenschüsseln, die für die obersten Ränge extra in einem dekorativen Stuhl versteckt waren. Sämtliche Toiletten waren Plumpsklos ohne Wasserspülung und mündeten in ein zentrales Fallrohr, durch das die Kacke mit Hilfe der Schwerkraft im Turm nach unten rauschen sollte. Natürlich durften die zweitausendvierhundert Soldaten, die in der Kaserne stationiert waren, die privaten Offizierstoiletten nicht benutzen. Sie mussten sich mit den vier Schüsseln oben in den Turmzimmern zufriedengeben. Und, siehst du es bereits vor dir?

So schnell wie möglich mussten zusätzliche Toiletten und neue Leitungen und Rohre installiert werden. Das verursachte hohe Kosten und beträchtliche Probleme. Und selbst mit zusätzlichen Toiletten … Aufgrund der Fallrohre ohne Spülung waren die Hygienebedingungen erbärmlich.

Bald nach Einweihung der Kaserne im Jahr 1870 wurde Oberst und Militäringenieur Karl Pilhal vom Dienst suspendiert. Es heißt, er hätte sich, als der Fehler öffentlich wurde, aus Scham umgebracht. Selbstmord, weil er die Toiletten vergessen hatte.

Dabei hätte so viel anderes schiefgehen können! Die Parzelle befindet sich in der alluvialen Felsenzone des Donaukanals – ich musste das erst mal nachschlagen: Gemeint ist der Bereich, in dem der Fluss Schlamm ablagert, ein schwerer, sumpfiger Boden, der sich nur mühsam bebauen lässt. Die Kaserne sollte Platz für vierhundert Pferde bieten. Siehst du bereits vor dir, wie die Ställe im Donaumorast versinken, ja wie die sich losreißenden Pferde mit ihren muskulösen Leibern versuchen, gegen den Strom ans Ufer zu schwimmen, und die schwächeren von ihnen als ertrunkene Kadaver im Fluss treiben? Was für ein Anblick!

Aber das ist nicht geschehen. Die nötigen Maßnahmen wurden umgesetzt. Das Fundament wurde fest verankert und weist eine Stärke von vier Metern auf. Zwei Jahre lang hat man daran gearbeitet. Als die Kaserne vor etwa zwanzig Jahren vom Staat renoviert wurde, stieß man bei Grabungsarbeiten auf Skelettreste. Das Fundament schien aus Erdreich von eigens für diese Arbeiten aufgelassenen Friedhöfen zu bestehen. Die Rossauer Kaserne wurde auf Knochen erbaut – fast ein bisschen viel der Symbolik für eine Verteidigungskaserne.

Es hat die ganze Nacht durchgeschneit. Das weiß ich, weil mich die Architekten vom Schlafen abgehalten haben und ich die ganze Nacht am Fenster gesessen bin. Ein Patissier irgendwo oben im Himmel war dabei, die Stadt mit Puderzucker zu dekorieren. Das Blatt vor mir bleibt schon seit Tagen weiß. Scheitern geht auch mit Leere einher. Das Kapitel, das ich über den Oberst und Militäringenieur Karl Pilhal schreiben wollte, leidet an Leere. Was kann ich über ihn sagen?

Sein Leben verlief in geregelten Bahnen. Er wurde geboren, getauft und begann ein Ingenieursstudium, woraufhin er in das technische Militärkomitee der Armee berufen wurde. Er blieb dort, kletterte nach und nach die Karriereleiter empor, schaffte es, als Krönung eines diensteifrigen Lebens bis in den Rang eines Obersts aufzusteigen, und wurde zum Direktor des «Geniestabs» ernannt.

Der perfekte Mensch ist in erster Linie ein vollkommen unausstehliches Geschöpf. Vermutlich starb Pilhal bloß brav und getreu den Regeln an dieser oder jener Lungenentzündung, die ihn lange genug zappeln ließ, um noch das letzte Sakrament empfangen zu können. Ich bin mir mittlerweile ziemlich sicher, dass es so gewesen sein muss. Also stimmt das mit seinem Selbstmord gar nicht.

Dennoch: Ich kann mir sofort vorstellen, dass die vergessenen Toiletten der Rossauer Kaserne im so geordneten Leben und Werk Pilhals tatsächlich die Sorte Misserfolg waren, die er sich einfach nicht verzeihen konnte. Pilhal kommt mir vor wie jemand, der versucht, mit fleckenloser Weste durchs Leben zu gehen, fast *wünsche* ich mir dieses Scheitern. Ich will, dass es wahr ist. Zumindest würde ihn sein vermeintlicher Selbstmord wenigstens der farblosen Rolle entreißen, die er in der Geschichte einnimmt.

Pilhal war kompetent, das schon. Letztlich kann man in ihm eine Art Musterbeispiel des Militäringenieurs oder -architekten des neunzehnten Jahrhunderts sehen, der während der kaiserlichen Stadterweiterung funktionale, oft repressive Eingriffe vornahm. Seiner Kompetenz steht die Phantasielosigkeit seiner Entwürfe gegenüber. Bei ihrer Einweihung im Jahr 1870 war die Rossauer Kaserne eigentlich schon veraltet. Der Romantische Historismus, der in den Jahrzehnten davor eine kurze Blüte erlebte, hatte seine Faszination damals bereits verloren. Man fand die Elemente im englischen Windsor-Stil einfach nur altmodisch. Während anderswo schon nach einem flexibleren Bautypus gesucht wurde, nahm die geschlossene Kasernenarchitektur mit Türmen noch Anleihen bei der mittelalterlichen Festungsarchitektur. Pilhal baute im Auftrag und auf Wunsch des Kaisers, setzte brav Vorgaben um. Er baute für ein Wien, das längst passé war. Alte, überholte Ideale. Die Bevölkerung wartete schon lange nicht mehr auf so ein Emblem kaiserlicher Macht. Wien stand kurz vor der Modernisierung. Das Bürgertum stieg auf, während die Stadt zu seiner Spielwiese wurde. Die Öffentlichkeit hatte nichts für die Rossauer

Kaserne übrig. Liegt darin die Geschichte über die Toiletten und den Selbstmord begründet? Mussten Pilhal und seine Kaserne als Vertreter der alten Welt dafür büßen, indem das Bürgertum sie zur Zielscheibe des Spotts machte?

Wie dem auch sei, mein Versuch, das Scheitern des Bauwerks als mitreißendes, dramatisches Künstlerschicksal wiederzugeben, scheitert an Karl Pilhal.

Was möchte ich eigentlich beweisen?

Habe ich die ganze Zeit über nach Ursachen Ausschau gehalten?

Tue ich jetzt genau das, wovor ich mich die ganze Zeit gefürchtet habe? Indem ich einen Kausalzusammenhang zwischen den Selbstmorden und dem Scheitern herstelle, gehe ich im Grunde davon aus, dass Selbstmord gerechtfertigt ist. Geht es mir darum, etwas zu rechtfertigen? Auf einmal kommt mir das Wort gefährlich vor, es scheint meilenweit von «verstehen» entfernt zu sein oder von dem anderen Wort, das ich dir sage, wenn du mal wieder fragst, warum ich unbedingt dieses Buch schreiben muss: Anteilnahme.

Hast du recht? Suche ich in den Selbstmorden der Architekten nach Götzen, Vorläufern, Verbündeten, die mich zu einem vergleichbaren Ende ermutigen, sollte ich denn restlos scheitern? Hast du Angst, ich könnte es zu weit kommen lassen?

Hinter dem Fenster gegenüber findet beim Taekwondo der Vormittagskurs statt. Asphaltpfützen kommen unter dem Schnee hervor. Das Weiß ist angetastet.

Alles Liebe
Charlotte

IX.

Fort George
(1747–1769), Ardersier

William Skinner (1700–1780)

In Ardersier, einem Dorf in der schottischen Bucht Moray Firth, achtzehn Kilometer von Inverness entfernt, steht die Kirche zum Verkauf. Die könnte durchaus was einbringen, Helen Mirren hat noch darin geheiratet. Außerdem befindet sich dort der größte Hundefriedhof Europas. Seit einigen Jahren gibt es kein Postamt mehr, stattdessen können Briefe und Pakete beim Mini-Spar verschickt und abgeholt werden. Neben dem kleinen Supermarkt gibt es noch den Lebensmittelladen McColl's, ein Hotel, eine Apotheke, einen Friseur und zwei Pubs. Ardersier hat mehr Durchreisende als Einwohner, meist Familienkutschen, die die Old Military Road nehmen. Die Küstenstraße geht ein Stück außerhalb des Dorfes in den Parkplatz der lokalen Attraktion Fort George über. Vom Außenwall des historischen Forts kann man je nach Saison Delfine in der Bucht beobachten. Heute Morgen stehen keine anderen Autos dort, doch der Parkwächter weist mich ein, als wäre es Millimeterarbeit. Er gibt mir eine Broschüre mit einigen Fragen zu meinem Besuch.

«Frage I: Wenn Sie sich auf dem Weg vom Parkplatz zum Ticketschalter umsehen – was würden Sie fühlen, hätten Sie das Fort vor 250 Jahren besucht?»

Es ist elf Uhr, und die Sonne bewegt sich auf ihren höchsten Punkt zu. Hier in der Bucht scheint sich die Landschaft noch

weiter zu öffnen. Der Wind hat leichtes Spiel, aber es ist ange-
nehm warm. Ich fühle Weite?

Falsch. Laut der vorgegebenen Antwort am Ende der Broschüre erwartet man, dass der Schüler/Besucher antwortet:
«Ich würde mich vermutlich sehr nervös und eingeschüchtert
fühlen.»

Das Fort weiß sich in der offenen Landschaft zu verstecken.
Der Weg vom Parkplatz zum Eingangstor verläuft zwischen
zwei hohen Schanzwällen, beide bedeckt von gepflegtem Rasen. Am Ende des Weges bin ich zwischen hohen Steinmauern
verschwunden, oder hat sich das Fort mit mir eingegraben?
Über dem Tor weht hoch oben am Fahnenmast die schottische
Flagge. Das Emblem wirkt verletzlich – jetzt, wo der Seewind
daran zerrt. Dennoch wurde 1747 mit dem Bau von Fort George –
Dún Deòrsa auf Schottisch-Gälisch – begonnen, um den Feind
einzuschüchtern. Oberst und Militäringenieur William Skinner entwarf es als strategisches Meister-Bollwerk gegen Belagerungen.

Ein Jahr zuvor, 1746, war das ursprüngliche, gleichnamige
Fort George in Inverness infolge des letzten Jakobiten-Auf-
stands gegen das Haus Hannover gesprengt worden. Die An-
hänger des Hauses Stuart begehrten bereits seit 1715 gegen die
Thronbesteigung des Protestanten George I. von Hannover auf,
eines entfernten Neffen der kinderlos gebliebenen Königin
Anne, der letzten Fürstin der Stuartmonarchie. Er war nämlich
ein Fremder, ein Deutscher noch dazu – und das, obwohl es
genug andere Thronfolger in engerer Verwandtschaft mit England gegeben hätte. Von denen kam aber keiner für den Thron
in Frage, weil sie katholischen Glaubens waren: Der Act of Settlement, ein Thronfolgegesetz von 1701, schrieb nämlich vor,
dass der Thron nur von einem Herrscher protestantischen oder
anglikanischen Glaubens bestiegen werden dürfe, selbst wenn

eine Blutsverwandtschaft mit dem vorherigen Fürst kaum vorhanden war. All das nur, um zu verhindern, dass ein römisch-katholischer König auf dem britischen Thron landete.

Vor allem Schotten wehrten sich von Anfang an gegen dieses Gesetz und anschließend gegen den neuen König aus deutschem Geblüt. Die Jakobiten schafften es, ein Heer hinter sich zu versammeln, und bekämpften den Act of Settlement mit verschiedenen gewaltsamen Aufständen und Schlachten. Kein einziges Mal gelang es ihnen, einen entscheidenden Sieg davonzutragen. 1746 wurden die von Charles Stuart alias «Bonnie Prince Charlie» angeführten Jakobiten in der Schlacht bei Culloden endgültig geschlagen. Das war das letzte Mal, dass die Stuarts das Haus Hannover derartig herausforderten.

Als Vergeltungsmaßnahme sprengten die Jakobiten noch Fort George in Inverness in die Luft, um zu verhindern, dass die Festung von Hannoveranern als Armeebasis genutzt werden konnte. Ein durchaus geschickter Schachzug, wie sich im Nachhinein herausstellte, denn der Sieger im Kampf um den Thron, George II., brauchte tatsächlich eine Festung, um im schottischen Norden für Ordnung zu sorgen. Ziemlich bald nach der Sprengung befahl er den Bau eines neuen Fort George.

Damit beauftragt wurde der Oberst und Militäringenieur William Skinner. Er versetzte das Fort in die strategisch interessant gelegene Bucht Moray Firth auf Höhe von Ardersier. Von hier aus konnte Inverness, unterstützt von taktischen Landschaftsmerkmalen, gut gegen Angriffe vom Meer verteidigt werden: Nicht nur dass die Meerenge an dieser Stelle noch schmaler wird – hier befindet sich auch eine Art erhöhte Landzunge, die an drei Seiten steil abfällt. Seine uneinnehmbare Form verdankt das Fort also einem dem Erosionsprozess trotzenden Steingesims.

Innerhalb der natürlichen Landzungen-Konturen plant

Skinner eine doppelt gesicherte Befestigungsanlage in Form eines langgestreckten Sterns. Die äußerste Befestigung besteht aus einem Glacis, aus einem erst abfallenden und dann ansteigenden Gelände, das den Festungskern zickzackförmig umgibt. Hinter dem Glacis befinden sich Gräben mit Holzpalisaden. Zwischen der äußersten Befestigung und der weißen Zugbrücke, die Zutritt zum Festungsplatz gewährt, liegt ein beträchtlicher Abstand, der für Rückzugsmöglichkeiten sorgt und den Feind aufhält. Dieses Befestigungssystem dient dazu, sich einen Vorteil zu verschaffen, damit ein Angriff von den offenen Flächen her an Wucht verliert. Ein geniales Konzept in der Wehrarchitektur.

Da das Fort auf drei Seiten durchs Meer geschützt ist, reicht zum Wasser hin ein monströser Außenwall – der heute durch schwere Maschinengewehre auf den Eckbastionen verstärkt wurde. Auf der Landseite wird der Zutritt ebenfalls durch einen meterdicken steinernen Außenwall verhindert, dahinter durch eine Zugbrücke über einen tiefen Trockengraben, den man als eine Art tödliche Falle fluten kann. Am Rand des von Grassoden bedeckten Grabens bei der Zugbrücke steht ein gelbes Warnschild: «Achtung: Gelände kann plötzlich abbrechen. Absturzgefahr.»

Aber mir bleibt keine Zeit, mir einen plötzlichen Sturz in die Tiefe auszumalen, ein strenger Pfeil und ein übergewichtiger freiwilliger Mitarbeiter schicken mich von der Kante weg nach rechts, Richtung Nebengebäude, das einen Geschenkeshop und einen Geldautomaten beherbergt. Dort kann ich außerdem ein Ticket kaufen. Der ehrenamtliche Mitarbeiter empfiehlt nachdrücklich, mich auch mit ein paar hübschen Souvenirs einzudecken.

Innerhalb seiner Mauern nimmt das Fort eine Fläche von fünf Fußballfeldern ein. Darin tun sich zwei Parallelwelten auf: einerseits die Welt lebensgroßer Pappmaché-Figuren für Reenactment-Szenen, andererseits der tägliche Arbeitsplatz der Streitkräfte. Die Soldaten des dritten Bataillons der Black Watch sind dort immer noch stationiert. Ihre Uniformen konfrontieren mich mit meinen Hotpants, deren Säume ich vergeblich über den Po zu ziehen versuche. Ansonsten trage ich rosafarbene Birkenstocks und ein weißes T-Shirt, unter dem sich meine Brustwarzen abmalen. Zwar ist es heiß, aber doch ziemlich unpassend, so rumzulaufen, wie mir gerade klarwird, unfreiwillig aufreizend, so als plante ich, vor den hier zusammen stationierten Männern auf und ab zu paradieren.

Doch sie beachten mich nicht weiter. Die Disziplin, mit der sie ihre Aufgaben erledigen, sorgt dafür, dass die Welt der Touristen und die der Streitkräfte strikt voneinander getrennt bleiben.

Im Gegensatz zur Rossauer Kaserne in Wien, die ungefähr hundert Jahre später gebaut wurde, gibt es in Fort George durchaus eine lockere Bebauung mit Militärbaracken. Die hiesigen Soldaten wurden zwar nicht vertikal übereinandergestapelt, doch ihre Lebensumstände ließen auch hier zu wünschen übrig. Fort George war auch als «Fort Misery» bekannt. In einer der hintersten Baracken, Nummer zwölf auf dem Plan in der Broschüre, wird die historische Realität einer Soldatenunterkunft der niedrigen Regimenter nachgestellt. Die Männer schliefen zu acht in dem kleinen Raum, je zwei auf einer Pritsche. In seiner Mitte befindet sich ein Feuer. In einem der Betten sitzt eine Pappmachéfrau, die ihrem Kind die Brust gibt. Auf einem Informationsschild lese ich, es sei nicht ungewöhnlich gewesen, dass auch Ehepaare in den Soldatenunterkünften wohnten, die das Ehebett dann notgedrungen mit einem Kameraden teilen mussten. Ich verschränke die Arme vor der Brust und versuche, mir das Leben der Frau vorzustellen, mit acht Männern und einem Baby in diesem winzigen Raum. Ihr Körper muss ihr auf vielerlei Weise nicht gehört haben.

Gegenüber der historisch rekonstruierten Baracke befindet sich eine Wiese, auf der eine Garnisonskapelle steht. Der bescheidene rote Backsteinbau wurde von Robert Adam, dem bekanntesten Sprössling aus der schottischen Architektenfamilie, entworfen. Dessen ältester Bruder John war als Generalunternehmer für den Bau von Fort George verantwortlich und hatte Robert hinzugezogen, um dem Ganzen mehr Stil zu verleihen. Der machte damals mit seinen Innenausstattungen Furore, die den Klassizismus im England des achtzehnten Jahrhunderts zur Blüte brachten. In der Kapelle bilden die leichten, eleganten Gewölberippen ein fast mystisches Gegengewicht zur Tristesse der Militärbaracken. Es sind keine Gläubigen in der Kirche, dafür liegen überall Bücher aus. An den Wänden des Kirchenschiffs stehen Tische mit Totenbüchern, voll mit Namen der gefallenen Soldaten. Auf jedem Stuhl befinden sich ein Gesangbuch mit rotem Einband und ein Exemplar der *Holy Bible New Life – Colour Edition*. Die Bibel enthält farbigen Text und Abbildungen. Sie wirkt eher wie ein New-Age-Buch mit Verschwörungstheorien als wie eine heilige Schrift. Trotzdem bietet sie Zuspruch, gleich auf der ersten Seite kommt der Verleger dem Leser entgegen: «Wer sich mit Bibeltexten schwertut, überspringt das Alte Testament am besten und beginnt gleich beim Neuen Testament. Die Erfahrung hat gezeigt, dass dieser Teil der Bibel wegen der Figur Jesus Christus eine zugänglichere Lektüre bietet. Nach dem Neuen Testament kann man immer noch zum Anfang des Buches zurückblättern.»

Ich verlasse die Kapelle und gehe die grasbewachsene Böschung hinauf zum hintersten Wall des Forts, wo eine chronologisch angelegte Überblicksausstellung historischer Kanonen zu sehen ist. Es gelingt mir nicht, Interesse dafür aufzubringen.

Ich klettere den Wall hoch und setze mich auf seinen Rand. Von hier aus habe ich einen guten Blick auf die Bucht. Auf einer der Bastionen neben mir schaut ein Maschinengewehr in dieselbe Richtung. Von hinten betrachtet, muss das fast schon sentimental wirken: eine Frau und direkt daneben wie ein treuer Hund ein Maschinengewehr, beide starren gemeinsam aufs Wasser.

«Hier ist es also passiert, mein Freund», sage ich zu der Waffe. Am Fuß der Umwallung liegt ein kleiner Kieselstrand. Zwischen den Kieseln steckt ein Pfahl, daran eine rostige Kette. Am anderen Ende der Kette stelle ich mir das fehlende Ruderboot vor.

Laut Lieutenant Owen W. Steeles Tagebuchaufzeichnungen vom 13. Dezember 1914 geschah Folgendes: An dieser Stelle ruderte der tragische Oberst und Architekt von Fort George aufs Meer hinaus. Er wollte sein Werk mit den Augen des Feindes bewundern. Vom Meer aus sollte das Fort unsichtbar sein, ein bewusster Hinterhalt für Angreifer, die sich einbildeten, das schottische Festland über die Bucht stürmen zu können. Auf der Hälfte der Meerenge zwischen Fort George und Chanonry Point, einer Landzunge auf der anderen Seite der Bucht, ließ der Oberst und Architekt die Ruder los und sah zu seinem Entsetzen, dass ein einziger Schornstein über das in der Landzunge versteckte Fort hinausragte. Bei diesem Anblick zog der Oberst und Architekt seine Pistole und schoss sich in den Kopf. Die Scham nimmt verhängnisvolle Ausmaße an und wird masochistisch in den Tod eingebunden: Er nimmt sich das Leben mit Blick auf seinen Misserfolg, um sich davon zu überzeugen, dass er sein selbstgewähltes Schicksal verdient.

Natürlich hat es sich nicht so zugetragen. Oberst und Militäringenieur William Skinner wurde 1757, zehn Jahre nach seinem Entwurf für Fort George, zum Chief Royal Engineer der britischen Armee ernannt. In diesem höchsten Rang hatte er bis zu seinem Tod im Jahr 1780 eine erfolgreiche Laufbahn. Am ersten Weihnachtsfeiertag desselben Jahres starb er, immer noch aktiv, im Alter von einundachtzig Jahren an seinem Zeichentisch.

Einundsechzig Jahre lange war er Oberst und Ingenieur, davon dreiundzwanzig als Chief Royal Engineer. Zahlreiche Erfolge später hat Skinner seinen Entwurf für Fort George immer noch als sein größtes Verdienst betrachtet. «Mein Monument», nennt er das Fort liebevoll – bis ins Detail minutiös geplant und unendlich oft immer wieder neu berechnet. Den Bau begleitete Skinner engmaschig, in stetem Austausch mit dem Generalunternehmer John Adam, mit dem er die Baustelle und ihre tausend Arbeitssoldaten leitete.

Fort George ist ein Erfolg, eine strategisch innovative Verteidigungsfestung, gebaut als Reaktion auf die Probleme der damaligen Zeit und weit darüber hinaus. Das überlieferte Bild vom Oberst und Architekten im Ruderboot ist nicht nur falsch, sondern auch lächerlich-übertrieben: Angenommen, er wäre tatsächlich enttäuscht gewesen, nachdem er aufs Meer hinausgerudert war, dann hätte er den Schornstein doch einfach abreißen lassen können, ohne sich deswegen gleich in den Kopf schießen zu müssen?

Diese Geschichte zeichnet auf hochdramatische Weise das Bild eines cholerischen Perfektionisten, der aus einem winzigen Fehler übertriebene Schlussfolgerungen zog.

Es hatte Konsequenzen, dass Lieutenant Owen W. Steele die Geschichte vom tragischen Architekten 1914 in seinem Tagebuch vermerkte, denn auf diese Weise hat er sie zu Unrecht in die Überlieferung hineingeschmuggelt. Natürlich ist das bloß eine Anekdote, Folklore, doch so wird folgender Gedanke verbreitet: Architekten, die scheitern, begehen Selbstmord. Er gibt zukünftigen Pechvögeln ein düsteres Vorbild.

An dieser Übertreibung ist aber auch was Wahres dran: Der Präzisionszwang und der jähzornige Charakter der historischen Figur Skinner sind hinlänglich beschrieben. Das Ruderboot gelangte höchstwahrscheinlich über seinen Sohn William jr., Kapitän des vierundneunzigsten Regiments der königlichen Armee, in die Geschichte. Der starb nämlich am 27. August 1761 in einer Schaluppe bei der Eroberung der Insel Domenica, indem er vor der Küste von einer Kugel getroffen wurde. Geschichten nehmen Anleihen beieinander.

Der tragische Architekt von Fort George ist eine Touristenfalle, sein Selbstmord wurde der Landschaft als Lockmittel hinzugefügt, eine Dreingabe, um Besucher anzuziehen. Wenn es in einem Schloss spukt, will man es eher besuchen, als hätte dort bloß eine glückliche Aristokratenfamilie gelebt. Man weiß zwar, dass es keine Gespenster gibt und dass man aller Wahrscheinlichkeit nach bei dem Besuch keines zu Gesicht bekommen wird, aber die Gespenstergeschichte dient als Einfallstor für die Phantasie, um sich in das Narrativ des Gebäudes hineinzuversetzen, ja vielleicht sogar ein Teil davon zu werden. Das Spukschloss ist ein Ort, an dem Angst durch Architektur verkörpert wird.

Ist Fort George so etwas wie ein Schafott bei Misserfolg? Oder die Rossauer Kaserne, die Wiener Oper, das Schwimmbad von Turnhout? Allesamt Orte des Scheiterns. Es scheint nachvollziehbar, die Gebäude so zu betrachten, auch wenn das Scheitern nicht einmal sichtbar ist. Wenn der Architekt aus Verantwortung für das Scheitern seines Bauwerks schon in den Tod geht, sollte die Symbiose zwischen Gebäude und Person zumindest so weit auf Gegenseitigkeit beruhen, dass das Gebäude den Selbstmord auch in sich, in seinen Gebeinen, in seiner Geschichte bewahrt. Dann sollte der Geist von

Lamont Young wirklich durch die Villa Ebe spuken, Borrominis Lebenswut lautstark durch die Mauern der Kirche San Carlo dringen, Eysselincks ungefilterte Trauer im Blaustein hörbar werden, dann sollten Körper und Baukörper dieselbe Wunde haben.

Wie ich inzwischen feststellen musste, ist den Gebäuden ihr Scheitern in den meisten Fällen nicht physisch anzusehen, der Selbstmord des Architekten vor allem eine Anekdote. Das Werk entkoppelt sich vom Scheitern seines Schöpfers. Das Gebäude übernimmt keinerlei Verantwortung, warum sollte es?

Vielleicht hat die Beziehung zwischen Schöpfer und Schöpfung etwas von einer zerstörerischen Liebesbeziehung, in der sich der eine für den anderen aufreibt, oder von einem Liebesideal. Wenn der andere dann irgendwann geht, was er zwangsläufig tun wird, wirft ihm der eine mit vorgekauten Worten vor: «Du kannst nicht einfach so gehen – nicht nach allem, was ich für dich getan habe.»

Meist sagt der andere daraufhin: «Ich hab dich nie darum gebeten.»

In beiden Fällen kommt es zur Zerstörung und zu einem schuldlosen Mitschuldigen, was die Zerstörung allerdings nicht weniger verheerend macht.

Als das mit dem Schreiben begann, oder besser gesagt, als das, was ich schrieb, zunehmend gelesen wurde und daher ganz langsam so etwas wie eine Daseinsberechtigung bekam, war ich mir sicher: Das ist zu viel. Beides geht nicht, schreiben und ein richtiges Leben führen, etwas davon muss hinten runterfallen. Aus der unmittelbaren Erkenntnis heraus, tatsächlich etwas geschaffen zu haben, und aus dem damit verbundenen, kurzzeitigen Größenwahn wollte ich wissen, ob ich auch zerstören konnte. Eine kleine, despotische Tendenz, mit der ich niemandem weh tat, denn das Objekt der Zerstörung würde nur ich selbst sein.

Ein turbulentes Leben als Voraussetzung für das Schreiben, infolge eines sich ständig wiederholenden Aufs und Abs aus Maßlosigkeit, Askese, Rausch und Erschöpfung. Für diese Zerstörung suche ich nach Komplizen, entscheide mich beispielsweise für narzisstische Liebhaber, lese Céline und Cioran, verfalle ganz automatisch in einen gewissen Kulturpessimismus. Hinzu kommen die ständigen Geldsorgen, die Unmöglichkeit, mit anderen in Kontakt zu treten, und wenn es doch funktioniert, ist da immer die Angst, die Verbindung könnte zerbrechen. All das mündet in einen zielsicheren Zerstörungsprozess, der mich von so etwas wie Glück und Zufriedenheit, von Langeweile fernhält, auf lange Sicht vermutlich auch davon, gesund zu bleiben, aber egal, letztlich schreibt niemand glückliche Gedichte, das ist einfach zu schwierig. Wenn etwas kaputt ist, kann ich wenigstens immer noch schreiben, das rede ich mir zumindest ein, denn darin verbirgt sich das Bedürfnis, etwas, das nicht mehr funktioniert, zu reparieren, oder zumindest die Möglichkeit, es auf dem leeren weißen Blatt zu tun. Wie sich übrigens herausstellt, macht es dagegen überhaupt keine Mühe kaputtzugehen, das ist etwas, das von vornherein gegeben ist.

Dennoch gibt es genug Gegenbeispiele, große Denker und Schriftsteller, die anders an die Sache herangegangen sind, nämlich ein nüchternes, ausgeglichenes Leben geführt und trotzdem Großes geleistet haben. Spinoza zum Beispiel, der zölibatäre Linsenschleifer und Philosoph: Nie hat er kennengelernt, was Liebe ist, keine allzu weiten Reisen unternommen, stattdessen suchte er in Denkwelten nach Erfahrungen. Ohne selbst so gelebt zu haben, konnte er überzeugend über die

Leidenschaft schreiben. In Lehrsatz XLV seiner *Ethica* unterminiert Spinoza meine Auffassung von der Zerstörung als Voraussetzung für Kreativität:

> Wahrlich, nur ein finsterer und trübseliger Aberglaube verbietet, sich zu erheitern. Denn weshalb sollte es sich weniger geziemen, den Trübsinn zu verscheuchen, als den Hunger und den Durst zu vertreiben?
> Ich meinerseits denke so und habe folgende Ansicht gewonnen: Kein Gott und kein Mensch, außer ein missgünstiger, freuen sich über mein Unvermögen und Unbehagen und rechnen uns Tränen, Stöhnen, Furcht und andere solche Merkmale geistiger Schwäche zur Tugend an. Im Gegenteil, je mehr wir von Lust erregt werden, zu desto höherer Vollkommenheit gehen wir über, d. h., desto mehr sind wir der göttlichen Natur notwendig teilhaftig.

Laut Spinoza ist es dumm, niedergeschlagen zu sein, ja schlimmer noch, eine Charakterschwäche. Er hat leicht reden, «Lust» und «höhere Vollkommenheit» sind normalerweise als Zustand unerreichbar. Was nicht heißt, dass ich nicht danach streben würde, im Gegenteil, bei allem, was ich tue, steht mir stets «höhere Vollkommenheit» vor Augen. Das Unerreichbare beflügelt mich: Wenn etwas nicht geht, will ich es erst recht, ohne jede Rücksicht, egal, was die Folgen sind. Spinoza sagt es selbst: «Aus diesem allen geht hervor, dass wir nichts erstreben, wollen, verlangen, noch begehren, weil wir es für gut halten; sondern umgekehrt, dass wir deshalb etwas für gut halten, weil wir es erstreben, wollen, verlangen und begehren.»

So blind möchte ich sein, so monoman möchte ich schreiben, in dem festen Glauben, dass das Streben selbst alle Fragen nach gut oder schlecht überflüssig macht.

Doch genug der Philosophie. Spinoza sagt schließlich, dass allem der «Conatus» vorausgeht, die Persistenz, der allumfassende Drang nach Selbsterhalt. Sein Zeitgenosse, der englische Philosoph Thomas Hobbes, fügt dem noch hinzu, dass «Conatus» eine physische Entsprechung im Überlebenstrieb kenne. Cicero stellte schon lange davor fest, dass damit selbstverständlich eine Abneigung gegen die Zerstörung einhergeht. Glaubt man Spinozas und Hobbes' bedächtiger Haltung, ist es vollkommen widernatürlich und daher unmöglich, auf die Zerstörung hin zu leben, geschweige denn den Gedanken an die absolute Zerstörung, den Selbstmord, zuzulassen.

Nachdem ich Fort George besucht habe, fahre ich zurück nach Nairn, ein Küstendorf weiter, wo ich im Gästezimmer von Joan und Connor, zwei aktiven Senioren, übernachte. Joan kommt mir in der Auffahrt schon winkend entgegen.

«Wie war's? Hast du Delfine gesehen? Hab ich's nicht gesagt!»

«Kein Glück gehabt», erwidere ich.

«Ach, die kommen schon noch, wart's ab!»

Ich gehe bis ans Ende der Straße zum Supermarkt des kleinen Ortes. Am Eingang steht ein wackliges Regal mit Sonnencreme und Aftersun-Produkten. Schon seit sechs Wochen hat es sechsundzwanzig Grad, was für diese Gegend ungewöhnlich lang ist. Die Schotten nimmt dieses Wetter ziemlich mit. Ich kaufe eine Vaselinelotion mit Aloe Vera. Die Kassiererin, erdbeerblond, Milchhaut, wirft einen besorgten Blick auf meinen verbrannten Nacken und meine verbrannten Oberarme und sagt, ich solle Vollfettjoghurt drauftun. Ich gebe vor, ernsthaft über ihren Rat nachzudenken.

Am Ende der Hauptstraße biege ich nach links in die Marine Road, die zu einer großen, hügeligen Wiese führt, einem unerwartet leeren Fleck – kein Baum, kein Haus, kein Mensch, keine anderen Körper, nur die Wiese und ihre Hügel, und auf einem dieser Hügel ein einsamer Pavillon als einzige Aufwärts-bewegung in einer Landschaft, die schier zerrissen wird vor lauter Weite, aber dann doch noch einen Rahmen bekommt, dort, wo die Wiese in höheren Strandhafer übergeht, dort be-ginnen die flachen Sanddünen, dahinter liegt der schmale Streifen weißer Sand, mit der Hand hindurchfahren erfordert kaum eine Bewegung, und auch die Sonne scheint viel zu mü-helos, wodurch dieser Fleck die Leichtigkeit eines geträumten Orts erhält. Der Himmel öffnet sich zu einem endlosen Blau, und in dem Blau befinden sich kleine, stufenförmige Wolken, eine phantastische Erweiterung, unter der sich, genau an die-sem Fleck, auf Höhe des Strands von Nairn, die Bucht Moray Firth zur Nordsee hin öffnet, die ihrerseits ins Nordmeer, die Ostsee, den Atlantik und so weiter übergeht. Ich befinde mich in der Tülle eines blauen Trichters.

Der Himmel erinnert mich an das Cover eines Buches aus meiner Kindheit, das ich später nie mehr wiedergefunden habe. Das Buch war für Leser ab elf gedacht und so gesehen viel zu an-spruchsvoll für mein Alter, aber gerade deshalb hatte ich es in der Bibliothek aus dem Regal mit der Jugendliteratur gezogen. Den Titel habe ich vergessen, aber den Umschlag sehe ich noch ganz genau vor mir: hellblauer Himmel mit naiven Wolken, ein Junge ist dabei, die Wolken hochzuklettern – das Umschlagbild ist ein realistisches Foto wie vom heutigen Himmel über Nairn, es ist nicht gezeichnet. Der Junge, der die Wolken hochklettert, ist die Hauptfigur, die bei einem Verkehrsunfall ums Leben kommt. Na ja, was den eigenen Tod angeht, ist man immer die Hauptfigur, aber sein Schicksal ist wirklich tragisch: Ein Lastwagen hat ihn vom Rad gerissen, viel zu früh, er ist gerade mal neun Jahre alt. Vielleicht musste seine Seele deshalb in einer Zwischenwelt umherirren. Der Junge war tatsächlich tot, auf einen Schlag. Trotzdem blieb er aus irgendeinem Grund auf der Erde, wenn auch unsichtbar. Niemand konnte ihn hören oder sehen. Er hingegen bekam mit, wie seine Schwester, seine Eltern, seine Mitschüler und Freunde nach dem Unfall um ihn weinten, auf seine Beerdigung gingen, trauerten und weiterlebten. Zum Glück kamen auch die Vorteile seiner geisterhaften Existenz zum Zug: an Wolkenkratzern hochlaufen, durch Wände gehen, fliegen … Ansonsten wäre es wirklich ein unerträglich trauriges Buch gewesen. Wie dem auch sei, es geht jedenfalls darum, dass die Seele des Jungen auf der Erde festsitzt, weil seine Lieben zu viel Kummer haben. Das fand ich beruhigend, weil es meine Kindheitsphantasie bestätigte, in der nach meinem Tod alle endlos um mich trauern werden. Anfangs ist der Junge natürlich froh zu sehen, wie sehr ihn alle lieben. Außerdem findet er es cool, durch die Luft spazieren zu können. Aber irgendwann sehnt er sich trotzdem danach, von seinem einsamen, luziden Zustand erlöst zu werden. Es ist ein zutiefst menschliches Bedürfnis, gesehen werden zu wollen, in den Augen der anderen Bestätigung zu finden, doch der Junge wird ständig übersehen. Es gibt ihn nicht, trotzdem ist er da – ein denkbar grausames Gefangensein zwischen Tod und Leben. Erst am Ende des Buches, als sein Umfeld lernt, loszulassen, darf die Seele des Jungen ins Große Meer laufen, eine Art metaphorischen Ozean im Himmel. Hier löst er sich in einem «größeren Ganzen» auf.

Als Kind entnahm ich dem Buch, dass ich den Tod bis dahin falsch verstanden hatte: Der Körper mag zwar sterben und in den Himmel kommen, aber anschließend muss die Seele ertrinken. Inzwischen weiß ich, dass das nicht zwingend in dieser Reihenfolge geschehen muss.

Es gibt keine anderen Strandspaziergänger am Nairn Beach, und ich könnte genauso gut gar nicht da sein. Eine einsame Existenz in der Landschaft. Walter und ich wollten diese Reise eigentlich gemeinsam antreten, ein Urlaub nach einem stressigen, turbulenten Jahr, es galt eine Kluft zu überbrücken. Die Reise war für uns beide eine Art Stoßgebet. Ich durfte bestimmen, wo es hingehen sollte. In die Highlands. Wir kauften die gleichen Wanderschuhe, ein Spray gegen Stechmücken und Mützen mit eingebauter Lampe. Während wir die Tage bis zur Abreise zählten, schickten wir uns Fotos von seltenen Vogelarten auf der Insel Skye, Schneegans, Krickente, Höckerschwan, Rothalstaucher, Schwarzkopfibis, Steinadler. Wir schauten uns einen Film an, in dem sich ein Papageientaucher, so eine witzige Pinguin-Tukan-Ente, mit einem zufällig vorbeikommenden Touristen anfreundet, bald könnten wir dieser zufällig vorbeikommende Tourist sein. Walter erstellte im Vorfeld eine Liste mit den Top Ten der zu besichtigenden mittelalterlichen Ruinen. Auf Platz eins steht die Ruine der Elgin Cathedral, «Die Laterne des Nordens» aus dem Jahr 1242. Obwohl nur noch ihr Skelett übrig ist, kann die Ruine mühelos ihren ursprünglichen, hoch aufragenden Baukörper vor dem inneren Auge heraufbeschwören. Elgin, die schönste, ehrgeizigste, mittelalterlichste Kathedrale von ganz Schottland, im Lauf der Jahrhunderte unzählige Male durch Feuer, Kanonenkugeln, Belagerungen und Unwetter zerstört, aber stets um so größer wieder aufgebaut, Stärke und Flexibilität – Walter verleiht den Worten eine metaphorische Bedeutung –, die Geschichte einer Blutlinie, ein Uhrenturm, der höher denn je in den Himmel ragt, guterhaltene Ornamente von Teufelsfratzen und Phantasiegestalten. Ich dagegen würde mich in die schottische Poesie vertiefen und Walter alle Ruinen-Gedichte direkt vor Ort vortragen. Wir würden von einem Pub zum nächsten ziehen, nächtelang über Roland Barthes schwadronieren wie zu Beginn unserer Beziehung, uns jeden Morgen mit der Bewunderung von einst lieben. Wir müssen nicht arbeiten, wir haben Zeit für gegenseitige Verzückung, Zeit für ausgedehnte, sinnliche Mahlzeiten. Ich sage, dass ich mich auf die lange Autofahrt und unsere Playlists freue, ich bekomme die Erlaubnis, ihnen unbegrenzt viele Billy-Ocean-Songs hinzuzufügen. Die Highland Games, die Cairngorms, Seen, Folklore ... Wir hatten so viel vor uns, das Rettung versprach.

Als ich kurz vor unserer geplanten Abreise nach einer Lesung spät nach Hause kam und ihn nur gedankenlos auf den Mund küsste, bevor ich mich am Küchentisch sofort hinter meinen Laptop hockte, um noch ein paar Dinge zu notieren, wurde er wütend. Als Erstes verwendete er das Wort «zwanghaft», um dann ein ganzes Krankheitsbild zusammenzubrüllen. Bevor ich zurückbrüllen konnte, bevor ich *ihn* mit Adjektiven krank machen konnte, muss Walter auf dem Bildschirm meines Laptops im Ordner «Selbstmord» das Dokument «Notizen Schottland» gesehen und es als das begriffen haben, was es war: Hochverrat. Die Reise, die unsere Beziehung retten sollte, hatte ich als trojanisches Pferd benutzt, um noch einen tragischen Architekten in unser Leben zu schmuggeln. Walter war so mutig, auf der Stelle abzusagen.

Am Ende des steinernen Piers im Hafen von Nairn ist eine Glasplatte eingelassen, ein Fenster zum Wasser, für den Fall, dass ein verirrter Tümmler ausgerechnet unter diesem Quadratmeter durchschwimmen sollte. Von hier aus legt das Boot der Phoenix Sea Adventures ab, um die Moray-Firth-Bucht zu erkunden. Ich bin zu früh da und starre eine Weile durchs Guckloch nach unten, harre aus, doch mein Blick schafft es nicht, Delfine anzuziehen. Joan und Connor kommen zum Pier.

«Freust du dich schon darauf, Delfine zu beobachten?»

«Jedes Mal sehen wir wieder einen!»

«Ich hoffe es», sage ich, denn es sind wirklich nette Leute. Gleichzeitig denke ich an Walter, er fehlt. Der Delfin ist sein Lieblingstier, er hat noch eine Bettwäsche von früher, als er klein war, wir haben einmal darin geschlafen, auf den Kissenbezügen springen zwei Delfine aus dem Wasser, in hohem Bogen aufeinander zu.

Die anderen Passagiere kommen, zwei Familien mit Kindern, und zuletzt auch der Skipper, ein Seebär mit heftigem Akzent und einer gelben Schwimmweste. Beim Einschiffen verkündet er den Begrüßungstext der Tour: «Willkommen an Bord! Genießen Sie herrliche Ausblicke und unsere wunderschönen Strände. Auf dem Wasser werden wir gleich alles aus einer ganz anderen Perspektive wahrnehmen. In diesen Gewässern lebt eine Vielzahl von Meeresbewohnern: Orkas, Seehunde, Schweinswale und Delfine, die hier vorbeiziehen. Wir werden auch viele Vogelarten sehen.»

Die Kinder rennen an Deck wild hin und her, das Schaukeln erschwert das Einsteigen, aber Connor reicht mir großväterlich die Hand und zieht mich an Bord, es ist eine kräftige Hand, in die mein ganzes Zögern passt. Der Skipper nennt die Reihenfolge, in der wer wann auf dem Fahrersitz Platz nehmen darf, alle bekommen eine Schwimmweste, wir kontrollieren unseren Nachbarn, schauen, ob die Riemen ordentlich festgezurrt wurden, erst dann lässt er den Motor an. Kurs auf tiefes Gewässer.

In der Mitte der Bucht fällt es leichter als gedacht, die Küste zu vergessen, das Meer breitet sich ringsherum endlos aus, ohne Probleme kann ich mich dem Schaukeln auf dem Wasser überlassen, der Motor wurde ausgemacht, das Boot wird hin und her gewiegt, wir warten, bis die Meerestiere aus der Tiefe an die Oberfläche kommen, ein jeder hier hat seine Gründe, warum er einen Delfin sehen will. Die Kinder halten die Luft an. Connor legt den Arm um Joan, er liebt sie sehr. Einer der Väter rutscht auf der Bank hin und her, er ist der Typ, der gleich sein Geld zurückverlangen wird, sollten seine Kinder am Ende der Fahrt keine Tiere zu Gesicht bekommen haben. Der Skipper lehnt am Steuer, hat einen Fuß auf seinen Sitz gezogen. Es herrscht eine gewisse nervöse Anspannung an Bord, etwas hat uns im Griff, gleichzeitig macht mich das Schaukeln träge, sorgt dafür, dass ich einnicke, strampelnd versuche ich wieder an die Oberfläche zu kommen, wach zu bleiben, doch immer wieder falle ich zuckend in den Schlaf. Ein paar Minuten döse ich weg, bis Joans Stimme mich aus etwas Tiefem nach oben holt.

«Charlotte, schau doch nur!»

X.

Kelvingrove Art Gallery & Museum (1901), Glasgow

John William Simpson (1858–1933) und
Edmund John Milner Allen (1859–1912)

Gartenbaukunst nach viktorianischem Kanon. Der Kelvingrove-Park in Glasgow erstreckt sich über vierunddreißig Hektar gestaltete Landschaft, durch die der Fluss Kelvin fließt. Nach dreiunddreißig Kilometern mündet dieser unweit des Parks in den breiten Fluss Clyde. Angelegt wurde der Park 1852 als grüner Zufluchtsort für die Bewohner der Fabrikslums im Zentrum, als Oase im stark industrialisierten Glasgow.

Die dicht mit Bäumen und Sträuchern bewachsenen Ufer des Kelvin sorgen für eine große Vielfalt an Tieren, Pflanzen und Pilzen. Graureiher, Islandponys, Gänsesäger, Buntspechte, aber auch Otter und Wanderratten haben hier ihr Habitat gefunden. An Bodenpflanzen wachsen dort Bärlauch, Hain-Sternmiere, Tellerkraut, Drüsiges Springkraut, Bärenklau und Japanischer Staudenknöterich. Intensives Baum-Management und die sorgfältige Anlage von Blumenwiesen und Beeten voller Azaleen und Rhododendren halten den Park in Schuss: Bekanntester Baum des Kelvingrove Parks ist eine hohe Traubeneiche, die Suffragetten-Eiche, die 1918 gepflanzt wurde, als Frauen das Wahlrecht bekamen.

An verschiedenen Stellen im Park gibt die Vegetation kurz den Blick auf die Kelvingrove Art Gallery & Museum frei, entworfen von den beiden britischen Architekten John William

Simpson und Edmund John Milner Allen. Auf dem Dach gibt
es eine Unmenge von Türmen. Aus dem Turm in der Mitte mit
Dachlaterne springen zwei weitere Türme vor. Ein jeder davon
besitzt vier Ecktürme. Neben all diesen Türmen zähle ich noch
sechs kleine Türme. Und das sind bloß die am Hintereingang!
Auch die beiden Seitenflügel des Museums, vor allem aber der
Gebäudeeingang, geizen nicht mit Türmen. Verziert mit Ornamenten, Säulen, Friesen, Figurenreliefs und allen möglichen
Kinkerlitzchen, geben sie dem Bau die plastische Wirkung des
Spanischen Barocks. Inmitten der gezähmten Natur des Parks
wirkt das merkwürdig exotisch, als tauchte plötzlich der Affen-
palast aus dem *Dschungelbuch* vor einem auf.

Das übrige Gebäude ist nüchterner gehalten, majestätischer
roter Sandstein erdet die verrückte Vielfalt des Daches, große
symmetrische Fensterpartien rhythmisieren das Ganze.

«*The Palace of Dreams*» – so lautete der Spitzname des Museums bei seiner Eröffnung im Jahr 1910. Damals war der ausgestopfte Indische Elefant namens Sir Roger, tierischer Einwohner des sich immer weiter ausdehnenden British Empire,
das Prunkstück der Sammlung. Heute steht er immer noch da,
Sir Roger ist zu einer Art Museumsmaskottchen geworden.
Im Erdgeschosssaal des Westflügels führt der Elefant eine
Herde ausgestopfter Savannentiere an, die vor der über ihnen
schwebenden Spitfire LA198 fliehen. Es fehlt nicht viel, und die
äußersten Enden der Tragflügel berühren die Wände des Aus-
stellungsraums: Es muss Millimeterarbeit gewesen sein, sie zu
montieren. Wie dem auch sei, es ist ein seltsamer Anblick: das
Gefechtsflugzeug und die ausgestopften Tiere zusammen in
einem viktorianischen Prunksaal.

Ich verlasse den Westflügel und kehre zurück in die Haupt-
halle, wo ich Karen treffen will. Wir haben uns unter der Orgel
über dem Hintereingang verabredet. Ich weiß nicht, wie Ka-

ren aussieht – unsere gemeinsame Bekannte Eleanor hat den Kontakt hergestellt. Ich versuche wie jemand auszusehen, der nach jemandem Ausschau hält, damit diejenige, die nach mir Ausschau hält, mich erkennt. Offen gestanden bin ich wegen des Treffens mit Karen nervös, in erster Linie, weil sie selbst Architektin ist. Nach und nach hat es sich so ergeben, dass ich Architekten nicht mehr neutral gegenübertreten kann. Als Leute vom Fach sind sie für mich inzwischen von einer Art Heiligenschein umgeben, was dazu führt, dass ich in ihrer Gegenwart verlegen werde. Ich kann nichts dagegen tun, mich erfasst dann eine Art dümmliche Ehrfurcht. Gleichzeitig habe ich Angst, ausgerechnet eine Architektin könnte meine gesamte Idee abwegig finden und mir so mein Thema madig machen.

Auf den ersten Blick sieht Karen nicht so aus, als wollte sie mich entlarven. Sie hat ein sympathisches Gesicht unter dem dicken, elektrisch aufgeladenen Haar, das am Ansatz grau nachwächst, und trägt ein schlichtes blaues Leinenkleid, dazu Sandalen.

«Ich möchte dir einige ausgewählte Objekte zeigen», sagt sie. «Da achttausend Ausstellungsgegenstände zu sehen sind, haben wir nicht die Zeit, sie uns alle anzuschauen. Außerdem besteht kein logischer Zusammenhang zwischen den einzelnen Räumen, es gibt zweiundzwanzig Themenbereiche, aber du wirst trotzdem immer das Gefühl haben, etwas zu verpassen.»

Ein Gebäude darf seinen Besucher durchaus nicht gleich willkommen heißen, aber bei Museen hasse ich es, wenn mich der Grundriss nicht automatisch in die richtige Richtung schickt. Schrecklich nervös wurde ich beispielsweise im Museum Abteiberg in Mönchengladbach, ein hochgelobter postmoderner Entwurf, der allerdings ruhig ein bisschen benutzerfreundlicher hätte sein dürfen. Architekt Hans Hollein lässt

das Gebäude auf spannende Weise mit der Topographie inter-
agieren, mit der Hanglage des Abteibergs, sodass es in einen
Dialog mit dem architektonischen Kontext tritt: Gegenüber
dem Museum steht eine gotische Kathedrale, daneben eine
Parkgarage aus den 1960er Jahren.

Im Museum scheint diese Integration hingegen hinterfragt
zu werden. So, wie die Räume ineinander übergehen, handelt es
sich weniger um ein lineares Arrangement, sondern vielmehr
um eine Art Matrix. Einige Ausstellungssäle liegen teilweise
oder zur Gänze unter der Erde und sind über ein komplexes
Netz aus Gängen, Treppen und Rampen sowohl miteinander als
auch mit den Erdgeschossräumen verbunden. Hollein möchte,
dass man sich die Architektur aktiv erschließt, der Besucher
soll selbst auf Entdeckungstour gehen. Ein Museumsrundgang
bedeutet, nicht bloß brav an den Kunstwerken vorbeizulaufen,
sondern eine dialektische Erfahrung zu machen.

Allen ideologischen Überlegungen zum Trotz macht mich
das in der Praxis ganz kirre. Kaum habe ich einen Raum betreten, beschäftigt mich der, in den ich nicht gegangen bin.
Sofort frage ich mich, ob und wie ich da nachher noch hin-
komme, welche Route ich dafür nehmen muss: ob ich dann
wieder durch diesen Raum hier muss, um dorthin zu gelangen.
In dieser nervösen Verfassung gelingt es mir nicht mehr, mich
noch den Werken zu widmen.

Die Architektur des Kelvingrove-Museums ist da entgegenkommender. Die zentrale Eingangshalle mit der Orgel im Obergeschoss fächert sich zu den Seiten hin in einen West- und
einen Ostflügel auf. Diese sind symmetrisch angelegt, jeder
umschließt einen großzügigen Innenhof, der von den einzelnen Sälen im Erd- sowie im Obergeschoss umgeben ist. Für den
Besucher besteht die Herausforderung weniger darin zu verstehen, wie all diese Säle miteinander verbunden sind, als vielmehr

darin die überwältigende Fülle der Ausstellungsgegenstände zu verarbeiten. Sechstausend Quadratmeter, vollgestopft mit Objekten, Kunstwerken und Kuriositäten. Ein bombastisches Ganzes, bestehend aus Rembrandts, Dinosaurierskeletten, alt-ägyptischer Keramik, postmoderner Malerei, einem Millimeter Blattgold aus der Bronzezeit, Jugendstilmöbeln ... Alles mit einer herrlich chaotischen Begeisterung zusammengewürfelt. Man sollte ausgeschlafen dort hingehen, sonst wird man davon erschlagen – ganz so, als müsste man den Speicher eines verstorbenen Messies aufräumen.

«In den Lagerräumen befinden sich zweihunderttausend weitere Gegenstände», sagt Karen. «Für diejenigen, die regelmäßig herkommen, wird immer wieder etwas anderes aus der Sammlung gezeigt. Diese Äffchen da – schau dir bloß ihre Zähne an! – waren letztes Mal noch nicht hier.»

Wir stehen in der Halle des Ostflügels. In einer Vitrine befinden sich drei ausgestopfte, fauchende Affen. «Dianameerkatzen», entnehme ich dem dazugehörigen Schild. Im Schaukasten links von ihnen liegt ein präpariertes Kalb. Beine und Hals sind ganz schlaff, was vermuten lässt, dass es nie laufen gelernt hat. Im Schaukasten rechts von den Äffchen hängen zwei Kinderfußballshirts, Nummer neun aus Brasilien und Nummer zehn aus Italien. Im ganzen Raum sind ähnlich eklektische Vitrinen verteilt, die sich mit auf Säulen stehenden Büsten abwechseln. Ich erkenne Königin Victoria, deren Denkmal ich auf der Piazza Regina in Valletta gesehen habe. Hier wirkt sie so, als schluckte sie mit Anstand eine Enttäuschung hinunter, ihr Blick ist starr, aber die Nasenflügel verraten, wie aufgewühlt sie innerlich ist. Königin Victoria wird von einem Buddha aus dem gleichen Material (weißer Marmor) sowie von einem Engländer mit gewelltem Haar und Cupidoflügeln umrahmt. Letzterer hat einen höchst merkwürdigen Ausdruck in den Augen, so als hätte er soeben einen Zauberspruch aufgesagt und wartete nun, bis dieser seine Wirkung tut.

Wegen der riesigen Glaskuppel, die sich über die gesamte Länge des Seitenflügels erstreckt, ist die Halle lichtdurchflutet. Die schwindelerregende Raumhöhe wird von der Installation *Masques et Mascerades* eingenommen – ein riesiges, von der Decke hängendes Mobile, das aus Hunderten von Gipsgesichtern besteht. Die herabbaumelnden Gesichter zeigen die gesamte Bandbreite menschlicher Emotionen – angefangen von schmerzlichen Grimassen bis hin zu seligem Entzücken sowie alles dazwischen. Ungeduldig zieht mich Karen von den Masken weg und führt mich durch den Säulengang in die linke Seitengalerie.

«Schau nur, ein Schweinswal!» Ich zeige auf das mammutartige Ding über uns.

«Hier entlang!», befiehlt Karen.

Wir betreten den Saal, der «*Looking at Art*» heißt. Die übertriebene Fülle des vorherigen Raumes weicht hier dem beruhigenden, eindeutigen Auftrag, einfach nur die Gemälde an der Wand zu betrachten. Karen schiebt mich vor das Bild *The Sea* von L. S. Lowry und entschuldigt sich – sie muss einen verpassten Anruf beantworten.

Es ist gemein, dass sie mich ausgerechnet mit diesem Werk allein lässt. Die Trübsinnigkeit des Gemäldes schlägt gnadenlos zu. Am unteren Bildrand suggerieren einzelne blaue und grüne Pinselstriche zwar die Bewegung von Wasser, doch überwiegend besteht es aus einer sich stark aufhellenden, grauweißen Fläche. Diesem Sog ist nicht zu entkommen, er zieht mich in das Gemälde hinein. Ich bemühe mich, den dunklen Holzrahmen nicht aus den Augen zu verlieren. Wenn ich mich daran festhalte, können mich Licht und Wasser nicht verschlingen. Gleichzeitig betont die Begrenzung durch den Rahmen die unerbittliche Weite dessen, was auf dem Gemälde vor mir liegt. Das Licht, es ist so unglaublich grell, dass ich die Augen zusammenkneifen muss, um nicht darin zu ertrinken, der Lichtschwall reißt mich ins Meer, ich muss versuchen, den Kopf über Wasser zu halten, wo ist der Rahmen, lieber Gott, bitte mach, dass mich das Meer, das Licht nicht verschlucken, es wird so vom Wasser reflektiert, dass es kaum auszuhalten ist, dermaßen stark blendet es mich, es löscht alles aus, wo ist der Rand, Hilfe, ich sehe den Rand nicht mehr, ich befinde mich inmitten der Wassermassen, inmitten des sich ergießenden Lichts.

«Er hat alles entsorgt.»

Karens Stimme lässt mich zusammenzucken, ich ringe nach Luft.

«Er hat das Gemälde buchstäblich leer geräumt. Lowry hat mit dichtbevölkerten Wimmelbildern begonnen, die Industrieviertel in Manchester zeigen. Seine «Mill Scenes» haben fast was von Bruegel, so viele Figuren tauchen auf seinen Gemälden auf: haufenweise Arbeiter, und irgendwo ist immer ein rauchender Schornstein im Bild, La bête humaine dampfend auf den Gleisen. Er hatte großen Erfolg damit, er hat gut verkauft und wurde in die Royal Academy aufgenommen.

Irgendwann in den 1950er Jahren wurde Lowry das Thema leid. Immer wieder dieses Elend. Da tauscht er die düsteren Industrieszenen gegen Gemälde mit reinweißem Hintergrund aus. In das Weiß setzt er Figurengruppen. Architektonische oder landschaftliche Elemente sind in seinem Werk dann kaum noch zu finden.

In den 1960er Jahren beginnt er mit seinen «Seascapes», und da verschwinden auch die Figuren. Er ist damals regelmäßig nach Sunderland, an die Nordostküste Englands, gefahren, nahm dort stets dasselbe Hotelzimmer mit demselben Meerblick. Zig Seestücke hat er geschaffen, auch einige Bilder von verlassenen Landschaften, immer mit derselben Farbpalette aus fünf Pigmenten: Titanweiß, Elfenbeinschwarz, Zinnoberrot, Preußisch Blau und Ockergelb.»

«Es ist ziemlich leer», sage ich

«Das läuft vermutlich so: Irgendwann kennt man sein Material zu gut, um noch etwas damit anfangen zu können. Oder man hört ganz auf, doch dafür sind die meisten Künstler zu eitel. Oder aber man arbeitet mit Leerstellen. Eleanor hat mir ein paar deiner Gedichte gezeigt, ich kann mir vorstellen, dass auch du nicht dein Leben lang solch üppige Verse schreiben wirst. Du bist noch sehr jung.»

Ganz so, als hätte sie Angst, ich könnte das falsch verstehen, ist Karen so einfühlsam, das Thema auf sich zu beziehen: «Ich zeichne auch nicht mehr. Ich bin jetzt Senior Manager in einem Architekturbüro.»

«Warum zeichnest du nicht mehr?»

«Die Stelle wurde mir angeboten. Außerdem ist das um die Zeit passiert, als Andrew starb.»

«Wer ist Andrew?»

«Ein Freund, ein alter Freund, wir haben gemeinsam Architektur studiert. Wenn ich jetzt daran zurückdenke, fällt mir wieder ein, dass unser Seminar in den Neunzigern hier im Kelvingrove-Museum noch die Fliesen kontrolliert hat. Wir bekamen einen Stab, mit dem wir auf jede einzelne Fliese klopfen mussten, tick-tick. Am Geräusch konnte man hören, ob sie hohl war. Drei Wochen lang waren wir damit beschäftigt. Magst du Billy Connolly, Charlotte? Hier hängt ein Porträt von ihm.»

«Nein danke, ich hab's nicht so mit Comedians. Ich wollte dich zu den Architekten des Museums interviewen.»

«Ach so ja, die Wanderlegende. Was kann ich dir darüber erzählen? Simpson und Milner Allen waren langweilige weiße Engländer, Wichtigtuer wie so viele andere langweilige weiße

· 228 ·

Männer. Zum Kelvingrove-Museum haben sie gesagt: *Eine säulenfreie Komposition mit streng klassischer Linienführung, aber in freier Interpretation der Renaissance, was die Details angeht.* – Blablabla. Bestimmt ist dir auch schon aufgefallen, dass sie die Türme von der Kathedrale von Santiago de Compostela geklaut haben? Wie dem auch sei, sie haben sich jedenfalls nicht von ihnen hinuntergestürzt, wenn es das ist, was du wissen willst. Man stelle sich vor: Simpson vom linken und Milner Allen vom rechten Turm! Wer schlägt zuerst unten auf?»

«Du hältst nicht viel von ihnen», merke ich an.

«Wie viele Architektinnen kennst du? Aus der Geschichte meine ich. Ziemlich wenige, würde ich sagen, obwohl hochbegabte Frauen als Architektinnen gearbeitet haben. Aber die kennen wir nicht, die kommen nicht vor in der Geschichtsschreibung, in diesen Geschichten über alte Männer. Simpson und Milner Allen dagegen sind noch heute für etwas bekannt, das sie nicht mal getan haben: Sie haben sich nicht umgebracht. Zum Zeitpunkt der Museumseröffnung war Milner Allen bereits krank, 1912 starb er dann an seinen gesundheitlichen Problemen. Simpson hat die Legende von seinem Selbstmord noch länger überlebt, er durfte das ursprüngliche Wembley-Stadion bauen und wurde anschließend sogar noch zum Ritter geschlagen.»

Karen ist nicht militant, stattdessen schlägt sie einen ironisch-entschuldigenden Ton an. Für wen sie sich da eigentlich entschuldigt, wird nicht ganz klar.

«Und was meinst du, warum haben sie sich dann angeblich selbst getötet?», frage ich.

Karen spricht jetzt mit einer betont tiefen, überdeutlichen Stimme, in der Hoffnung, so zu klingen wie ein verwöhnter Aristokrat. «Ach, weil ein paar arme Reiche aus dem beschränkten Blickwinkel ihrer privilegierten Position heraus finden, das

Gebäude wär falsch herum gebaut worden. Wie gern hätten sie sich in ihren Pferdekutschen durch den Park fahren lassen mit ihrer Obsession für alles Malerische, wie herrlich pittoresk – der Fluch des Horace Walpole! Die Kelvin Park Road als eine einzige riesige Auffahrt für ihren großen Auftritt: ästhetischer Naturgenuss auf ihrer Grand Tour vom Herrenhaus zum Museum, um anschließend durch ein prächtiges Portal ihr Entree zu machen. Aber doch nicht von der Straßenseite her! Nicht über die Argyle Street, diese schmutzige Durchfahrtstraße zu den Slums! Das kann kein Architekt so gewollt haben, ein Flop! Die sollten sich vor lauter Scham freiwillig vom Acker machen!»

Offen gestanden finde ich, dass Karen etwas dick aufträgt, aber damit die Atmosphäre zwischen uns nicht noch schwieriger wird, lache ich laut über ihre Schilderung. Die Anspannung legt sich, auch Karen lacht.

Es hat keinen Sinn, sie noch länger zu Simpson und Miller zu befragen. Sie hat kein Mitleid mit ihrem fiktiven Schicksal, kann ihrem Werk wenig abgewinnen. In ihren Augen sind das zwei Langweiler, denen zu Unrecht ein Platz in der Architekturgeschichte zuteil wurde – auf Kosten einer weiteren namenlosen Frau.

Wir verlassen den Saal Richtung Ecksaal, einem museumspädagogischen Raum, in dem ich gedankenverloren die Knöpfe einer interaktiven Bedienoberfläche drücke. Karen hat recht, auf die Schnelle fällt mir tatsächlich keine einzige Architektin ein. Noch mehr als Tierärzte oder Juristen scheinen Architekten von vornherein Männer zu sein, sodass es überflüssig ist, von männlichen oder weiblichen Vertretern der Zunft zu sprechen. So als müsste man da gar nicht gendern, ganz einfach weil es nichts zu gendern gibt. Übt dann doch mal eine Frau als Architektin diesen Beruf aus, ist sie eindeutig in der Minderheit und gilt als Ausnahme.

Wenn ich an mein Seminar in Architekturgeschichte von der Vorzeit bis 1970 zurückdenke, kann ich mich nicht daran erinnern, dass auch nur eine einzige Frau vorgekommen wäre. Woher sollen wir Architekt*innen* kennen, wenn es kein kollektives Gedächtnis gibt, das sie in Erinnerung behält?

In der Museumsabteilung «*Mackintosh and The Glasgow Style*» lebt Karen auf. Ihr ironisch-betrübter Ton bekommt etwas Kämpferisches. Ob ich wisse, dass die Glasgow School of Art auf dem Gebiet der Geschlechtergleichheit revolutionär gewesen sei?

Als eine der ersten Kunstschulen hat sie Ende des neunzehnten Jahrhunderts Frauen zugelassen. Davor konnten Frauen an anderen Schulen zwar bestimmte Fächer belegen, was jedoch eher als Hobby betrachtet wurde. Einem Interesse ging man als Frau nur nach, um dann in Teehäusern Konversation darüber zu machen. An der Kunsthochschule von Glasgow dagegen sind sie genauso ernsthaft unterrichtet worden wie die männlichen Studenten. Außerdem wurden die Fächer Kunsthandwerk, Illustration und Design – sogenannte «weibliche Domänen» – erstmals als eigenständige Fächer behandelt und gelehrt.

Exhibition: The Glasgow Four. Am Eingang des Saals hängt ein großes Transparent mit vier Gesichtern. Eines davon lässt mich schlagartig erröten. Es ist das Gesicht des Architekten Charles Rennie Mackintosh. Er hat einen attraktiven Schnurrbart und dunkle Augen, denen man sich nicht entziehen kann, mir wird ganz schwindlig davon. Kurz befürchte ich, mich auf der Stelle in ihn zu verlieben – zum Glück ist er schon seit achtzig Jahren tot. Neben Mackintosh steht sein Freund und Lehrer James Herbert McNair. Er trägt zwar den gleichen Anzug mit auffälliger Krawattenschleife und den gleichen Schnurrbart, aber James Herbert fehlen Charles' markante Züge, und er hat einen ausweichenden Blick. Am unteren Rand des Transparents sieht man die Ganzkörperporträts zweier Frauen. Es handelt sich um die Schwestern Margaret und Frances MacDonald. Margaret schaut selbstbewusst, ja ein wenig herausfordernd in die Kamera, ihre ganze Haltung ist auffallend männlich für eine Frau des viktorianischen Zeitalters. Ihre Schwester Frances hingegen verkörpert den damaligen Zeitgeist perfekt, ihr Blick ist gespenstisch nach innen gekehrt, eingeschüchtert. Auf den Informationstafeln lese ich, dass sich die vier an der Glasgow School of Art kennengelernt haben.

1884 schreibt sich Margaret für einige Fächer an der Abendschule ein. Ihre neun Jahre jüngere Schwester Frances beginnt 1890 mit der Ausbildung, sie ist damals gerade siebzehn geworden. Der Vater der beiden ist Ingenieur und leitet mehrere Kohlenbergwerke. Dank ihres *upper middleclass*-Hintergrunds und der Großzügigkeit ihres Vaters haben die Schwestern MacDonald im Gegensatz zu vielen anderen Frauen Zugang zu höherer Bildung und die Freiheit, eigenen Interessen nachzugehen. Vater MacDonald unterstützt die künstlerischen Ambitionen seiner Töchter, ihr Interesse an Malerei, Design und Architektur.

Fin de siècle. Langsam, aber sicher werden erste Vorbereitungen für große Umwälzungen getroffen. Nach fast hundert Jahren viktorianischem Puritanismus stellen immer mehr Frauen ihre verklemmte gesellschaftliche Rolle in Frage. Aus Frankreich kommt die ebenso sagenumwobene wie bedrohliche *femme fatale*. Weibliche Forderungen nach Autonomie bringen das gefestigte Geschlechterverhältnis gewaltig durcheinander, aber Tradition ist ein Lineal aus unbiegsamem Holz. Zu ihrer Verteidigung nehmen Machthaber, hauptsächlich Männer, das Lineal in die Hand. Wer die Regeln hinterfragt, bekommt einen Klaps, für manche Übertretungen gibt es festere Schläge. Für einige Ideen ist die Zeit schlichtweg noch nicht reif. Das öffentliche Leben wird noch für geraume Zeit den Männern vorbehalten sein. Eine Frau darin zuzulassen ist eine Sache, aber es eine Frau gestalten zu lassen? Architektur kontrolliert die herrschende Ordnung. Frauen, die bauen? Das wäre dann doch zu viel der Unordnung. Vielleicht kann eine Architektin ja beim Entwerfen von Küchen, Besenschränken und Wohnzimmern helfen – in Bezug auf die Domäne Haushalt genießt sie schließlich eine gewisse Macht. Doch die meisten Tageszeitungen und Zeitschriften sehen selbst das kritisch. Frauen mit Architektur-Ambitionen gelten als «unleidliche Zwittergeschöpfe», als «kranke und perverse Wesen» oder «Weiber mit dreisten Hetäreninstinkten», wie ein gewisser Karl Scheffler, seines Zeichens Kunstkritiker, schreibt.

Während der Ausbildung lernen Margaret und Frances die beiden Freunde Charles Rennie Mackintosh und James Herbert McNair kennen. Die vier haben eine gemeinsame Ästhetik, schließen sich zu einer multidisziplinären Freundschaft zusammen. Architektur, Design, Inneneinrichtung, Stickerei, Metallarbeit, Glasarbeit, Malerei, Männlichkeit, Weiblichkeit, Begehren, Abstraktion, Symbolik, Vertikalität, Geometrie, Erotik, Melancholie: All das vermischt sich miteinander, als diese vier Persönlichkeiten aufeinandertreffen. In den ersten Jahren ihrer engen Beziehung stellen sie bis etwa 1900 unter dem Spitznamen aus, den sie auf der Kunsthochschule bekommen haben: «*The Glasgow Four*». Ihre persönlichen Beziehungen und der sich daraus ergebende künstlerische Austausch sind die Wiege des Jugendstils in Großbritannien.

1896 verlassen Margaret und Frances die Hochschule und gründen im Zentrum von Glasgow ein gemeinsames Atelier. Die Schwestern malen und entwerfen Plakate, Möbel und Inneneinrichtungen. Sie teilen ihre Begeisterung für Elfengeschichten, romantische Epen, die keltische Mythologie,

Dante Gabriel Rossetti und für die Präraffaeliten. Davon inspiriert, entwickeln sie einen wiedererkennbaren, gemeinsamen Stil, der sich durch zerbrechliche, androgyne Figuren auszeichnet. Es sind langgestreckte, magere Körper, geprägt von Vertikalität und Geometrie. Trotz ihres geschlechtslosen Äußeren haben diese gespenstischen Wesen eine erotische Ausstrahlung, die so sehr von bisherigen Darstellungen von Weiblichkeit abweicht, dass man Anstoß daran nahm.

Dennoch sind diese verformten Körper meiner Meinung nach keine Leugnung von Sexualität, sondern vielmehr die Erkundung einer weiblichen Sexualität, die erst möglich wird, wenn der Körper unabhängig von Regeln, Geschlecht oder Gender betrachtet wird. Margaret versteckt eine erotische Komponente in zwei häufig auftretenden Fruchtbarkeitssymbolen: in Rosen und Eiformen. Wenn man will, kann man in der Wiedergabe von Stoffen und im Linienspiel Labialfalten erkennen.

Frances' Figuren sind entwurzelt und mysteriös, femininer. Isolierte Wesen, an denen sich ein Zwiespalt ablesen lässt, ein noch vager, innerer Konflikt, der immer deutlicher zutage tritt.

Um die Jahrhundertwende wird die Eigendynamik innerhalb des Vierergespanns und zwischen den Schwestern durch einen institutionellen Eingriff gezähmt. Frances heiratet James Herbert, ein Jahr später heiraten Margaret und Charles Rennie. Zweifellos haben beide Paare aus Liebe geheiratet, aber die Ehe verschafft den Frauen – ganz besonders, wenn es sich dabei um selbständige Künstlerinnen handelt – auch eine gesellschaftliche Position. Die Kehrseite dieses sozialen Schutzes ist die, dass bestimmte Verhaltensregeln damit einhergehen. Ein Leben lang wird Frances hin und her gerissen sein zwischen ihrer Rolle als verheirateter Frau und Mutter auf der einen und ihren künstlerischen Ambitionen auf der anderen Seite. Margaret hingegen hat in ihrer kinderlosen Ehe mit Charles Rennie die Freiheit, weiter an ihrem öffentlichen Bild zu arbeiten. Aufgrund dieser Kämpfe entwickeln sich die Schwestern auseinander, mit dem Ergebnis, dass sie sich in den Arbeiten der jeweils anderen immer weniger wiederfinden.

Zum Bruch kommt es weniger wegen der Rolle, in die sie durch ihre Ehe gedrängt werden, als vielmehr wegen der sich daraus ergebenden künstlerischen Entfremdung zwischen Frances und Margaret. Nach 1900 werden «The Glasgow Four» noch einige Male gemeinsam ausstellen, aber die anfängliche Magie ist verflogen.

Margaret arbeitet enger mit Charles Rennie zusammen, der im zwanzigsten Jahrhundert äußerst berühmt werden wird – weniger in England, sondern vielmehr auf dem Kontinent. Der «Mackintosh Hill House Chair» wird noch heute hergestellt, und sein Entwurf für den Neubau der Glasgow School of Art hat ihn als Architekt bekannt gemacht. Die ersten Ehejahre sind von einer intensiven, kreativen Zusammenarbeit geprägt. Margarets Bildsprache schimmert durch Charles Rennies Entwürfe hindurch: Er verwendet ihre Rosensymbolik und ihre Eiformen als wichtige dekorative Elemente.

Dennoch lässt sich nur schwer sagen, welche Rolle Margaret für das Werk ihres Mannes gespielt hat. Wie viele Designerinnen ihrer Zeit stand sie in den Augen der Öffentlichkeit im Schatten ihres Mannes. Selbst wenn sie in ihrem Atelier gleichberechtigt zusammengearbeitet haben, wird ihr Anteil in der Rezeption automatisch heruntergespielt. Kritiker und Historiker schreiben den Großteil der Produktion Mackintosh zu.

Auch Frances verschwindet nach ihrer Eheschließung hinter den Ambitionen ihres Mannes. Sie zieht mit James Herbert nach Liverpool, weil der dort eine Dozentenstelle an der School of Architecture and Applied Art angeboten bekommt. Ihr gemeinsamer Sohn Sylvester wird geboren.

Die Mutterschaft verlangt Frances einiges ab, wodurch ihr künstlerisches Schaffen in den Hintergrund tritt. Als die Schule schließt, an der James Herbert unterrichtet, stellt sich heraus, dass dieser mit dem Familieneinkommen mehrere schlechte Investitionen getätigt hat. Sämtliche Rücklagen sind aufgebraucht. Die junge Familie droht bankrott zu gehen. James Herbert verfällt zunehmend dem Alkohol, gibt seinen Beruf auf und kann es nicht ertragen, wenn Frances noch malt.

1909 ziehen sie mittellos und mit ungewisser Zukunft zurück nach Glasgow. Margaret spricht Frances Mut zu, und mit der Unterstützung ihrer Schwester verlässt diese James Herbert. Damals produziert Frances sehr viel, hauptsächlich symbolistische Aquarelle – Meditationen über die eingeschränkte gesellschaftliche Rolle der Frau, über ihren persönlichen Konflikt zwischen Kunst und Ehe.

Immer wieder ist Frances hin und her gerissen. Sie bekommt die widersprüchlichen Identitäten von Künstlerin und Ehefrau nicht unter einen Hut. Wegen ihres kleinen Sohnes kehrt sie zu James Herbert zurück, um letztlich daran zugrunde zu gehen.

Ihre letzte Arbeit ist ein schwarzer Spiegel aus gehämmertem Metall. An seinem Ende weist er ein dekoratives Element auf: eine schlafende Frau, womöglich ist sie auch tot. Die Figur stellt Arachne dar, den Inbegriff der Künstlerin aus der griechischen Mythologie. Es gibt verschiedene Versionen darüber, wie und wieso Arachne ihr Schicksal ereilte. In der aus Ovids *Metamorphosen* geschieht mehr oder weniger Folgendes:

Die junge Arachne ist für ihr Talent im Weben und Spinnen bekannt. Sie ist die Tochter eines Färbers, der auf die Farbe Purpur, die kostbarste Farbe überhaupt, spezialisiert ist. Um sie herzustellen, muss man Purpurschnecken zerquetschen. Ein Pfund Purpur enthält dreißigtausend zerquetschte Schnecken. Es ist die Farbe der Herrscher und Kaiser. Dank ihres Vaters entwickelt Arachne von klein auf eine ähnlich geduldige Hingabe – wenn auch fürs Weben. Bewunderer rufen entzückt, sie müsse von Athene persönlich geküsst worden sein, um so überirdisch schöne Webarbeiten herstellen zu können. Arachne betrachtet das durchaus als Kompliment. Aber weil das Weben so tief mit ihrem ganzen Wesen verbunden ist, ist es ihr in gewisser Weise «eigen». Sie findet es schwierig, ihre Erzeugnisse einer anderen zuzuschreiben. Außerdem ist sie stolz auf ihre Arbeit. Falsche Bescheidenheit ist eher dumm als nobel, deshalb erwidert Arachne ihren Bewunderern stets höflich, aber bestimmt: «Danke, Athene hat allerdings nichts damit zu tun. Das habe ich selbst gemacht.»

Es dauert nicht lange, und auch Athene erfährt davon. Wer ist diese eingebildete junge Frau, die ihr Talent sich selbst zuschreibt? Jedes sterbliche Wesen, das so künstlerisch begnadet ist, kann Athene, der Göttin der Kunst, dankbar dafür sein, dass sie es mit dieser Gabe beschenkt hat. Athene möchte mit eigenen Augen sehen, ob Arachnes Webarbeiten auch nur ansatzweise an ihre heranreichen. Offen gestanden macht der Vergleich Athene bloß wahnsinnig neidisch, aber sie begreift auch, dass Arachne noch jung ist, vielleicht ist ihre Arroganz eher jugendlicher Hochmut? Als alte Frau verkleidet, beschließt sie, Arachne zu besuchen und ihr die Möglichkeit zu geben, Buße zu tun.

«Was für ein schöner Teppich», sagt die alte Frau bei Arachne, «überirdisch schön. Als hätte ihn Athene selbst gewebt.»

«Danke», sagt Arachne, «das ist mühsame Arbeit, die mich lange, zähe Stunden kostet.»

«Du bringst Athene bestimmt viele Opfer, im Tausch gegen diese Begabung, die sie dir geschenkt hat.»

«Das Feingefühl habe ich von meinem Vater, und die Fähigkeiten habe ich mir selbst beigebracht», erwidert Arachne.

«Pass auf, Mädchen, du darfst dir keine göttlichen Eigenschaften anmaßen. Bitte um Vergebung, wenn deine Seele verschont bleiben soll.»

Arachne hält das für das typische konservative Gerede einer alten Frau und verliert die Geduld: «Vergebung wofür? Ich sage die Wahrheit. Würde Athene vom Olymp herabsteigen, würde sie mir auf der Stelle recht geben.»

Daraufhin legt die alte Frau ihren Umhang ab und erscheint ihr als Göttin Athene. Sie fordert die junge Frau zu einem Wettstreit auf. Nach wie vor bereit, Arachne zur Besinnung zu bringen, webt die Göttin einen prunkvollen Teppich mit vier Bildtafeln, die zeigen, dass Menschen, die sich mit Göttern auf eine Stufe stellen, bestraft werden. Zwar ist er vortrefflich ausgeführt, aber die konservativ-religiöse Thematik ist reine Selbstbestätigung.

Arachnes Webstück ist mit der gleichen Könnerschaft ausgeführt, zeugt aber außerdem von Mut und einer eigenen Haltung. Auf mehreren Motiven klagt Arachne den Missbrauch durch die Götter an, indem sie zeigt, wie Zeus Frauen vergewaltigt und misshandelt.

Als Athene das sieht, bekommt sie einen Tobsuchtsanfall. Arachne beleidigt nicht nur die Götter – ihr Teppich übertrifft Athenes eigene Kreation auch noch bei weitem. In rasender Eifersucht zerreißt Athene das Werk ihrer irdischen Konkurrentin. Anschließend haut sie ihr dreimal fest auf den Kopf. Arachne schafft es, sich aufzurappeln, weiß aber genau, dass sie ihr nicht entkommen kann. In

Todesangst, beschämt, aber voll eigensinniger Selbst-
behauptung beschließt Arachne, dass ihr einziger Ausweg darin besteht, sich zu erhängen.

Athene sieht zu, wie Arachne sich mit Hilfe des Geweb-
ten aufknüpft, und interpretiert ihre Verzweiflungstat als
höchste Form der Hybris: Bildet sich die junge Frau etwa
auch ein, sogar noch über Leben und Tod entscheiden zu
können?

Daraufhin verwandelt Athene die junge Arachne in
eine Spinne, die ewig weben, ewig in ihrem Netz hängen
wird.

1921 begeht Frances MacDonald Selbstmord. Aufgrund des Ein-
satzes ihrer Schwester und der Tragik ihres selbstgewählten
Todes wird ihr Werk kurz nach dem Selbstmord ein plötzlicher
Verkaufserfolg. Ihr Mann James Herbert wird aus Frust, Eifersucht und dem Gefühl, gescheitert zu sein, den Großteil ihrer
Arbeiten zerstören. Vielleicht meinte er, sich auf diese Weise
doch noch für seine schwierige Ehe, für seine schwierige Frau
rächen zu können. *Damnatio memoriae.* Indem er es verwüstet,
gönnt er ihrem Werk und damit der Erinnerung an ihr Künst-
lerdasein keinen Platz in der Geschichte, in der schon wegen ihres Geschlechts von Anfang an kein Platz für sie war. Auf diese
Weise wird Frances gleich zweimal mundtot gemacht.

Margaret MacDonald gelang es, sich eine gewisse Autonomie
als Künstlerin zu erarbeiten und ihre Rolle als öffentliche Person mit gewissen Einschränkungen auszufüllen. Sie hatte das
Glück einer gleichberechtigten Beziehung, einer sich gegenseitig inspirierenden gemeinsamen Arbeit, sodass sie weiterhin
neben ihrem Mann ausstellen konnte.

Ab 1914 verschlechtert sich die geistige Gesundheit von
Charles Rennie Mackintosh. Aufgrund von Depressionen, Al-

koholismus und mehreren finanziellen und künstlerischen Niederlagen muss sich Margaret immer mehr um ihn kümmern. In den darauf folgenden Jahren gibt es bei ihm noch ein paar glückliche Phasen mit Landschaftsaquarellen und Bleistiftskizzen, aber Margaret schafft es kaum noch, eigene Werke hervorzubringen.

Als Charles Zungenkrebs bekommt und die Sprache verliert, hört er auch damit auf, seine Skizzen und Zeichnungen zu signieren. Einige Zeichnungen aus dieser Zeit könnten also genauso gut von Margaret stammen.

Auf seinem langen Krankenbett hilft Charles Medizinstudenten bei ihren anatomischen Zeichnungen. Nach seinem Tod 1928 behauptet Margaret, er sei mit dem Bleistift in der Hand gestorben. Oft sind es die Ehefrauen, die der Mythenbildung um männliche Künstler Vorschub leisten. Fünf Jahre später stirbt auch Margaret.

Die Arbeiten aus der Blütezeit 1890–1910 werden größtenteils Charles Rennie Mackintosh zugeschrieben. Seit einigen Jahren gibt es vereinzelte Gegenstimmen, die versuchen, die «Glasgow Girls» dem Vergessen zu entreißen. Aber die meisten Kritiker behaupten, dass Mackintosh die Rolle, die Margaret gespielt hat, aus Verliebtheit heraus übertrieben hätte.

Am Ende der Ausstellung verlassen Karen und ich die Galerie. Wir stehen wieder in der östlichen Halle des Museums. Das Licht, das durch die Dachkuppel einfällt, ist gleißend.

Karen zeigt auf die andere Seite. «Dort gibt es noch weitere Räume mit Arbeiten der ‹Glasgow Boys›. Wenn du willst, kannst du dir die gleich noch in Ruhe allein anschauen. Es wäre schön, wenn man eines Tages das Gleiche für die ‹Glasgow Girls› tun würde. Ich möchte dir noch unseren Salvador Dalí zeigen, dann muss ich weiter.»

Karen führt mich die Treppe zum Obergeschoss hinauf. Die Säulengänge sind aus blondem Sandstein errichtet worden, das Material scheint das Licht zu schlucken und dann wieder abzugeben. Honigglanz.

«Der Stein wurde mit einem Latexpeeling grundgereinigt. Du hättest das Museum mal vor den Renovierungsarbeiten sehen sollen! Das Gemäuer war mehr oder weniger schwarz vor lauter Ruß. Überall standen falsche Wände und halbhohe Mauern, der Raum war in lauter winzige Zellen aufgeteilt, sehr düster. Das Dach hat so geleckt, dass der Hausmeister allabendlich Eimer aufstellen musste, um das Wasser aufzufangen», so Karen.

Es fällt schwer, sich diesen Raum ohne das durchs Glasdach hereinflutende Licht vorzustellen, ohne die Honigmauern oder die schräg-exzentrische Sammlung. Es ist ein schwereloser Ort. Ruß, Enge und Feuchtigkeit sind Dinge aus einer anderen Welt. Ich denke an meine eigene Schwere, daran, wie sie sich manchmal unerbittlich bemerkbar macht, sich aber nun dank der Ausgestaltung dieses Gebäudes mühelos lichtet. In diesem kurzen Moment von Leichtigkeit erinnere ich mich an ähnliche Momente, in denen ich ebenfalls zu erleben glaubte, was in Ratgebern oder auf Glückwunschkarten als «Glück» bezeichnet wird, aber im Grunde Anteilnahme ist: sich selbst zuzugestehen, dass alles gut sein darf – trotz allem. Und das, was vor dem Guten kam, die Schwere, als Teil von etwas wahrzunehmen, das *ex negativo* von Bedeutung ist – die Schattenseite, die notwendig ist, um Leichtigkeit zu erlangen, ja, ein Schatten, der nun bereits wieder über mir hängt, denn ich weiß aus Erfahrung, dass die Leichtigkeit nur von kurzer Dauer ist und in eine darauf folgende Schwere übergehen wird.

Deshalb lasse ich mich während dieser Wahrnehmung vom gesamten Gewicht des Gebäudes, von den Steinen, dem Dachstuhl, den Säulen, den Bögen, dem Marmor, den Treppen, dem Gusseisen, dem Glas, dem Mörtel, der Erde, in die Tiefe reißen. Ich denke an Frances MacDonald. Wenn die Tiefe nur lange genug währt, wenn einen die Tiefe mitten im perfektesten seelischen Gleichgewicht überwältigen kann, und das für lange Zeit, vielleicht ist das dann Selbstmord, denke ich jetzt, mehr als die eigentliche Tat.

Karen durchbricht die Stille. Auch sie hat sich auf der Treppe Erinnerungen hingegeben. «Mein Studienfreund Andrew hat noch 2003 an den Restaurierungsmaßnahmen des Museums mitgewirkt. Er konnte die lustigsten Geschichten erzählen. Einmal half er beim Abbau des Sarkophags des Pabasa im Westflügel – Pabasa war irgendein hoher Beamter unter Pharao Psammetich I. im alten Ägypten. Dabei ging der Deckel auf. Im Sarkophag fand man ein Pornoheft aus den 1950er Jahren. Solche Sachen fand Andrew phantastisch.»

«Was für ein großartig perverser Fund! Thanatos und Eros, die Mumie und das Pornoheft!»

«Gleichzeitig ist das eine gefährliche Faszination. Du solltest den Tod nicht zu sehr erotisieren, Charlotte. Andrew hat im Tod irgendwann immer mehr die perfekte Lösung gesehen, weil so vieles andere in seinem Leben aus dem Gleichgewicht geriet, plötzlich ungewiss geworden war, keine Ahnung. Letztlich weiß man nie, warum Menschen so etwas tun.»

«Und, hat Andrew es getan?», frage ich.

«Er hat sich in eine schwierige Situation manövriert, ein extrem teures Jugendstilhaus gekauft, das er nicht bezahlen konnte. Er wollte es mitsamt seinen Ornamenten restaurieren, es zeitgemäß interpretieren. Ein typischer Architektenwahn, sich einzubilden, dass man die Vergangenheit zurückholen kann und dass die Zeit keine Kluft zwischen damals und heute reißt. Er hat Dinge falsch eingeschätzt. Die Kosten haben ihm die Luft abgeschnürt. Andrew hat einfach keinen anderen Ausweg mehr gesehen … Ich höre noch seine Worte, als er mir das Haus zum ersten Mal gezeigt hat: «Das ist das Haus, in dem ich sterben will, Karen!» Er hat in dem Gebäude gesehen, was es einmal war, was wieder daraus werden könnte, war blind für das, was es in diesem Moment wirklich war: Unmengen von unerledigter Arbeit. Das ist eine Falle, so viel kann ich dir sagen! Als Architekt gestaltet man das eigene Haus nach den eigenen Vorstellungen und erwartet, dass sich auch das Leben automatisch diesem Ideal anpasst. Aber so läuft das natürlich nie. Er hat sich vom Treppenabsatz gestürzt. Das ist schon wieder einige Jahre her.»

Der Dalí hängt in einem extra für dieses Werk gebauten Raum wie in einer kleinen Kapelle. Schwarze Wände und Badezimmerfliesen, *El Cristo de San Juan de la Cruz*, heißt das Gemälde von 1951.

In einem kosmischen Traum soll Salvador Dalí das Bild erschienen sein. Die Perspektive ist seltsam. Das Kreuz, an das Christus genagelt ist, wird von oben gezeigt, ja von außerhalb der Stratosphäre, als würde sich der Maler die Perspektive Gottes anmaßen. Trotz dieses Blickwinkels wirkt das Bild nicht vertikal. Zu einem Dreiviertel besteht das Gemälde aus einer schwarzen dunklen Fläche, die aus der Leinwand hervorzutreten scheint, wodurch das Kreuz horizontal kippt und bedrohlich über der düsteren Szene schwebt: eine Bucht mit einem kleinen Boot.

Das Gemälde hat eine turbulente Geschichte. In Dalís surrealistischem Oeuvre stellt es beinahe einen Rückschritt dar, einen Versuch, auf einmal das Werk Alter Meister zu imitieren. Das zwanzigste Jahrhundert war damals schon zu weit fortgeschritten, um sich noch mit so etwas zufriedenzugeben. Das

Publikum wollte seine zerfließenden Uhren und mechanischen Elefanten, Störfaktoren statt alte Paradigmen.

Als es in den 1950er Jahren in London ausgestellt wurde, schrieb die britische Presse das Werk in Grund und Boden. Dennoch erwarb es Glasgow für ungefähr achttausend Pfund, damals eine erhebliche Stange Geld, aber Peanuts, wenn man weiß, dass Spanien erst kürzlich achtzig Millionen Euro geboten hat, um das Gemälde zurückzukaufen. Der Kurator denkt im Traum nicht daran, den Dalí je wieder herzugeben, er ist der Schatz von Kelvingrove und bei den Einwohnern Glasgows ein sehr beliebtes Bild. Es wird allerdings regelmäßig an andere Museen ausgeliehen, zur Beförderung des internationalen Ansehens der Stadt Glasgow. Wenn das Gemälde nach so einer kulturdiplomatischen Reise wieder in seiner kleinen Kapelle in Kelvingrove hängt, bereitet man ihm stets einen warmen Empfang.

«Fast hätten wir das Gemälde für immer verloren. Ein Fanatiker hat hier im Museum mal einen Stein nach dem Bild geworfen, es mit beiden Händen gepackt und ihm einen Riss beigebracht. Ein halber Irrer. Er fand es gotteslästerlich wegen der gewählten Perspektive: der Künstler, der sich Gott wähnt. Außerdem glaubte er, Dalí hätte die Aufopferung Christi für die Menschheit entwertet, indem er die Figur ohne Blut, ohne Dornenkrone und ohne Nägel durch Hand- und Fußgelenke dargestellt hat. Der Geistesgestörte hat beträchtlichen Schaden angerichtet und kam in eine Anstalt. Zum Glück konnte das Bild restauriert werden.»

Karen bekreuzigt sich. «Entschuldigung, das ist so eine alte Gewohnheit von mir.»

Wir verabschieden uns in der Mittelhalle unter der goldenen Kassettendecke.

«Viel Erfolg mit deinem Buch und pass gut auf dich auf»,

sagt Karen noch, obwohl sie es eilig hat, und marschiert dann unter der Orgel durch den Hintereingang ins Freie.

Ich gehe zum Westflügel. Sir Roger und die Savannentiere sind immer noch auf der Flucht vor der Spitfire. Am Eingang des Ausstellungssaals «Creatures of the Past» steht eine lebensgroße Elvis-Figur. Im Raum wird ein acht Meter langes Kanu aus Mesopotamien präsentiert. Ein Millimeter Blattgold aus der Bronzezeit. Ein Ceratosaurus-Skelett. Eine Mumie als Leihgabe des British Museum.

Im Grundriss erkenne ich Ordnung in all dem Chaos. Der Westflügel, in dem ich mich aufhalte, heißt «Life». Auf dieser Seite befindet sich alles, was mit dem Menschen und seinem Umfeld zu tun hat: Menschheitsgeschichte, Archäologie, Anthropologie, Paläontologie. Der Ostflügel, den ich mit Karen besucht habe, heißt «Expression». Darin ist alles ausgestellt, was unter Bildende Kunst fällt, wie Malerei, Skulptur und Design.

Angesichts der Schwestern MacDonald empfinde ich die Zweiteilung in «Life» und «Expression» als zynisch.

Ich drehe eine Runde über die *landing* des westlichen Obergeschosses, gehe gedankenverloren weiter in das Obergeschoss über der Mittelhalle und dann nach rechts, vorbei an der Orgel, über die Hintertreppe wieder nach unten. Hier befindet sich der zeremonielle Grundstein der Kelvingrove Art Gallery. Weißer Marmor mit goldenen Intarsien:

This stone was laid on the tenth September 1897
by his Royal Highness the Duke of York.

— JOHN W. SIMPSON & E.J. MILNER ALLEN,
JOINT ARCHITECTS

Auf einmal sind mir ihre Namen fremd, ich bekomme sie einfach nicht in die richtige Reihenfolge. John Milner Allen, W.

Edmund, Milner Simpson, Allen John Edmund, John John W., Simpson Johnson. So als würde ich einen Roman von Tolstoi lesen, und die Figuren, die jeweils drei russische Namen haben, gerieten durcheinander.

Ich bin müde. Ich drehe mich um, will durch den Hintereingang zurück in den Park. Ein letztes Werk hält mich zurück. Gegenüber dem Grundstein hängt *North Corridor* von David Pugh Evans. Ein Mann im beigen Trenchcoat steht im Profil vor einem großen Fenster. Er kann nicht hindurchschauen, da an dessen Außenseite seltsamerweise ein Vorhang befestigt ist. Der Vorhangstoff ist dünn. Durch den Stoff, durch das Fenster, fällt Licht. Der Mann ist in seinem Blick gefangen, der nicht durchs Fenster, nicht durch das Licht dringt. Aus irgendeinem seltsamen Grund bin ich davon überzeugt, dass der Mann auf dem Gemälde ein Selbstmörder ist. Die Beigetöne des Zimmers und der blutrote Teppichboden bestätigen das. Auf allem lastet eine bedrohliche Melancholie.

David Pugh Evans ist ein Anti-Hockney. Während seine Figuren genauso realistisch ausgearbeitet sind, im Hintergrund häufig ein und dieselbe Architektur aus monochromen Farbfeldern, ist Evans' Palette deutlich düsterer. Die kokettierende Offenheit von Hockneys Urlaubsszenen ist bei Evans nirgendwo zu entdecken, sein Werk ist nach innen gerichtet. Es gibt keinen Hintergrund, nur das rätselhafte, leere Zimmer.

Reflexartig versuche ich in dem Bild eine Geschichte zu erkennen: Was sieht der Mann im beigen Trenchcoat bloß? Es scheint ihn zu fesseln.

Durch die verschiedenen Blickwinkel, Betrachter – Mann, Mann – Fenster, Licht – Fenster, weist das Bild eine Vielschichtigkeit auf, die mich dazu verleitet, das Bilderrätsel lösen zu wollen.

Je länger ich es betrachte, desto mehr dämmert mir, dass es

keine Lösung gibt, kein Narrativ. Es gibt nur dieses erstarrte Bild auf Leinwand und das Schauen. Eine Konfrontation mit der erstickenden Begrenztheit dessen, was wir sehen können. Das Bild ist von Zeit, Kontext und Bewegung losgelöst. Eine Beziehung zur Welt aus zweiter Hand.

XI.

Pine Valley Golfplatz
(1910–1918), Pine Valley

George Arthur Crump (1871–1918)

«SHINE ON WHITE NEW PINEAPPLE», plärrt eine Werbetafel für Sunkist an der Interstate 76, wenn man von Philadelphia kommt. Der weiße Ananassaft aus der Dose wirkt wenig
appetitlich auf mich – eher was für Männer, die sich Sorgen um
ihre Spermaqualität machen –, aber zur Sicherheit beherzige
ich den Slogan. Was bleibt mir auch anderes übrig? Am Ende
von F. Scott Fitzgeralds Roman *Der große Gatsby* ist die Werbetafel immerhin ein wichtiges, bedeutungstragendes Motiv.

In *Der große Gatsby* sind die Augen von «Dr. T. J. Eckleburg –
Okulist» auf einer verwitterten Werbetafel abgebildet, an der
Straße, die zum Haus des Millionärs Gatsby in West Egg führt.
Bedrohlich spähen zwei riesige blaue Iriden durch eine goldene
Brille. Aus einem Gesicht schauen die Augen nicht, und auch
die Brille thront nicht auf einer Nase: Die Augen starren hinter
dem schwebenden Gestell vom leeren Hintergrund der Werbe-
tafel auf die Autofahrer herab. Im Buch setzt Fitzgerald die
Werbetafel unterschiedlich ein: Sie taucht als Warnsymbol vor
drohendem Unheil auf, er benutzt sie als wachsame göttliche
Instanz, die den kompletten Überblick hat, und als moralischen
Kompass, der den Figuren selbst fehlt. Von der religiösen Kon-
notation der Augen einmal abgesehen, sind sie hier in erster
Linie einfach bloß Werbung für die Praxis des ansässigen Au-
genarztes Eckleburg.

Angesichts der prophetischen Kraft dieses Billboards wäre es von meiner Seite höchst unvernünftig, die etwaige Relevanz der Sunkist-Werbetafel bei meiner Spurensuche links liegen zu lassen. Ich bin zu weit gekommen, um die Sache jetzt noch an die Wand zu fahren, mit meinen letzten paar hundert Euro in der Tasche, es muss hier einfach klappen.

«*Shine on white pineapple*», flüstere ich mir am Lenkrad zu, eine rätselhafte Botschaft, die ich mit nach Pine Valley nehme.

Auf Höhe des Weilers Bellmawr geht die Autobahn in die New Jersey Road 42 über. Es ist eine Woche nach Weihnachten, und die Außendekorationen flackern am helllichten Tag. Vorgärten, Verandas und Dächer werden von Zuckerstangen, LED-Schneeflocken und allerlei Leuchtfiguren belagert: Da sind der Weihnachtsmann auf einer Harley Davidson, der Weihnachtsmann auf einem Pferdeschlitten, ein von Solarenergie gespeister Jesus in der Krippe, Laserlichttannen, ein galoppierendes Einhorn, Mickey Mouse mit Weihnachtsmütze, eine Rentierfamilie aus Buchsbaum, Nussknacker, aufblasbare Eisbären und kiloweise Kunstschnee. Das Ganze geht immer so weiter bis zur Blackwood Clementon Road. Die Verkehrsader führt an einer *strip mall* vorbei, die ihrerseits eine einzige Ansammlung von flackernden Leuchtreklamen für Restaurantketten und Megastores ist.

An der Abfahrt zum Clementon Splash Park endet der grelllaute Suburb. Hier am Lake Clementon beginnt eine bewaldete Enklave. Von der Straße aus kann man jenseits des Sees einen Teil des Spaßbads erkennen. Ein Riesenrad. Eine hölzerne Achterbahn. Ein Labyrinth aus pastellfarbenen Rutschen, vielleicht waren die Farben einst satt, knallrot, grellgrün, tiefviolett und sind jetzt von der Sonne ausgeblichen. Unwillkürlich fasse ich mir ans Schienbein, muss wieder an meinen Bruder in Ostende denken, an den Hautlappen, den er dort verlor, als er sich in voller Fahrt am Plastik der Wasserrutsche aufschrammte. Diesmal denke ich nicht, dass mir das passiert ist. Diesmal denke ich, dass ich nicht weiß, wie es ihm geht, dass ich das eigentlich das letzte Mal gewusst habe, als wir noch Kinder waren. Anscheinend ist das Spaßbad schon seit längerer Zeit geschlossen.

Nach dem See wird der Wald rasch dichter. Ich nähere mich Pine Valley, einem kleinen Ort am westlichen Rand des New Jersey Pine Valley – besser bekannt als Pine Barrens, eine dichtbewaldete Küstenregion, die sich vom Bundesstaat New Jersey über sieben Countys erstreckt: von Cape May im Süden bis zu den Seaside Heights im Norden. Die Pine Barrens bilden ein seltsam-geheimnisvolles Hinterland, diese Straße vermittelt eine Ahnung davon. Hier und da taucht ein Haus zwischen den vorbeiziehenden Nadelbäumen auf, aber je weiter ich der Straße in den Wald folge, desto enger verhaken sich die Koniferen ineinander. Hinter ihren Verwachsungen verbergen sich Ausmaße, die an einen Urwald erinnern.

Im Tertiär, also vor ungefähr fünfundsechzig Millionen Jahren, begann die Entstehung der Pine Barrens. Millionen Jahre vorher verschob sich die Atlantik-Ostküste durch Einfluss der Eiszeiten immer wieder neu. Irgendwann setzte schmelzendes Eis die Küstenregion völlig unter Wasser, wodurch Gesteinsschutt auf dem Meeresboden landete und sich dort ablagerte. Als sich das Wasser Jahrhunderte später wieder zurückzog, ließ es dicke Schichten aus Sand, Schlick und Lehm zurück – ein Prozess, der sich in verschiedenen geologischen Zeitabschnitten wiederholte. Diese Elemente beherrschen die Bodenbeschaffenheit der Pine Barrens noch immer.

In der zweiten Hälfte des Tertiärs, im Miozän, kam eine

neue Sedimentschicht dazu, der sogenannte Cohansey-Sand. Die Geologen Knapp und Kummel tauften ihn 1904 auf diesen Namen, da sie die Bodenproben beim Cohansey Creek nahmen. Cohansey-Sand besteht größtenteils aus gelben Raseneisensteinteilchen und Quarz, außerdem enthält er winzige Mengen an Siliziumsand, weißen Sand, Schlick und Lehm. All diese verschiedenen Partikel verklumpen zu einem groben Korn.

Sugar sand, wie die Einwohner der Pine Barrens sagen. Dieser besonders grobe Sand stellt hohe Anforderungen an die Vegetation. Die ersten europäischen Einwanderer, die von der Küste New Jerseys landeinwärts zogen, um sich dort niederzulassen, konnten mit diesem Boden nichts anfangen. Kein einziges Gewächs schien in der Lage zu sein, dort Wurzeln zu schlagen. Da man das Gebiet als für den Ackerbau ungeeignet befand, brach man erneut auf und hinterließ als Warnung vor dem kargen Boden in dieser Nadelbaumregion den Namen Pine Barrens.

Die Bezeichnung beruht allerdings auf einem Missverständnis. Denn trocken ist der Boden der Pine Barrens nicht. Im Gegenteil, die Region ist von Flussadern, Feuchtgebieten und Grundwasserträgern durchzogen – der Boden enthält alle möglichen wasserführenden Schichten. Es ist der Cohansey-Sand mit seinen Zuckerkörnern, der es so schwierig macht, hier etwas anzubauen. Dessen grobe Textur sorgt für einen extrem porösen Untergrund, alles fällt durch ihn hindurch wie durch ein Sieb: Wasser, Schnee, Überreste von toten Tieren, altes Laub, Kompost – all das wird schmatzend nach unten gesaugt. Der Boden zieht es in die Tiefe, ohne Nährstoffe oder organisches Material zurückzulassen. Auch Mineralstoffe werden, ohne zu kauen, hinuntergeschluckt, bekommen nicht den Hauch einer Chance, die vorhandenen Säuren auszubalancieren. Mit dem Ergebnis, dass der Boden für die meisten

Gewächse und Pflanzen einen zu hohen Säuregrad aufweist, als dass sie darauf gedeihen könnten.

Am Ende der Straße befindet sich ein sandiger Parkplatz vor einem gigantischen, zweieinhalb Meter hohen, elektrischen Tor. Daran hängt ein Schild: «Borough of Pine Valley». Ein Zaun scheint den Bezirk vollständig zu umschließen.

Der kleine Ort Pine Valley gehörte ursprünglich zu Clementon. Seit 1929 ist er eine selbständige Gemeinde und, wie man sieht, auch eine *gated community*. Hinter dem Tor liegt eine Auffahrt, die zu zwei kleinen Häuschen führt. Von der Veranda des linken weht eine amerikanische Flagge, an der Tür steht «*Reception*». Im rechten Haus geht das Licht an. Ein Mann um die sechzig kommt heraus und marschiert auf mich zu.

«Wir haben geschlossen!», ruft er.

«Das Dorf ist geschlossen?», frage ich.

«Das ist Privatgelände. Sie verschaffen sich unbefugt Zutritt. Gehen Sie von dem Tor weg, Ms., ich bin berechtigt, die Polizei zu rufen.»

Ich weiche einen Schritt zurück. Das genügt, um den Mann zu beruhigen.

«Ich suche den Pine-Valley-Golfclub», sage ich.

«Das ist der Pine-Valley-Golfclub. Die weltweite Nummer eins unter den Golfplätzen.»

«Ich dachte eigentlich, das wäre die Gemeinde Pine Valley, doch die Straße hört hier auf. Wie genau komme ich dann zum Golfplatz?»

«Hören Sie, Ms., der Pine-Valley-Golfclub und der Borough of Pine Valley sind zwar theoretisch zwei verschiedene Orte, in Wahrheit aber eine Einheit.»

«Der Golfplatz ist also hier? Dann bin ich doch richtig gefahren.»

«Was ich Ihnen gerade zu erklären versuche, ist, dass Pine

Valley tatsächlich verwaltet wird wie eine öffentliche Gemeinde, aber im Grunde Privateigentum ist. Soweit ich weiß, hat diese Regelung noch niemand in Frage gestellt.»

«Wie, die Gemeinde ist Privateigentum?»

Unbewusst muss ich bei meiner Frage einen Schritt nach vorn gemacht haben, denn der Mann wiederholt, dass ich mir unbefugt Zutritt verschaffe. «Ich verwarne Sie jetzt schon zum zweiten Mal, Ms.»

«Sie sagen also, dass ich den Golfplatz nicht betreten darf und Pine Valley ebenso wenig, weil es sich dabei um ein und denselben Ort handelt?»

«Sie dürfen den Golfplatz sowieso nicht betreten. Frauen sind auf dem Gelände nicht gestattet.»

«Wie bitte?»

«Sie haben mich richtig verstanden. Es ist nur zu ihrem Besten. Der Schwierigkeitsgrad des Platzes ist ... nun, wie soll ich das sagen ... verstörend für Frauen. Und ja, sie halten das Spiel auf. Die meisten sehen das freiwillig ein und sind damit einverstanden. Von einem Clubmitglied dürfen Frauen allerdings eingeladen werden, wenn auch nur sonntagnachmittags nach drei.»

«Und dieses Clubmitglied ist natürlich ein Mann? Sie können doch Frauen nicht den Zutritt zu einer ganzen Gemeinde verwehren. Das verstößt gegen das Grundgesetz.»

«Wie bereits gesagt, Ms., das hier ist die Gemeinde, eine vollwertige Gemeinde mit allen benötigten Einrichtungen. Im Gebäude rechts sind der Bürgermeister, die Polizei, die Feuerwehr, der Gemeinderat, der Schulrat und der Steuerinspektor untergebracht.»

«Klar, und wie viele Clowns passen in einen Zirkuswagen?» Vor lauter Frust weiß ich nicht mehr genau, was ich sage.

«Was für eine seltsame Bemerkung. Kommen Sie aus Europa? Im September haben wir unseren alljährlichen Tag der offenen Tür. Crump Day. Dafür können Sie sich auf unserer Webseite anmelden. Zu Ehren des Architekten und Initiators George Arthur Crump öffnen wir unsere Tore für die Allgemeinheit. Ich kann Ihnen jedoch jetzt schon sagen, dass bei der Führung weder Smartphones noch Kameras erlaubt sind, falls es das ist, was Sie hier wollen.»

«Sie verstehen nicht, ich kann unmöglich im September wiederkommen. Ist jemand vor Ort, mit dem ich das besprechen kann?»

«Nun, im Grunde haben wir dreiundzwanzig Einwohner, aber die sind ebenso wie der Bürgermeister, die Polizei, die Feuerwehr und der Steuerinspektor in erster Linie Golfspieler oder gehören zum Clubpersonal. Da der Club derzeit geschlossen ist, sind keine Einwohner anwesend.»

«Mit anderen Worten, Pine Valley gibt es gar nicht? Sie haben sich eine Gemeinde ausgedacht, um hinter diesem Zaun tun und lassen zu können, was Sie wollen?»

«Jetzt gehen Sie aber zu weit, Ms.! Ich muss Sie bitten, sich sofort vom Tor zu entfernen.»

«Ich wette, ihr seid ausnahmslos Republikaner?»

«Ich rufe die Polizei.»

Der Mann eilt zurück ins Haus. Es ist ihm bitterernst. Hinter dem erhellten Fenster sehe ich, wie er den Hörer von der Gabel nimmt. Zum Zeichen, dass ich klein beigebe, hebe ich die Hände. Der Mann nickt, legt den Hörer zurück und winkt mir zum Abschied provozierend zu.

Der Zaun erklärt, warum so wenige Geschichten aus dem Pine-Valley-Golfclub an die Außenwelt dringen. Ein indiskreter Caddie hat sich einmal damit gebrüstet, er hätte die Schläger von Sylvester Stallone tragen dürfen. Einer der Gärtner hat zu

Hause ein Selfie mit Sean Connery hängen – George W. Bush habe nicht mit aufs Foto gewollt. Ansonsten scheint man sich einig zu sein, dass über das, was auf dem Gelände geschieht, Stillschweigen bewahrt wird. Fragt man weiter, bekommt man stets ein und dieselbe Antwort: «Das könnte die Privatsphäre der anderen verletzen, aber es ist dort unglaublich still und friedlich.»

Topsy Siderowf, Redakteurin bei der renommierten Zeitschrift *Golf Digest*, hat dort gespielt. Sie ist nicht nachtragend, was die Regel anbelangt, dass Golferinnen hier nur als Gäste und nicht als vollwertige Mitglieder spielen dürfen. Im Gegenteil, sie ist dankbar, dass man sie eingeladen hat. In einem Interview mit der *New York Times* aus dem Jahr 1996 sagt sie: «Es war ein Privileg, hier zu spielen, das Gelände ist makellos, perfekt, aber ich finde nicht, dass man darüber schreiben sollte. Meiner Meinung nach hat das einfach nichts in einer Zeitung zu suchen.»

Pine Valley gilt als der exklusivste Golfclub der Welt, so exklusiv, dass sich nicht mal Hollywoodstars und bekannte Sportler dort einkaufen können. Natürlich habe ich nicht erwartet, das Gelände einfach so betreten zu dürfen.

Ich schaue mich ein letztes Mal nach dem Mann hinter dem Fenster um. Er hat den Fernseher angemacht und scheint mich schon wieder vergessen zu haben. Ich laufe am Zaun entlang in den Wald.

Die Pflanzen, die es trotzdem schaffen, auf dem schwierigen Boden der Pine Barrens zu gedeihen, bilden einzigartige Symbiosen. Drei Blumen, die anderswo ausgestorben sind, finden hier ideale Lebensbedingungen: ein Enzian mit blauen, lanzettenförmigen Kelchen, die rosa *Helonias* und der lilienartige Beinbrech.

Dreißig wilde Orchideenarten schießen unaufhaltsam aus den Sümpfen und Feuchtwiesen, darunter die rosa *Pogonia* mit ihrem Schlangenmaul – verführerisch ist das Lippenblütenblatt nach oben geschwungen.

In den trockenen Sandböden räkelt sich die seltene *pink lady's slipper*-Orchidee in ihrem Bett. Regelrecht pornographisch ist ihr Kelch, wie er sich zu einem vertikalen Spalt öffnet und in sämtlichen Farben zwischen Magenta und Weiß darbietet. Aus demselben Boden entspringen des weiteren verschiedene Arten fleischfressender Pflanzen, die Wasserschläuche, die Insekten auflöffeln, der Sonnentau, der mit seinen klebrigen Tentakeln ausholt, sowie die nimmersatte Kannenpflanze, die in ihrem Kelch eine ganze Maus unterbringt.

An bodennahem Grün begegnet man vornehmlich Blaubeersträuchern, einer masochistischen Pflanze, die sich die wuchsfeindliche Bodenbeschaffenheit für ihr eigenes Gedeihen zunutze macht. Dass das saure Land nicht für den Ackerbau taugen soll, wird von der Millionenindustrie der *Pine Barrens blueberries* widerlegt. Auch Adlerfarn, Berglorbeer, Sumpfazalee und Pfriemenginster stellen mit ihren reichen Blüten eine subversive Präsenz auf dem kargen Boden dar.

Trotz des hartnäckigen Überlebens verschiedener seltener Blumen und Pflanzen kann es passieren, dass andere den Kampf gegen den sauren Boden nach Jahrzehnten doch noch verlieren. Die Wildlupine zum Beispiel: War sie zu Beginn des zwanzigsten Jahrhunderts noch die beharrlichste einheimische Blume der Pine Barrens, ist ihr Bestand dort heute bedroht.

Andere hingegen versuchen sich gegenseitig zu verdrängen. Die Eiche und die Kiefer befinden sich in einem ständigen Titanenkampf. Die *Pinus rigida*, die *pitch pine* oder Pech-Kiefer, ist der am häufigsten vorkommende Baum in den Pine Barrens. Es ist eine knorrige, kräftige Konifere. Der Stamm wird bis zu fünfundzwanzig Meter hoch. Die Wurzeln stellen kaum Ansprüche an den Boden, unter der Erde verzweigen sie sich zu tiefer liegenden Systemen, die durch die Sandschicht bis zu den Wasservorräten reichen. Die Pech-Kiefer hat massive Nadeln, sie wachsen in Dreierbündeln und werden etwa zwölf Zentimeter lang.

Die Eiche ist ihr größter Konkurrent. Objektiv betrachtet, bringt sie mehr natürliche Vorteile mit als die Pech-Kiefer. Eichen wachsen schneller, pflanzen sich leichter fort und haben große flache Blätter, die besser für die Photosynthese geeignet sind als Kiefernnadeln, sie stehlen im wahrsten Sinne des Wortes das Sonnenlicht, wachsen weit über die Pech-Kiefern hinaus und ersticken sie mit ihrem alles überspannenden Blätterdach.

Neben ihrer Konkurrenz haben die beiden Rivalen einen größeren gemeinsamen Feind: die häufig vorkommenden Waldbrände.

Obwohl die Eiche schnell wächst, erholt sie sich von Brandwunden nur langsam, manchmal sogar überhaupt nicht mehr. Die Pech-Kiefer ist besser gegen Feuer gewappnet, ja, sie braucht es sogar, um wachsen zu können. Die Hitze der Flammen sorgt dafür, dass sich ihre kegelförmigen Zapfen öffnen. Für die Pech-Kiefer ist ein Waldbrand eine willkommene Sintflut, die den Boden freispült: Alles, was ihr im Weg steht – nicht zuletzt die heruntergefallenen Eicheln und das Laub ihres Konkurrenten –, verbrennt er. An dem so frei gewordenen Platz haben die Samen aus ihren geöffneten Zapfen bessere Chancen, anzuwachsen.

Darüber hinaus verfügt die Pech-Kiefer über eine Geheimwaffe, über eine Eigenschaft, die fast schon an Magie grenzt: Unter ihrer Rinde hat sie schlafende Knoten, die, wenn sie von Feuer stimuliert werden, neue Äste ausbilden. Nachdem sich das Feuer ausgetobt hat, kann man die Pech-Kiefer zwischen all den schwarz verkohlten Borken an ihren grünen Trieben, die aus der versengten Rinde sprießen, von der Eiche unterscheiden. Nach dem Feuer hat die Pech-Kiefer kurzzeitig wieder einen Vorsprung. So geht es Schlag auf Schlag. Ein sich wiederholender Zyklus von Tod und Wiederaufblühen. Die Pech-Kiefer muss vernichtet werden, um wieder zu leben.

Einige Biologen stützen die Hypothese, dass sich die Nadeln der Pech-Kiefer sogar zu leichter entflammbaren Nadeln entwickelt haben, damit sie besser zünden, dem Feuer einen besseren Brennstoff bieten. Sie entwickeln Eigenschaften, die ihre eigene Vernichtung befördern, eine Art Selbstmordmechanismus – aber nicht wirklich, nicht in letzter Konsequenz: Anders als andere Lebensformen haben die Pech-Kiefern anschließend die Möglichkeit, sich zu regenerieren.

Übrigens findet in den feuchteren Gebieten der Pine Barrens gerade eine dramatische Veränderung statt, was den Baumbestand betrifft. Die Welt der Dürre aus Sand und Feuerschäden scheint hier weit weg zu sein. Es gedeihen riesige Atlantische Weißzedern. Zwischen den Torfmoosen schießen Zyperngras und Flatter-Binse in die Höhe. An der Flussoberfläche sind alle möglichen Arten von Wasserlilien zu entdecken. Dort stoßen sie kaum auf Widerstand.

Nachdem ich dem Weg zwei Kilometer lang gefolgt bin, taucht im Wald um Pine Valley ein kleines Städtchen namens Berlin auf. Es ist das Ende der bewohnten Welt. Hinter Berlin explodieren die Pine Barrens in voller Breite. Von hier aus sind es fünfundsiebzig Kilometer Wald (Luftlinie) bis zur Atlantikküste.

Der Zaun um den Golfplatz verläuft nicht parallel zum Waldweg. Aufgrund rätselhafter Erhebungen in der Landschaft und dicht an dicht wachsender Nadelbäume, die ein Hindernis bilden, habe ich den Zaun unterwegs aus den Augen verloren. Das Golfgelände muss irgendwo eine Biegung machen, während der Weg geradeaus weitergeht. Trotzdem werde ich das Gefühl nicht los, dass ich eine Biegung genommen habe, aber eigentlich geradeaus hätte gehen müssen, um dem Zaun zu folgen. Wie bin ich nur auf dieser Straße gelandet? Mir ist fast schwindelig vor Hunger. Der Weg war bestimmt gerade. Wann habe ich das letzte Mal etwas gegessen? Ich gehe nach links auf die Cross Key Road, passiere die Feuerwehr, bis ich die Tankstelle mit der Raststätte erreiche. Let's Wingette heißt der Laden, in dem man ausschließlich frittierte Hühnerflügel und frittierten Fisch bekommt – kein besonders verlockendes Mittagsmenü, aber immerhin hat das Restaurant geöffnet, und eine Alternative scheint es weit und breit nicht zu geben.

«*Chicken, fish or shrimp?*», fragt die Kellnerin, noch bevor ich Platz genommen habe.

«Kaffee.»

«Ich muss Sie bitten, auch etwas zu essen zu bestellen. Nehmen Sie es mir bitte nicht übel, wenn ich das sage, aber Sie können es brauchen, Sie sehen ziemlich blass aus. Sechs, acht oder achtzehn Stück?»

«Ich glaube, ich bin einfach bloß müde.»

Die Kellnerin deutet meine Antwort als gemischte Portion mit *potato salad*. Sie schenkt mir Kaffee ein.

«Sie sind auf der Durchreise?»

«Ich wollte den Golfclub besuchen.»

«Sie meinen, Sie haben versucht, über den Zaun zu klettern? Der Eingang liegt auf der anderen Seite.»

«Ich wollte mir das Gelände anschauen, die Landschaft, weniger den Club.»

«Tut mir leid, Ihnen das sagen zu müssen, aber den werden Sie nicht zu Gesicht bekommen. Ein paar Straßen weiter gibt es einen kleinen Flughafen. Privathubschrauber starten und landen mit Präsidenten und Bankdirektoren. Außerdem sind Sie eine Frau.»

«Ja, das habe ich auch schon gehört.»

Zum Zeichen ihrer Solidarität verdreht die Kellnerin die Augen und stellt mir dann den Teller mit dem Frittiermix hin: 16,95 Dollar. «Mein Pa hat allerdings eine Schwäche dafür gehabt, sein Leben lang geträumt, er könnte irgendwann reich genug sein, um nach seiner Pensionierung Mitglied zu werden. Er hat ganz in der Nähe eine Autowerkstatt gehabt. Und hin und wieder einen Buick von dem ein oder anderen Bonzen repariert, der zum Golfen herkam. Die fahren absichtlich bescheidene Wagen, um nicht so aufzufallen.»

«Und? Hat er dort Golf gespielt?»

«Nein, so läuft das natürlich nie, aber er behauptet, einmal übers Gelände spaziert zu sein – dank eines Freundes, der dort als Gärtner gearbeitet hat – das hätte den den Job kosten können. Mein Pa war echt kein Freund von großen Worten oder so, aber wenn er über das eine Mal in Pine Valley erzählt hat, hat er sich in einen Dichter verwandelt. Ich hab mir das unzählige Male anhören müssen.»

«Was hat er denn gesagt?»

«So was, wie dass dort eine Atmosphäre der Ruhe in absolutem Einklang mit den Herausforderungen des Spiels herrscht. So als hätte es das Gelände immer schon gegeben, als wäre es seit jeher dafür bestimmt – und wer weiß, vielleicht ja sogar bis ans Ende aller Zeiten.»

«Was bedeutet das?», frage ich.

«Ach, vermutlich hat er sich mitreißen lassen. Irgendwann war er auch wirklich alt. Dann sagt man solche Dinge schon mal.»

Der Golfplatz von Pine Valley genießt einen legendären Ruf. Es heißt, es wäre einfacher, barfuß zum Nordpol zu laufen, als in Pine Valley Golf zu spielen. Das Gelände wird als geheimnisvoll und heimtückisch beschrieben. Der Entwurf soll die Grenzen zwischen Natur und gestalteter Landschaft aufs schönste miteinander verschwimmen lassen. Man könne glatt vergessen, dass man sich in den Pine Barrens befindet, doch wer sich auf der Suche nach einem verirrten Golfball von den Fairways entferne, stehe schnell wieder auf den ausgedehnten, ungestalteten Sandflächen. Wie eine gottverlassene Mondlandschaft, dieser trockene Sand und seine Pech-Kiefern, sie brenne einem in der Kehle wie Durst. Gerade noch habe man das saftige Grün der Grasmatten gesehen, und schon komme es einem vor wie eine Fata Morgana.

Aussagen über Pine Valley stammen in erster Linie von Leuten, die behaupten, dort gewesen zu sein. Diejenigen, die wirklich dort waren, hüllen sich in Schweigen. Hinter dem Zaun liegt ein ungefähr zweieinhalb Quadratkilometer großes Geheimnis.

Dem Gemeindeverzeichnis von Pine Valley – verwaltungstechnisch handelt es sich schließlich um eine tatsächliche Ortschaft – lässt sich entnehmen, dass sich auf diesen zweieinhalb Quadratkilometern neben dem Empfangsgebäude und dem sogenannten Gemeindehaus am Eingang zweiundzwanzig Villen befinden. Die Häuser sind nach und nach von den Elitemitgliedern des Clubs gekauft worden, aber der Grund, auf dem sie stehen, gehört dem Borough of Pine Valley. Die Eigentümer zahlen Grundsteuer an die Gemeinde, aber weil diese Gemeinde gleichbedeutend mit dem Golfclub ist, dem sie angehören, kann das Steuergeld unter den Mitgliedern weiterzirkulieren.

George Arthur Crump begann 1910 mit der Anlage des Pine-Valley-Golfplatzes, weil er den sportlichen Traum hegte, das Golfspiel in der Region zu professionalisieren. Ausgehend von der Landschaft, entwarf er den Achtzehn-Löcher-Parcours, ein Paradies für alle jetzigen und zukünftigen Spieler aus Philadelphia und Umgebung. Ich frage mich, was er wohl zu dem Elektrotor und dem geschlossenen Kapitalstrom sagen würde, wenn er sein «Tal der Träume» heute noch mal besuchen könnte.

In ihrem Buch *Pine Valley Golf Club: 100 Years of Mystery at the World's No. 1 Golf Course in Pine Valley, New Jersey*, beschäftigt sich J. E. Souders mit der Geschichte des Pine Valley. Souders Buch beginnt in der zweiten Hälfte des neunzehnten Jahrhunderts mit Virginia Sumner, einer Dame der höheren Gesellschaft mit eisblauen Augen und schlanker Figur. 1881 heiratet sie mit gerade mal sechzehn den angehenden Werber Howard Ireland, der nur so strotzt vor Zutrauen und Zuversicht. Innerhalb kürzester Zeit hat er in Philadelphia eine erfolgreiche Werbeagentur aufgebaut. 1885 beginnt Virginia zum Zeitvertreib damit, Ländereien in der Umgebung von Clementon aufzukaufen, jenseits des Flusses Delaware, ungefähr fünfundzwanzig Kilometer außerhalb der Stadt im Bundesstaat New Jersey. Sie tut das unter ihrem eigenen Namen. In den Kaufverträgen steht «Mrs. Virginia Sumner Ireland».

Fünf Jahre später besitzt sie ein zusammenhängendes Gebiet von vier Quadratkilometern. «Pine Valley», tauft sie ihr Königreich. Zu dem Gelände gehört der Timber Lake, an dem Howard und Virginia eine riesige Villa errichten lassen. Die Fassade besteht aus Granit, das Anwesen hat mehr als fünfundzwanzig Zimmer. Wie so oft sind die Anfangsjahre glückliche Jahre. Virginia genießt den Wohlstand. Auf dem Gelände züchtet sie Rennpferde, mit denen sie durch die Pine Barrens trabt, als wäre der Teufel hinter ihr her. Im ersten Auto rast sie über die Landstraßen, vorbei an den rauschenden Nadelbäumen. Auf ihrem Landgut eröffnet sie einen Flughafen, lernt selbst ein Flugzeug zu steuern. Sie reist, hat den Drang, das Geld mit vollen Händen auszugeben, die Dekadenz, die um die Jahrhundertwende in Europa herrscht, ist ihr auf den Fersen. In dem Haus am See veranstaltet sie ausgelassene Feste, Konzerte, Kunstausstellungen und Bankette. Virginia Sumner Ireland hat viel von Fitzgeralds Gatsby.

1912 dürften die glücklichen Jahre vorbei gewesen sein. Virginia Sumner verkauft siebenhundert Quadratkilometer Land an einen Hotelier aus Philadelphia, er heißt George Arthur Crump. Im Kaufvertrag steht «Witwe V. Sumner Ireland». Ihr Mann Howard soll allerdings erst zehn Jahre später sterben. Außerdem sind die Scheidungspapiere von 1896 erhalten geblieben. Inzwischen hat der Boden ihre Geheimnisse verschluckt.

Als George Arthur Crump das Stück Land von Virginia Sumner kauft, ist er einundvierzig. Seine Frau Belle ist wenige Jahre zuvor plötzlich verstorben und unersetzlich. Die Crumps hatten keine Kinder, sodass George für niemanden sonst Verantwortung trägt, er hat nichts zu verlieren. Um das Land kaufen zu können, muss er seine Anteile am Colonnade Hotel abstoßen, einem sechsstöckigen Eckgebäude an der Chestnut Street in Philadelphia. Das Colonnade Hotel ist ein gutgehender Familienbetrieb, aber offen gestanden hat Crump dort schon seit Jahren keine aktive Rolle mehr gespielt. Er hat seine Aufgaben an andere delegiert und dort nur ein Zimmer bewohnt. Statt als Geschäftsmann lebte er dort eher als reicher Erbe.

Sein Vater, George W. Crump, liebte Aktivitäten im Freien und nahm seine vier Kinder regelmäßig mit zum Jagen, Fischen und Sporttreiben. Aus Schwester Helen Crump wurde ein national bekannter Tennisstar. Und George Arthur schlug sich nicht schlecht bei regionalen Squashturnieren.

In den 1890er Jahren begann George Arthur mit dem Golfspielen. Man fand ihn eher neben dem «Tee» als an seinem Schreibtisch. Das Spiel hatte etwas in ihm geweckt, etwas Irrationales. Er wollte nur noch spielen, und wenn er spielte, wollte er besser spielen. Es wurde zu einer Art Zwang, ja, fast schon zu einer brutalen Sucht. Er fühlte sich, so merkte er, in jeden Schlag ein, damit er den nächsten noch zielgenauer ausführen konnte. Er war streng mit sich, bei jedem Chip, Slice oder Mulligan – gnadenlos, bis er davon The Yips bekam und vor lauter Zittern die Kontrolle über seinen Schläger verlor.

Crump liebte den Wettbewerb, aber in erster Linie war er ein verträglicher Mensch: Es durfte nicht auf Kosten anderer gehen. Beim Golfen ergab sich das ganz von selbst, dabei kämpfte er nicht gegen seine Mitspieler, sondern nur gegen sich selbst. Ein perfekter Swing konnte zur Obsession werden, tat aber ansonsten niemandem weh. Mit monomanischer Konzentration setzte Crump alles daran, sein Spiel zu verbessern. Nur wenige Jahre, nachdem er mit dem Golfen begonnen hatte, galt er als einer der besten Spieler Philadelphias. Crump bekam zahlreiche Komplimente für seinen Stil und seine Schläge, selbst von gestandenen Profis. Ab und an gewann er ein Turnier. Mit der Anerkennung kam allerdings auch die schockierende Erkenntnis, dass er zu spät angefangen hatte, um wirklich zu brillieren. Er sprach es zwar nicht laut aus, aber das Gefühl, nicht mithalten zu können, nagte an ihm. Um dieses Nagen zu übertönen, trainierte er noch mehr.

Obwohl er kein Profi-Golfer war, sorgte sein Fanatismus dafür, dass eine Vollzeitbeschäftigung daraus wurde. Wenn der Platz des Philadelphia Country Club nicht gut entwässerte oder wenn er sich mal wieder über den Neun-Löcher-Parcours in Merchantville ärgerte, reiste er zu anderen Golfclubs. In anderthalb Jahren machte er um die fünfzig solche Ausflüge. Sein Freundeskreis vergrößerte sich beträchtlich. Golf bietet ideale

Bedingungen für Kameradschaft. Gleichgesinnte, die in einer entspannten Atmosphäre in einer schön gestalteten Umgebung einen Ball miteinander schlagen – was will man mehr? Mal um Mal erlebte Crump seine Zeit auf dem Platz als fröhlich-unbeschwert. Den vielen noch erhaltenen Briefen kann man viele Freundschaften entnehmen, auch Crumps Charakter geht daraus hervor. Seine Freunde beschreiben ihn als ruhig und zurückhaltend, als bescheiden, aber großzügig, als stets einfühlsam und häufig in der Lage, sich absolut selbstlos zu verhalten. Einige rühmen seinen Humor, finden es aber schade, dass der sich oft in Selbstspott äußert.

Als Belle 1906 plötzlich starb – sie hatte wie aus dem Nichts auf einer Fähre von Manhattan nach Jersey City einen Herzinfarkt erlitten –, ließ Crump das Golfen für ein paar Jahre sein. Nur die Golfreise nach Atlantic City unternahm er nach wie vor wie jeden Winter. Um diesen Ausflug herum hatte sich im Lauf der Jahre eine echte Golf-Bruderschaft gebildet, The Philadelphia Ballsome genannt. In den Jahren nach dem Tod seiner Frau fand Crump bei diesen Freunden Halt.

Vielleicht war er der Meinung, sich dafür bei ihnen erkenntlich zeigen zu müssen. Seine Freunde klagten schon mal über die minderwertigen Golfplätze in der Nähe von Philadelphia: Wenn sie nicht auf einem guten Gelände üben konnten, wie sollten die Golfer aus Philly dann je die Meisterschaften gewinnen? Crump hörte ihnen stets nachdenklich schweigend zu, ohne sich groß einzumischen. Von seiner zurückgezogenen Warte aus erkannte er, was nötig war: ein professionelles Terrain. Und wie das auszusehen hatte, davon hatte er ziemlich genaue Vorstellungen.

Letztlich war klar, was passieren musste. Belle war nun schon seit vier Jahren tot, viel zu früh und ohne jede Vorwarnung. Auch sein Vater starb jung, mit gerade mal zweiundfünfzig, der Mann hatte nicht lange genug gelebt, um die Früchte seiner Arbeit im Ruhestand genießen zu können. Auch Crump stand an einem Wendepunkt seines Lebens: Er war knapp über vierzig, ein beträchtlicher Teil seiner Zeit lag bereits hinter ihm, und der, der vor ihm lag, verpflichtete ihn zu nichts. Sein Leben bestand hauptsächlich aus Golf und aus den Menschen, mit denen er golfte. Wenn er seine Anteile am Hotel verkaufte, war er reich genug, um finanziell unabhängig zu sein – egal, was er anschließend machen würde. Er hatte wirklich nichts zu verlieren. Nicht allzu weit von Philadelphia entfernt kannte er einen Ort, an dem er schon mal jagen gewesen war, unweit des Landguts der lockerlebigen Virginia Sumner: eine Sandwüste voller Kiefern, Eichen und Sträucher, durchsetzt von einem Mosaik aus Baumstümpfen und Tümpeln.

Die Kellnerin schenkt Kaffee nach und räumt meinen Teller mit den abgenagten Hühnerknochen und Garnelenschwänzen ab.

«Warum möchten Sie den Golfplatz unbedingt besichtigen? Sind Sie einfach nur neugierig?»

«Nicht aus Eigeninteresse. Ich möchte ihn mir ansehen, um ihn gut beschreiben zu können. Ich habe vor, ein Buch zu veröffentlichen.» Ich versuche, beiläufig zu klingen. Ein bisschen verletzt bin ich schon, als sie nicht nachfragt, ich hätte ihr gern von dem Architekten erzählt. Wenn ich von ihm erzähle, habe ich nicht so ein schlechtes Gewissen, dass ich kaum etwas zu Papier gebracht habe, und das bisschen, was dasteht, wird kurz von der Angst erlöst, es könnte ungenügend sein.

«Und was arbeiten Sie sonst so?», fragt die Kellnerin.

«Das ist meine Arbeit.»

«Sie leben vom Bücherschreiben?»

«Eigentlich nicht. Doch. Manchmal ist Geld da, dann wieder nicht.»

«Warum suchen Sie sich keinen Job, wenn Sie Geld brauchen? Es ist nichts falsch daran, für sein Geld zu schuften.» Sie spricht eher von sich selbst als von mir.

«Ich habe keine Zeit, nebenher noch was zu arbeiten. Ich habe Angst, dass mir dann nicht mehr genug Raum zum Schreiben bleibt. Dass ich dann damit aufhören muss. Alles oder nichts.»

«Wenn Sie damit aufhören, werden Sie doch ohnehin was anderes tun?» Sie zuckt mit den Schultern, als wäre das eine völlig selbstverständliche Entscheidung. Sie ist eindeutig lebenstüchtiger als ich. Dann verschwindet sie mit dem Teller in die Küche, ohne zu ahnen, in welch aufgelöstem Zustand sie mich zurücklässt.

Es gibt Tage, da träume ich von einem festen Gehalt. Der Traum beginnt am Ersten des Monats, und auf meinem Kontoauszug taucht ein vorhersehbarer Betrag auf, der jeden Monat gleich ist. Außerdem weiß ich genau, wie hart ich dafür arbeiten muss. Ich rechne mir aus, wie viel mir von diesem Betrag nach Abzug der Miete, der Rechnungen, der Versicherungsgebühren und der Fixkosten bleibt, und habe immer noch eine komfortable Summe übrig. Geld bedeutet Sicherheit. Im Supermarkt muss ich meine Einkäufe nicht im Vorfeld überschlagen, in der Hoffnung, dass die Kasse denselben Preis anzeigt. In der Kneipe lade ich meine Freunde ein. Auf eine Runde. Auf zwei Runden. Geburtstagsgeschenke sind keine beängstigende Bedrohung mehr, sondern Bestandteil meines Budgets. Spontan kaufe ich mir einen Pulli aus Merinowolle, einfach nur, weil er mir gefällt. Ich kann Geld beiseitelegen und treffe die vernünftige Entscheidung, mich mit dem Kauf einer Immobilie zu beschäftigen. Ich bin gedanklich nicht die ganze Zeit bei einem einzigen Thema, sodass ich in Gesprächen nicht so geistesabwesend wirke und insgesamt sympathischer rüberkomme.

Mein Schlaf wird nicht permanent von Grübeleien, Korrekturen, genialen Einfällen oder von der Angst zu scheitern gestört. Ich bin seltener niedergeschlagen, weil ich dieses Gefühl bei meinem sicheren Job nicht kultiviere – was allerdings ziemlich sinnlos ist, denn daraus kann nichts Anständiges entstehen. Deshalb suche ich mir in dem Traum zusätzlich zur Summe auf meinem Konto ein Tätigkeitsfeld aus, bei dem die Selbstausbeutung meines Gefühlslebens und meiner Erfahrungen nicht im Vordergrund steht. Neben meiner Arbeit wäre ich dann noch ein vollständiger Mensch: schöne Idee. Die Arbeit ist keine Daseinsberechtigung, ich existiere, ohne dass sich mein Leben in Schreiben niederschlagen muss. Ich zerreiße mich nicht während des Schreibens, das mich ständig beschäftigt und doch nie fertig wird, was mich erschöpft und mir höchstens einen unruhigen Schlaf gönnt – Körper braucht Ruhe, Geist weckt ihn: Steh auf, Fleisch, mach schon, der Buchstabe will weiter!

Wenn ich aus diesem sicheren Traum und seiner Vorhersehbarkeit erwache, bin ich jedes Mal erleichtert. Ich weiß, dass das objektiv gesehen nirgendwohin führt, aber ich kann einfach nicht anders: Mit dem Schreiben aufzuhören wäre das Scheitern schlechthin, eine überwältigende Enttäuschung, ein fataler Perspektivwechsel.

Ich verlasse das Let's Wingette und nehme die Cross Key Road zurück in den Wald, gehe in meinen eigenen Spuren wieder Richtung Eingang von Pine Valley. Auf meinem Rückweg weichen die Kiefern vor mir zurück, bevor sie sich wieder hinter mir ineinander verhaken. Wie lange kann man sich gegen das Scheitern wehren? Irgendwann wird all das verbissene Sich-Sträuben zu Wahnsinn.

Am Ende sprach man vom Pine-Valley-Golfplatz nur noch als von «Crump's Folly». Zunächst einmal war Crump kein ausgebildeter Architekt. Er hatte den Beruf zwar bei seinem Onkel John kennengelernt, von dem das Colonnade Hotel stammte, und kannte sich auch ganz gut aus, musste aber dazulernen, um den Golfplatz seiner Träume entwerfen zu können.

Nach dem Verkauf der Hotelanteile unternimmt Crump Ende 1910 eine Studienreise nach Europa. Drei Monate lang schaut er sich Golfplätze in Frankreich, in der Schweiz, in Österreich und in Italien an, doch sein besonderes Interesse gilt der Landschaftsarchitektur Englands und Schottlands. Nach seiner Rückkehr ruft er die Männer von The Philadelphia Ballsome zusammen, um ihnen seine Pläne vorzulegen: eine *all season facility*. Eine Vision vom Gipfel der Golfarchitektur. Ein Wagnis angesichts des Ortes, den er für diesen Platz im Auge hat. Wenn es klappt, wird es ein Paradies werden, ein Tal der Träume. Wie schon seine Freunde kann er auch Virginia Sumner mühelos von seiner genialen Idee überzeugen. Ihre eisblauen Augen funkeln, als sie sich Crumps Plan, den anspruchsvollsten Golfplatz der Welt zu entwerfen, anhört – in ihrem Pine Valley! Sie verkauft ihm das Stück Land.

Dort, wo heute das Clubhaus steht, errichtet er ein bescheidenes Zelt. Während der ersten Wochen lebt er wie ein Einsiedler unter freiem Himmel. Er beschäftigt sich mit dem Land und dem Boden, stellt Berechnungen an, teilt die Fläche für die achtzehn Löcher auf. Ab und an kommen ihn seine Freunde auf dem Gelände besuchen, doch meist irrt er allein zwischen den Koniferen umher. Er lernt die Landschaft kennen, ihre Magie und ihre Fallstricke, untersucht ihre Marotten.

Und schon bald wird ihm klar, wie widerspenstig der Boden sein kann. Bestimmte Teile des Terrains müssen gerodet werden, um für die Löcher Platz zu machen. Crump benutzt Dynamitstangen, doch die Explosionen können den Pech-Kiefern mit ihren tiefen Wurzeln kaum etwas anhaben, denn der Sandboden dämpft die Erschütterungen.

Man geht zu dampfgetriebenen Seilwinden über, um die Wurzeln aus dem Boden zu reißen. Heerscharen von Männern, Pferden und Maschinen sind auf dem Gelände beschäftigt – alle mit dem Ziel, etwa zweiundzwanzigtausend Bäume auszugraben. Ein Teil des Geländes ist Sumpfland, das trockengelegt werden muss. An anderen Orten muss die Fläche künstlich erhöht werden, um Hindernisse und Bunker zu schaffen – völlig verrückt in einer Zeit, in der Golfplätze gebaut wurden, ohne Erde zu bewegen.

Im März 1913 sind die gröbsten Bodenarbeiten erledigt. Der Platz nimmt langsam Gestalt an. Die ersten sieben Löcher werden angelegt. Jetzt, wo es Frühling wird, ist es an der Zeit, den ersten Rasen anzusäen. Aus Untersuchungen weiß Crump, wie erbarmungslos der Zuckersand von Pine Valley sein kann, selbst Unkraut tut sich auf dem sauren Boden schwer – geschweige denn, dass sich malerische Fairways und immergrüne Grasmatten darauf ziehen ließen. Nach Versuchen mit mehreren Testgräsern entscheidet er sich für schweren Torfboden aus den Niederlanden, den er per Schiff importieren lässt. In Pine Valley vermengt er den herbeigeschafften Torf mit Dünger, den er aus dem Schlick der auf dem Gelände vorkommenden Tümpel gewonnen hat. Diese Mischung kommt als neuer Untergrund über den Sand, überall dort, wo er die Greens und Fairways geplant hat. Er bepflanzt den Torf mit Gewöhnlichem Rot-Schwingel und überwacht das Düngen auf das genaueste. Jeder Grassamen geht durch seine Hand. Jedes bisschen Grün dient dem großen Ganzen. Es soll aussehen, als wäre das Gelände gegen alle Widrigkeiten so aus dem Boden gekommen, ja als hätte es schon immer so existiert – bis in alle Ewigkeit.

Crumps Golfplatz-Philosophie beruft sich auf die mentale Stärke des Spielers. Um die Bahnen bewältigen zu können, muss der zwar auch Talent haben, vor allem aber die Nerven behalten: Der Entwurf legt es ganz bewusst darauf an, jeden mittelmäßigen Schlag zu bestrafen: Ein schlechter Schlag, und der Ball landet im Wasser, in Schluchten oder im Treibsand. Wer diesen *Sudden-Death*-Hindernissen entkommen will, muss sich trauen, Risiken einzugehen, und vor allem einen kühlen Kopf bewahren. Für Crump sind Golfer in erster Linie Männer, die sich beherrschen können. Seine Lieblingsgeschichte ist die von einem unerschütterlichen Spieler aus Philadelphia, der bei der Ausführung eines perfekten Schlags unglücklicherweise direkt unter einem Heißluftballon mit lecken Sandsäcken zu stehen kam. Der Sand fiel ihm von oben aus der Luft genau in den Nacken. Wie kann so etwas sein? Trotzdem führte er seinen Schlag zu Ende. Erst nachdem er gesehen hatte, wo der Ball landete, schaute er nach oben, um zu gucken, was da auf ihn herabfiel und wo es um Himmels willen herkam.

Im Mai 1913 gelingt es Crump, den bekannten britischen Landschaftsarchitekten H. S. Colt für einen Übersee-Besuch in Pine Valley zu gewinnen. Colt ist damals so etwas wie eine lebende Legende, ein Pionier, der das Golfspiel mit seinen Platzentwürfen auf eine Stufe mit Landschaftskunst und Wissenschaft stellt. Crump ist sich nicht zu fein, ihn um Rat zu bitten, denn die Erfahrungen des Profiarchitekten Colt können das Niveau seines Entwurfs nur noch verbessern. Es geht Crump nicht darum, nur sich mit seinem Namen zu verewigen, Colt soll den Ruhm bekommen, der ihm zusteht. Die Landschaft ist nun mal zu speziell, um sie nicht uneingeschränkt zu nutzen. Außerdem ist da beim ersten Ansäen ein kleines Problem aufgetaucht, das Experiment mit dem holländischen Torf und dem Gewöhnlichen Rot-Schwingel ging doch etwas anders aus als gedacht. Colt arbeitet mit Carter's Seed Company zusammen, einem Grashändler ersten Ranges aus Großbritannien, der bereits einen Fuß im amerikanischen Markt hat. Mit Colt an Bord wird Crump die Firma leicht für Pine Valley gewinnen können.

Beim Anblick der Landschaft kann Colt kaum glauben, dass so nah am topographisch uninteressanten Philadelphia derart faszinierende Gegebenheiten zu finden sind. Der Ort ist wie ein kleiner Garten Eden, von Gott geküsst, einfach herrlich, weil hier Gegensätze, widerspenstige Schönheit und von Wasser durchzogene Wüste, aufeinandertreffen. Colt lobt Crumps akribische Herangehensweise: Es sieht tatsächlich so aus, als hätte man die Koniferen nachträglich angepflanzt, statt die Golfbahnen um sie herum anzulegen. Er hält es für möglich, dass Pine Valley das Potenzial hat, zum anspruchsvollsten Golfplatz der Welt zu werden.

Inhaltlich macht Colt ein paar Vorschläge zur Positionierung der Löcher, die der für alles offene Crump beherzigt und in seinem Entwurf korrigiert. Die einzige Meinungsverschiedenheit zwischen den beiden Herren ist philosophischer Natur. Colt findet zwar auch, dass die Löcher mit erstklassigen Spielern streng ins Gericht gehen dürfen, Schwächeren gegenüber sollte sich der Platz jedoch etwas entgegenkommender zeigen. Das ist der einzige Punkt, in dem Crump keine Zugeständnisse macht: Pine Valley soll ein brutaler Härtetest werden, kein Übungsplatz.

Um das zu verdeutlichen, wird er ein Schild über dem Eingang anbringen, auf dem Dantes infernalische Warnung steht: «Abandon all hope all ye who enter here» – «Ihr, die ihr hier eintretet, lasst alle Hoffnung fahren.»

Mit Colts Anregungen macht sich Crump begeistert an die Arbeit. Dadurch verzögern sich die Arbeiten ein wenig, sodass die ersten Löcher erst im September erneut besät werden. Ein neuer Unternehmer legt ein raffiniertes Bewässerungssystem an, welches das Gras diesmal hoffentlich grün halten wird.

Inzwischen hat Crump einen kleinen Bungalow für sich bauen lassen, am fünften Loch. Es ist ein schlichtes Gebäude, in dem er sommers wie winters wohnt. Jeden Abend sitzt er am kleinen Kohlenofen und geht im Schein einer Petroleumlampe seine Diagramme und Berechnungen durch. Seine Freunde können nicht so lange warten, bis der Golfplatz endlich eröffnet wird. Sie schauen mittlerweile immer seltener vorbei.

Im Frühling 1914 kommt ein Mann von Carter's Seeds, um das Gras zu begutachten. Crump hat zu diesem Zeitpunkt bereits fünfundvierzigtausend Dollar in den Rasen investiert. Der Inspektor schätzt, dass weitere fünfundzwanzigtausend Dollar nötig sein werden, wenn Crump die bisherige Saat nicht verloren geben will.

Durch die Rettungspläne von Carter's Seeds verzögert sich alles erneut. Trotzdem machen sich Sponsoren und Golfer keine Sorgen. Mit der Nachricht von der verschobenen Eröffnung sprechen sich erste Augenzeugenberichte herum. Zu diesem Zweck hat Crump einige Vertraute eingeladen, im Vorfeld ein paar Löcher zu testen. Die *lucky few*, die zuerst in Pine Valley spielen dürfen, sind sich einig: «Der beste Golfplatz der Welt. Wenn denn das Gras anwächst.»

Ein Jahr später kommt es im März 1915, um den geplanten Eröffnungstermin herum, bei der Fertigstellung der letzten Löcher erneut zu Verzögerungen. Während der Rodung eines Waldstücks wird der perfekte Hang für das dreizehnte Loch entdeckt. Wegen dieses natürlichen Schatzes beschließt Crump, das Loch zu verlegen. Sein Perfektionismus geht mit ihm durch – jetzt, wo die Fertigstellung des Projekts näher rückt. Immer öfter sieht er, was sich noch alles verbessern lässt, statt was schon da ist.

Im Oktober 1915 erleidet Crump einen schweren Rückschlag. Trotz seiner Investitionen in die Methoden von Carter's Seeds ist das Gras zum dritten Mal eingegangen. Das Grün sieht aus wie der Bart eines Teenagers, dünn und löchrig. Der Boden ist schlichtweg zu sauer. Der ganze Rasen ist kaputt. Er muss einsehen, dass seine intensiven Bemühungen mit dem Import und der Bewässerung es zwar geschafft haben, Gras wachsen zu lassen, dass es auf dem Sandboden allerdings unmöglich ist, es richtig gedeihen zu lassen. Wie schon bei der Ansaat auf niederländischem Torfboden lässt das Ergebnis zunächst hoffen: Die Samen gehen auf und bilden einen dichten Teppich – auch wenn die Beschaffenheit dünn bleibt. Doch schon beim kleinsten Regenguss wird der Großteil des Rasens unter den Zuckersand gespült.

Immer wieder lässt Crump das Gelände düngen und besäen. Längst hat er ein Vermögen ausgegeben. Zweihunderttausend Dollar für Kompost und Mist. Das Geld für seine Anteile vom Colonnade Hotel ist beinahe aufgebraucht, aber wenn das bedeutet, dass der Rasen endlich anwächst, ist es ihm das wert. Es muss einen Weg geben, kurzfristig erzielt er schließlich stets ermutigende Ergebnisse.

Aber es stimmt etwas grundsätzlich nicht. Durch das ständige Düngen bekommt das Gras oben so viel Nährstoffe, dass die Wurzeln faul werden und nicht lernen, sich tiefer in den Sand einzugraben Richtung wasserführende Bodenschicht.

Als der heiße Sommer des Jahres 1915 beginnt, hat das Gras deshalb nicht den Hauch einer Chance. Der gesamte Rasen wird braun. Im Herbst stellt sich heraus, dass nichts von der Aussaat gerettet werden kann.

Vor lauter Verzweiflung wirft Crump noch mehr gutes Geld

hinterher. Grasguru Robert Bender kommt zur Inspektion und rät, den gesamten toten Rasen noch einmal entfernen zu lassen. Seiner Einschätzung nach bleibt ihnen nichts anderes übrig, als das gesamte Gelände erneut zu bepflanzen. Den ganzen Winter über wird Pine Valley von tonnenweise Dünger durchweicht. Wenn der Wind ungünstig steht, kann man den Mist bis nach Clementon riechen.

Wider Erwarten sieht es im Februar 1916 ganz danach aus, dass das Gras Wurzeln geschlagen hat. Es sprießt grüner denn je.

Der Boden lernt dazu!, denkt Crump triumphierend.

Ab Herbst 1916 erscheinen in den Zeitungen keine Berichte mehr über etwaige Fortschritte bei der Arbeit an den letzten Löchern, kein Wort mehr über das langersehnte Eröffnungsdatum. Das ist nicht weiter bedenklich, in Europa herrscht schließlich Krieg, es gibt genug, worüber die Zeitungen schreiben können.

Als es auch 1917 größtenteils still um Pine Valley bleibt, vermutet man, dass es doch nicht richtig funktioniert mit dem Gras und dass man langsam seine Schlüsse daraus ziehen muss.

Am 24. Januar 1918 zerreißt ein Schuss die Stille. An diesem Morgen wird Crump tot in seinem Haus aufgefunden. Im Totenschein steht «Kopfwunde».

Der *Philadelphia Inquirer* verkündet, Crump sei an Zahnschmerzen gestorben. Ein großer Abszess in seinem Mund habe Druck auf sein Gehirn ausgeübt, was ihn letztlich in den Tod getrieben habe.

«Ein Mann mit einem starken Todeswunsch», heißt es außerdem, «wird höchstwahrscheinlich eine Methode wählen, die fatal ist und außerdem nicht vorzeitig entdeckt werden kann.»

Ich muss Stunden gelaufen sein, als ich erneut beim Parkplatz und dem Tor ankomme. Meine Beine sind schwer, und der Durst kratzt mir wie Sand in der Kehle. Ich könnte schwören, dass der Hinweg viel kürzer war, höchstens zwei Kilometer. Soweit ich weiß, habe ich mich nicht verlaufen. Der Weg ist gerade. Die Pech-Kiefern stellen sich blöd, aber ich bin mir so gut wie sicher, dass sie etwas damit zu tun haben, dass sie die Zeit verstricken mit ihren Nadeln – so, wie diese jeweils zu dritt zusammenstehen wie Mädchen, die sich ein Geheimnis zuflüstern.

Jetzt, wo der Zaun wieder im Wald vor mir aufgetaucht und auch der Eingang wieder zu sehen ist, habe ich Lust, am Zaun zu rütteln, ihn mit dem Auto umzunieten. Zur Not klettere ich einfach für alle sichtbar darüber. Wenn ich auf der anderen Seite gelandet bin und nur schnell genug losrenne, werde ich ja sehen, wie weit ich komme. Doch was, wenn mich der misogyne Torwächter erwischt? Ich stehe so kurz davor! Es kann doch nicht sein, dass alles von diesem Zaun abhängt. Während ich all meinen Mut und machbare Angriffsstrategien sammle, wird mir klar, dass der Zaun natürlich viel mehr ist als bloß eine physische Barriere zwischen mir und dem, was ich dahinter zu finden hoffe. Selbst wenn ich es schaffen sollte, den Zaun hier zu überwinden, bliebe die totale Ohnmacht, das Leben grundsätzlich zu beschreiben, bliebe der Zaun nach wie vor in mir, wo er mich in meinem Ehrgeiz gefangen hält, eine in sich abgeschlossene Geschichte zustande zu bringen. Das ganze Vorhaben ist von vornherein zum Scheitern verurteilt. Jeder einzelne Versuch scheitert. Was haben die Architekten in diesem «Nachhinein» davon, dass man einen narrativen Zusammenhang herstellt? – Dass dem, was den Selbstmord angeblich unausweichlich macht, eine eindeutige Absage erteilt wird. Doch was glaube ich, hinter dem Zaun vorfinden zu können, das Crump jetzt noch erlösen könnte? Genau wie die anderen starb auch er hoffnungslos allein mit seinem Scheitern und seinen Selbstvorwürfen, völlig unfähig, etwas Grundsätzliches zu verwirklichen, und das, obwohl sein Werk, seine Schöpfung, ihm so lange überzeugend vorgegaukelt hat, dass es durchaus klappen kann, dass es nicht an Wahnsinn grenzt, etwas schaffen zu wollen, das an alles rührt.

XII.

Crandall's Knickerbocker Theatre (1917–1922), Washington DC

Reginald Wycliffe Geare (1889–1927)

An zwei Abenden in der Woche macht Dr. Joseph Elward Hausbesuche. Trotz des Unwetters auch an diesem Abend. Eine seiner langjährigen Patientinnen, die junge Witwe Wilson aus der 1704 V Northwest Street, hat eine schwere Bronchitis, die behandelt werden muss. Normalerweise braucht er höchstens fünf Minuten von seiner Suite in den Northumberland Apartments bis zu ihrem Haus, aber wegen des heftigen Schneefalls kommt er eine Viertelstunde zu spät. Bei jedem Schritt sinkt er bis zu den Knien ein. Laut den neuesten Messungen liegen bestimmt sechzig Zentimeter Schnee. Die ganze Straße ist wie ausgeweißt. Seit gestern Nachmittag hat es nicht mehr aufgehört zu schneien, unablässig fallen neue Flocken, stechender Frost, Hunderte mikroskopisch kleine Rasiermesser – der Schnee scheint ihm die Augen auszukratzen.

«Meine Güte, Doc, Ihre Hose ist ja völlig durchnässt!», ruft Mrs. Wilson in der Türöffnung. Er zwängt sich an ihr vorbei. Sie macht Anstalten, ihm den Schnee von der Hose zu klopfen, aber der Arzt kann sich abwenden. «Auf gar keinen Fall dürfen Sie hier in der Zugluft stehen bleiben, Mrs. Wilson. Gehen Sie schon mal nach oben.»

In ihrer Zweizimmerwohnung brennt der Kohleofen, der Raum enthält nur wenig Sauerstoff. Ohne seine Aufforderung abzuwarten, knöpft sich Mrs. Wilson ihr wollenes Cape und die

Bluse darunter auf, sodass ihr Bustier sichtbar wird. Unter dem nassen Stoff der Hose spannt seine Haut – sie ist so kalt, dass es brennt.

Er holt das Stethoskop aus dem Arztkoffer und horcht sie ab. Ihre Brust rasselt. Beim Einatmen hört es sich an, als klapperte jemand mit den Perlen eines Rosenkranzes, und zwischen den Perlen bahnt sich ein Pfeifen seinen Weg nach oben. Es geht ihr deutlich schlechter. Ob sie Blut huste?

Noch bevor Mrs. Wilson das bestätigen kann, hört er den Knall. Der Lärm ist überwältigend und zunächst schwer zu deuten, so als bestünde er aus mehreren Teilen. Auf jeden Fall ist er so unfassbar und so brutal laut, dass seine wahre Tragweite erst nach und nach bis zu ihm durchdringt. Auf die imposanten Erschütterungen des ersten Knalls folgen kurz hintereinander weitere kleinere, die wiederum zersplittern in deutlichere, aber nach wie vor heftige Geräusche wie die von plumpen Scherben und klirrendem Stein.

Dr. Elward greift zu seinem Arztkoffer. Instinktiv rennt er auf den Lärm zu, die Treppe von Mrs. Wilson hinunter aus der Haustür und dann nach links bis ans Ende der Straße, anschließend nach rechts auf die Champlain Street. Er rennt am Schwimmbad vorbei, an der kleinen Schule und biegt dann wieder links ab. Von hier aus hört er über den Lärm hinweg erstmals die Schreie. Noch sind sie weit weg, und es sind keine Hilfeschreie, es sind die Schreie, die Dr. Elward aus Europa kennt, aus den Feldlazaretten des Ersten Weltkriegs, Schreie jenseits jeglicher Hilfe – ein bebendes Betteln um den Tod. So eine Lautstärke, so ein immenser Krach, durch den man sich einen Weg bahnen muss, weshalb er den Widerstand der Schneelast kaum noch wahrnimmt, das vor ihm liegende Geschrei ist schwerer zu überwinden.

An der Kreuzung Kalorama Road / 18th Street sieht er die ersten Schaulustigen. Noch ehe Dr. Elward fragen kann, was passiert ist, sieht er einen halb bewusstlosen Jungen auf die Straße taumeln, dieser findet keinen Halt auf dem glatten Boden und stürzt, ihm fehlt der rechte Arm.

«Ich bin Arzt! Ich bin Arzt!», ruft Elward, während er auf den mitten auf der Fahrbahn liegenden Jungen zu rennt, er ruft es durchdringend, der Schnee ist hier von Autoreifen durchweicht, und das Blut verteilt sich rasch im Matsch. Dr. Elward rutscht aus. Das Stethoskop peitscht ihm um den Hals wie eine abgeschnittene Krawatte. Blitzartig sieht er wieder Mrs. Wilson in ihrem Bustier in dem sauerstoffarmen Zimmer vor sich.

«Ganz ruhig, mein Junge. Ich bin Arzt. Ich werde die Wunde verbinden.» Elward reißt einen Streifen aus seinem Mantelfutter und wickelt ihn um das zertrümmerte Schulterblatt.

«Meine Güte, Herr Doktor, Sie schneiden mir ja den Arm ab, bitte schneiden Sie mir den Arm nicht ab», jammert der Junge. Seine Augen rotieren in ihren Höhlen, doch er bleibt bei Bewusstsein. Der rechte Arm muss noch an der Stelle liegen, von der er geflohen ist, aber die ganze Straße ist dunkel und verschneit, und Dr. Elward hat gelernt, das Vorstellungsvermögen in solchen Situationen auszuschalten. Deshalb denkt er nicht daran, wo der Arm liegen könnte, daran, was dort passiert sein muss. Es ist kurz nach neun, und er muss die Blutung stoppen an der Stelle, die sehr wohl vorhanden ist, an der Stelle, wo der rechte Arm fehlt – das ist alles, was Dr. Elward wissen muss.

Bald darauf füllt sich die Kreuzung an der 18th Street. Die Rettungsmannschaften treffen ein. Feuerwehrleute und Polizisten laufen die Columbia Road hinunter, sie fordern die Schaulustigen auf, ihnen zum Knickerbocker Theatre zu folgen. Ein Priester gibt sich zu erkennen und geht vorneweg. Noch immer dieses unaufhörliche Geschrei, aus dem sich jetzt Worte herauskristallisieren.

«Meine Frau ist da drin!»

«Was ist passiert, Officer?»

«Meine Güte, da müssen Hunderte von Menschen erschlagen worden sein!»

Dr. Elward lässt den Jungen bei einem Sanitäter zurück und rennt hinter den entsetzten Gaffern und Rettungskräften in die dunkle Straße hinein, durch Schneewehen, den Messerregen, direkt in den finsteren Schlund dieser verhängnisvollen Nacht des 28. Januars 1922.

In zehn Kilometern Höhe findet ein meteorologisches Ereignis statt, wodurch es am Spätnachmittag des 27. Januars 1922 in Washington DC zu schneien beginnt. Es handelt sich um eine Art Stau in der Atmosphäre. Polarwinde aus dem Hochdruckgebiet über Grönland geraten in den Strahlstrom über Nordostamerika. Ein konstanter eisiger arktischer Wind gelangt aufgrund eines Tiefdruckgeschehens bis zur Ostküstenregion. Schnee. Von Rhode Island bis Cape Hatteras holt man Schlittschuhe und Schlitten aus dem Keller, doch der lokale Wetterbericht in DC prophezeit, dass das Wintervergnügen nur von kurzer Dauer ist: Man geht nicht davon aus, dass der Schnee liegen bleibt.

Doch es schneit die ganze Nacht. Am Morgen des 28. Januars ist Washington von einem fünfundvierzig Zentimeter hohen Schneeteppich bedeckt, und es hört immer noch nicht auf. Die ganze Stadt ist lahmgelegt. Zwischen Virginia und DC werden neun Züge evakuiert. Straßenbahnen stehen eingeschneit auf den Gleisen. Chauffeure lassen ihre Autos mitten auf der Straße zurück. Wer heute noch irgendwohin muss, erledigt das am besten zu Fuß, doch auch das ist nicht ohne Risiko: Mitten auf der verschneiten Wiese vor dem Smithsonian Castle sinkt ein Mann bis zur Taille ein, er glaubt, stehend zu ertrinken. Zwei

Feuerwehrleute müssen kommen, um ihn zu beruhigen, sie haken ihn unter und führen ihn aus dem Schneemeer. Pro Viertel werden hundertfünfzig Straßenkehrer zusätzlich angefordert. Zig Räumfahrzeuge rücken aus, stecken aber bald selbst fest. Die meisten Geschäfte legen einen *snow day* ein, einige kleine Einzelhändler bleiben tapfer geöffnet so wie Bernard Nordlinger vom Herrenfachgeschäft in der M Street. Er hat seine vier Neffen damit beauftragt, den Bürgersteig frei zu halten: Ununterbrochen schippen die Jungs Schnee, aber es ist eine Sisyphus-Arbeit, das Schneien hört einfach nicht auf, ja nimmt sogar noch an Intensität zu. Laut Messungen sammeln sich zweieinhalb Zentimeter pro Stunde an.

Um vier Uhr nachmittags werden sechzig Zentimeter gemessen. Die Stimmung schlägt um. Was erst ärgerlich-hinderlich war, bekommt nun etwas von einem Rekord: Es hat vierundzwanzig Stunden ununterbrochen geschneit! *Snowflakes-for-twenty-four-hours-straight!* Die verlassenen Fahrzeuge, die gestrandeten Verkehrsteilnehmer, das hilflose Ausrutschen – es weicht unerschrockenen Schneeballschlachten. Eine resolute Frau beginnt damit, ihr Auto freizuschaufeln. Ein schüchterner Mann um die zwanzig wirft sich die junge Frau, in die er heimlich verliebt ist, über die Schulter und trägt sie hoch über dem Schnee auf die andere Straßenseite. Fotografen nutzen die Gunst der Stunde und machen historische Schneeporträts vom Weißen Haus, vom Kapitol und vom Treasury Building, Archivbilder im Hier und Heute.

Ein paar wenige dürften die Vorhänge vorziehen und die Konserven in der Vorratskammer zählen. Andere nehmen das Wort «Apokalypse» in den Mund. Eine Frau schläft kurz ein und träumt, der Schnee reiche bis zu ihrem Fenster im neunten Stock, im Hochschrecken denkt sie: Ich hatte einen Todestraum. Jede halbe Stunde wird der Wetterbericht aktualisiert, entsprechend werden die Sicherheitshinweise angepasst. Ältere und gebrechliche Menschen sollen zu Hause bleiben. Der Potomac liegt reglos unter seiner dicken Eisschicht.

Und einfach so, in einer einzigen Nacht, wird die Welt verschüttet. Der Schnee hüllt DC ein wie ein Leichentuch. Die Dinge verlieren ihre Definition. Darunter kann sich ein Wolkenkratzer befinden oder ein riesiger Baumstamm, aber eigentlich spielt längst keinerlei Rolle mehr, was unter dem Schnee ist. Das Weiße hat selbst Gestalt angenommen. In der neuen weißen Welt gelten neue Gesetze und andere Werte. Früher mag das vielleicht noch Mr. Robertsons Stadtauto gewesen sein, doch jetzt hat es sich in die Festung einiger Nachbarskinder verwandelt. Ein Schritt lässt sich nicht mehr anhand des Abstands zwischen zwei Füßen im Gehen bemessen, sondern anhand der Tiefe, daran, wie weit der Fuß im Schnee einsinkt. Zeit wird relativ und preiswert – die Wirtschaft ist mehr oder weniger zum Erliegen gekommen. Man wird eins mit dem ständigen Gefühl, einen nassen Mantel zu tragen.

Um acht Uhr abends des 28. Januars ergeben die Messungen einundsiebzig Zentimeter Neuschnee, und es fallen immer noch Flocken. Aufgrund der überwältigenden Menge und des ununterbrochenen Schneefalls hat das Weiße nun etwas Unvergängliches bekommen: Von nun an sieht die Welt so aus wie neu gezeichnet und anschließend ausradiert.

Inmitten dieses Chaos beschließen die Einwohner von Washington, ihr altes Leben so rasch wie möglich im neuen fortzusetzen, das ihnen vom Schneeregime diktiert wird. Am Samstagabend wagen sich einige Taxifahrer – übermütig, wie diese nun mal sind, weil sie sich ausnahmslos einbilden, am besten fahren zu können – wieder auf die verschneiten Straßen. An diesem Abend machen sie gute Geschäfte, denn zahlreiche Pioniere begeben sich wieder in die verdichtete Schneewelt hinaus, auf der Suche nach dem Nachtleben, es ist schließlich Samstag.

Auch das Knickerbocker Theatre beschließt, die geplanten Vorführungen durchzuführen. Es ist *comedy night*, der erfolgreichste Abend der Woche. Trotz des schlechten Wetters werden etwa dreihundert von siebzehnhundert Plätzen verkauft. Es läuft die Gaunerkomödie *Get-Rich-Quick Wallingford*. Sam Hardy – der 1933 im ersten King-Kong-Film mitspielen wird – und Norman Kerry mimen die zwei Betrüger Wallingford und Chester. Sie verkleiden sich als Geschäftsleute auf der Suche nach Investoren. In einem kleinen Dorf leihen sie sich Geld, um eine Nagelfabrik zu gründen. Schon bald wittern die Dörfler den Betrug, aber Profi-Halunke Wallingford kann sie vertrösten. Bis aus dem Nichts jemand auftaucht, der die Nagelfabrik kaufen möchte ...

Kurz vor dem Unglück brandet Gelächter im Saal auf – Wallingford setzt sich in einen Nagel und fasst sich wehklagend an den Hintern. Es ist kurz nach neun. Draußen zerfetzen die Schneeböen die Dunkelheit, inmitten des weißen Rauschens flimmern die Neonbuchstaben.

RANDALL'S KNICKERBOCKER THEATRE

Der Sturm tobt nun seit neunundzwanzig Stunden ununterbrochen. In dieser Zeit konnte sich auf dem Dach des Lichtspielhauses eine einundsechzig Zentimeter hohe Schneeschicht mit einem Gewicht von dreiundsechzig Kilo pro Quadratmeter auftürmen. Insgesamt lasten ungefähr siebentausend Kilo aus sich stapelnden Schneeflocken auf dem Dach. Die Kristallform einer Schneeflocke ist an und für sich meist viel zu filigran, um auch nur unversehrt den Boden zu erreichen, aber in dieser geballten Menge lässt sie das mit Stahlträgern verankerte Dach einstür-

zen, das selbst, je nach Stelle, mit zwei- oder zehntausend Kilo
ins Gewicht fällt. Auf einmal bricht diese Baumasse aus Stahl,
Stein und Schnee an einem Stück ein, so als hätte jemand das
Dach am Rand ausgeschnitten. Der Balkon dämpft den Fall nur
kurz, um dann ebenfalls mit in die Tiefe gerissen zu werden.

«Aufbrandendes Gelächter, gefolgt von einem ohrenbetäu-
benden Schlag», rekonstruiert ein Überlebender die Fakten im
Nachhinein einer Zeitung gegenüber. Hätte dieser gnadenlose
Donnerschlag doch nur Raum für menschliche Gegenwehr gelassen, und sei sie auch noch so klein! Doch den Stein und den
Stahl ließ es kalt, dass Knochen aus Fleisch gerissen wurden,
man hatte der Zertrümmerung nichts entgegenzusetzen, nicht
den Hauch einer Chance.

Auf dem Gemälde *Venus mit Amor als Honigdieb* von Lucas Cranach, dem Älteren, aus dem Jahr 1525 ist eine beängstigende
Anamorphose dargestellt: Wer flüchtig hinschaut, sieht auf
dem nackten, gedrungenen Kinderkörper Amors das Gesicht
von Donald Trump. Neben ihm steht Venus, die nichts außer
einem auffälligen Hut und den um ihr Hand- und Fußgelenk
drapierten Zweigen eines Baumes voller Früchte trägt. Beide
Figuren stehen im Vordergrund des Bildes, in einer ländlichen
Szene am Rand eines dichten, dunklen Waldes. Der Baum mit
den pfirsichartigen Früchten markiert die Grenze, ab der sich
die Landschaft zu einem Gewässer und einer Felsformation
öffnet. Halb Dunkel, halb Licht.

Cranach hat hier eine Szene aus Theokrits Idyllen gemalt, in
der der kleine Gott Amor von Bienen geplagt wird. Jammernd
rennt er zu seiner Mutter Venus: «Die stechen, es tut so weh!»
Er weint und quengelt.

Venus ist nicht sehr erstaunt über den Vorfall, Amor hat den
Bienenkorb schließlich noch in der Hand, sein Mund ist frisch

verschmiert vom gestohlenen Honig. Dennoch sagt sie nicht, dass es seine eigene Schuld ist, sie nutzt den Vorfall pädagogisch und erklärt dem kleinen Amor, dass die Liebe nun mal zwei Seiten hat: «Manchmal ist sie süß und manchmal zerstörerisch.»

«Aber wie kann so etwas Kleines wie ein Bienenstachel so viel Schmerz verursachen?», fragt Amor – eine naive und aus meiner Sicht scheinheilige Frage.

«Auch du bist klein, aber deine Pfeile können noch viel stärkere Schmerzen verursachen», beruhigt ihn Venus. Auf jede Gewalt wird mit noch größerer Gegengewalt reagiert. Sich überbietende Macht – das ist genau das, was der kleine Tyrann hören wollte.

Ich habe dieses Gemälde im Sommer 2016 in der National Gallery in London gesehen. Vielleicht waren die verzerrten, Trump ähnelnden Züge Amors auf einen Moment der Unaufmerksamkeit zurückzuführen, auf eine optische Täuschung, eine zufällige Verschmelzung zweier Bilder.

Kann sein, dass Amor damals – ich litt gerade grundlos an Liebeskummer – nicht unbedingt meine liebste mythologische Figur war und dass ich ihn deshalb vielleicht unbewusst, wenn auch absichtlich, dämonisiert habe. Wahrscheinlich war ich einfach bloß müde, Erschöpfung erzeugt Unschärfen.

Und trotzdem hat es sich vor allem wie ein Vorbote angefühlt. Als Trump dann einige Monate später zum Präsidenten gewählt wurde und ich mich tagelang in einem ohnmächtigen Empörungszustand befand, dachte ich an das Gemälde und den kleinen Amor zurück und versuchte krampfhaft, der Verzerrung eine Bedeutung zu verleihen.

Es ist Januar 2019, ich bin in Washington DC, und der amerikanische Staat wurde stillgelegt. Zweieinhalb Jahre nach Trumps

Amtseinführung nimmt die Empörung kein Ende, sie versucht es schon gar nicht mehr. Inzwischen dauert der *government shutdown* bereits einige Wochen. Präsident Trump hat seinen Stachel ausgefahren: Er hat die Regierung zum Stillstand gebracht, weil er im Süden eine groteske, dystopische Mauer errichten will, was ihm die Demokraten allerdings nicht durchgehen lassen. Bis er seinen Willen bekommt, nörgelt er in jeder Nachrichtensendung despotisch, dass er völlig im Recht sei. Auf der Mattscheibe trieft sein Mund nur so von gestohlenem Honig, ohne jede Scheu beschuldigt er die Bienen: «Für fünf Milliarden Dollar wird die Mauer die Migranten aus Süd- und Mittel-Amerika aufhalten und damit auf einen Schlag auch den Zusammenbruch der Weltwirtschaft und den Drogenhandel. Die Mauer kommt einem vielleicht erst mal übertrieben teuer vor, aber das muss man so sehen: In der Praxis werden die Ausgaben von selbst wieder reinkommen, denn all die Latinos, die bereit sind, für wenige Cents zu arbeiten, machen unseren Arbeitslosen dann nicht länger Konkurrenz. Auf dem Arbeitsmarkt wird Platz für alle sein, in erster Linie für weiße Amerikaner. Denn Migranten nehmen den Amerikanern Jobs weg, und ihre Drogen töten amerikanische Jugendliche. Es hätte die Mauer schon viel früher geben müssen, dann hätten El Chapo und das ganze Sinaloa-Kartell kein einziges Gramm über die Grenze bringen können.»

Trumps Wirtschaftsberater Kevin Hassett ist ganz seiner Meinung und versteht nicht, warum sich die Leute so aufregen: «Wegen des *government shutdown* hat der ein oder andere vielleicht keinen Lohn bekommen, aber dafür wunderbaren Extra-Urlaub.»

Wie Raubtiere streifen die Taxifahrer durch die leeren Straßen von DC. Aufgrund des Shutdowns gibt es wenige bis gar keine Geschäftsleute, Kongressmitglieder oder Journalisten zu befördern. Jeder, der von A nach B will, ist eine potenzielle Beute. Kurz stehen zu bleiben oder sich der Fahrbahn zu nähern bedeutet, Gefahr zu laufen, in einem Taxi zu landen und sich gezwungenermaßen ein Fahrtziel ausdenken zu müssen – am besten eins am anderen Ende der Stadt, das das Taxometer auf Touren bringt.

An der Ecke 3rd Street/Pennsylvania Avenue bin ich in der Höhle des Löwen und mit dem Kapitol rechts und dem Anfang der kilometerlangen National Mall links von mir eindeutig als Touristin zu erkennen. Auf der Straße ist tatsächlich niemand zu sehen. Die breiten Avenues sind wie ausgestorben, die National Mall bis auf vereinzelte Jogger verlassen, die Smithsonian Museums wie das Besucherzentrum des Kapitols geschlossen.

Ich versuche mir vorzustellen, ob ich jemals im Leben wieder so mutterseelenallein sein werde wie in einem postapokalyptischen Spielberg-Film, zum Beispiel mit dem Eiffelturm. Monumentale Bauwerke dieser Größenordnung sind nicht dafür gemacht, von einzelnen Menschen erlebt zu werden, sie brauchen Publikum, Passanten, Besucher, Nutzer, Reisende, Fans, und seien es Straßenkatzen, egal, was. Sie brauchen den kollektiven Blick, der sie als Teil eines gemeinsamen Raumes bestätigt. Es ist erdrückend, mit solchen Gebäuden allein sein zu müssen.

Die aufdringlichen Taxis machen mir den Hof, aber ich kann nicht einsteigen. Ich gehöre Georgia und ihrem grauen Escort. Wie die meisten Menschen, die schon die dritte Woche keinen Lohn mehr bekommen, nutzt Georgia ihre Chance als Uber-Fahrerin. Kaum bin ich eingestiegen, versucht sie mich davon zu überzeugen, dass genau das der *American Spirit* ist, diese zupackende Art, *hands-on*: Man müsse schon selbst aktiv werden, wenn man wieder auf die Beine kommen wolle, das könne einem niemand abnehmen. Ihre Catering-Firma, die den

Kongress beliefert, hat schon seit dreieinhalb Wochen keine Bestellungen mehr erhalten, und deshalb fährt sie jetzt für Uber. Die Rechnungen zahlen sich schließlich nicht von selbst, und ihre kleinen Söhne müssen essen. Im Rückspiegel sehe ich, dass sie den Kopf hoch hält. Sie setzt mich im Adams-Morgan-Viertel ab, auf dem Platz, wo die 18th Street und die Columbia Road in einem gleichschenkligen Dreieck aufeinandertreffen. Hier stand früher Harry Crandall's Knickerbocker Theatre, benannt nach dem Geschäftsmann Harry Crandall, erbaut von dem jungen Architekten Reginald Wycliffe Geare. Heute steht dort eine Filiale der SunTrust Bank, abweisender brauner Backstein, das Gebäude hat die Form einer Schreibmaschine. Ob ich bitte daran denke, ihr eine Fünf-Sterne-Rezension auf Uber zu geben?, so Georgia.

Reginald Geare ist achtundzwanzig, als er 1917 das Knickerbocker Theatre übergibt. Der Kinopalast aus Indiana-Kalkstein ist ein wichtiger Meilenstein in seiner noch kurzen Karriere. Weder Kosten noch Mühen werden gescheut. Harry Crandall erwirbt den Grund für sechzigtausend Dollar. Die Baukosten schätzt Geare auf hundertfünfzigtausend Dollar – damals ein Wagniskapital, aber Crandall hat vor, das Geld im Handumdrehen wieder reinzuholen.

Nach einigen missglückten Investitionen in der Welt der Casinos konzentriert sich Harry Crandall ab 1910 auf die Filmindustrie. Er hat so eine Ahnung, dass das das nächste große Ding sein wird und dass er diese Ahnung ernst nehmen muss. Er sieht ja die Bankdirektoren, Börsenhändler, Kongressmitglieder und reichen Erben in seinem Umfeld und ihren gemeinsamen Nenner: dicke Geldbündel gepaart mit völliger Abwesenheit von Phantasie. Wohin bloß mit dem ganzen Geld? Sie alle sind ihrer bürgerlichen Existenz auf den Leim gegangen, an ihren behäbigen Komfort gefesselt, Befehlsempfänger ihrer Gier. Sie sehnen sich nach Ablenkung von dieser brutalen Selbsterkenntnis, von den Schatten an der Wand ihrer Höhlenisolation. Er sieht ihre Sehnsucht nach Scheinwelten, nach Vaudeville, nach Filmen, nach jungen rehäugigen Schauspielerinnen, nach Konzerten, roten Teppichen und so weiter.

Ja, Harry Crandall hat all das vorhergesehen. Er sah, dass die Reichen wie auch ihre Mitmenschen aus niedrigeren sozialen Milieus geblendet werden wollen von Glamour, Kommerz und Eskapismus. Wie sich herausstellt, haben sie mit intellektueller Anregung nichts am Hut, am Ende wollen sie sich alle bloß eine schöne Zeit machen. Er sieht, dass sich das europäische Filmgeschäft wegen des Ersten Weltkriegs nach Amerika verlagert. Er sieht das Muster der Hollywoodfilme und die Erfolgsquote, wenn man es nachahmt. Er sieht, wie die Grenzen zwischen Unterhaltung und Hochkultur verschwimmen. Harry Crandall sieht all das ganz genau vor sich. Jetzt muss er dieser Sehnsucht nur noch die dazugehörige Infrastruktur bieten.

Es ist kein Zufall, dass er sein erstes Lichtspielhaus 1916 an der 437–439 9th Street errichten lässt, mitten im Geschäftszentrum von Washington. Und seine Ahnung trügt nicht. Die Fünf-Uhr-Vorstellung ist immer ausverkauft, zu dieser Uhrzeit sind die meisten Plätze von Männern im Dreiteiler besetzt, die sich mit aufgeknöpfter Weste in die Plüschsessel fläzen. Sein Erfolg macht Crandall auf einen Schlag zum Filmmagnaten von Washington. Es wäre *bad business, nicht* über eine Ausweitung seiner Geschäfte nachzudenken. Ein großes Lichtspielhaus in der Unterstadt, ach, was soll's: ein großes Lichtspielhaus für jedes Viertel der Stadt. In wenigen Monaten hat Crandall genug Gewinn gemacht, um einen weiteren Saal zu restaurieren. Er kauft das Savoy Theatre an der 14th Street, ein Haus im prächtigen, traditionellen *Colonial Revival*-Stil. Acht Wochen und einige tausend Dollar später ist aus dem Backsteinklotz ein *beaux art*-Palast mit Balkon geworden – ein baulicher Eingriff, der die Zahl der Plätze verdoppelt. Er bringt nicht nur einen Balkon an, sondern erweitert auch die Lobby deutlich. Die große Fläche und die grünen Marmorsäulen sorgen für Pomp im Foyer. Das Saalinnere lässt er in ein Boudoir aus Gold, Rosa und Elfenbein verwandeln. Grandezza für die Massen. U-Kultur in einem opulenten Palast mit Opern-Anmutung. Genug Luxus für die Reichen, während die Einkommensschwächeren eine Kulisse zum Träumen bekommen.

Diese Formel arbeitet Crandall zu seiner Marktstrategie aus. Die Aufwertungsidee stammt von einem jungen Architekten, der das Apollo Civic Theatre in Martinsburg für ihn renoviert hat, von Reginald Wycliffe Geare. Der hatte sein Studium an der George Washington University erst vor wenigen Jahren beendet und vor kurzem noch eine Ausbildung in technischem Zeichnen absolviert. Zu der nüchternen Außenfassade des Apollo Civic dachte sich Geare ein kontrastierendes, prunkvolles Innenleben aus blauem Samt und Golddekor aus. Es ist, als befände man sich in der Schmuckschatulle einer gierigen Gräfin. Crandall sah, wie Stein zu Gold wurde.

Im November 1915, ein halbes Jahr nach der Wiedereröffnung des Apollo Civic, legt Geare die Pläne für das Knickerbocker Theatre auf Crandalls Schreibtisch. Während Crandalls erste Lichtspielhäuser noch Paläste waren, soll das Knickerbocker ein Tempel werden, ein weltlicher Altar, zugeschnitten auf die Oligarchen, denen er ans Portemonnaie will.

Wer von der Columbia Road kommt, sieht auf dem Vorplatz folgende Neonbuchstaben: «Crandall's Knickerbocker Theatre». Der Eingang befindet sich gleich um die Ecke in der 18th Street, unter einem Betonvordach, auf dem eine Leuchttafel die

Filmvorstellungen verkündet. Über den Eingang gelangt man in ein geräumiges Foyer, das die gesamte Gebäudeflanke an der 18th Street einnimmt. Marmorböden und Kristalllüster. Edelkitsch. Im ersten Stock befindet sich der «Erfrischungssalon», und an den Balkon schließt sich ein Tearoom an. Das Kinoerlebnis wird auf die Zeit vor und nach dem Film ausgedehnt. Der Saal hat ein Fassungsvermögen von siebzehnhundert Zuschauern und läuft trichterförmig auf die Bühne zu – die Akustik ist einfach unglaublich. Eingebaute Typhoon-Ventilatoren geben dem Besucher das Gefühl einer sanften Brise bei einem sommerlichen Cabrioausflug. Luxus bis ins kleinste Detail: Die Möbel im Orchestergraben sind mit Seide bezogen.

Inzwischen verfolgen die Zeitungen Crandalls Investitionen sehr genau. Die *grand opening* des Knickerbocker am 13. Oktober 1917 kann mit großem Interesse der Presse rechnen, auch dank der Filmstars, die Crandall für den Eröffnungsabend engagiert hat. Er zeigt das Liebesdrama *Betsy Ross* über die patriotische Titelheldin, welche die erste amerikanische Flagge genäht haben soll. Alice Brady, die Betsy darstellt, ist höchstpersönlich anwesend, zusammen mit ihrem damaligen Beau Carlyle Blackman. Alle siebzehnhundert Plätze sind ausverkauft.

Am nächsten Morgen rufen die Kritiker Reginald Geare zum «Architekten des Stummfilmzeitalters» aus. Ab da geht es mit seiner Karriere so richtig los. Crandall wird noch bei einigen Häusern mit seinem Golden Boy, Reggie Geare, zusammenarbeiten – unter anderem bei The Metropolitan, bei The York und bei The Lincoln. Auf dem Gipfel seines Erfolgs besitzt Crandall ganze achtzehn gut gehende Lichtspielhäuser in DC und Virginia.

Gut möglich, dass die Stahlträger, die das Dach des Knickerbocker stützen, schon an diesem ersten Abend angefangen haben, sich langsam abzusenken, was vier Jahre später durch das zusätzliche Gewicht der Schneemassen zur Katastrophe führen soll.

Ich habe von vornherein gewusst, dass ich das Knickerbocker nicht zu Gesicht bekommen werde. Dennoch reißt seine Abwesenheit gefühlsmäßig eine größere Lücke als gedacht. Das Bankgebäude, das an seine Stelle trat, ist ein trauriger Schlusspunkt der Architekturgeschichte dieses Ortes. Seit den 1970er Jahren beendet die Bank mit ihrem phantasielosen Backstein die turbulente Historie des Grundstücks, auf dem sie errichtet wurde. Die Vorderfassade ist konkav und erinnert vage an die Form einer Bühne, doch ein Zitat kann man das beim besten Willen nicht nennen.

1923, ein Jahr nach dem Einsturz, wurde dort, wo das Knickerbocker Theatre gestanden hatte, ein neues Theater gebaut, das Ambassador, das noch Jahrzehnte existieren sollte. Ende der 1960er Jahre entwickelte sich der Kinosaal zum Kultort der Hippiebewegung. Jimi Hendrix gibt dort 67 sein erstes legendäres Konzert in Washington. Keine zwei Jahre später müssen die Eigentümer das Ambassador abreißen lassen. Der Baugrund fällt einem Projektentwickler in die Hände, der ihn an die SunTrust Bank weiterverkauft. Der Vorplatz des Theaters ist in SunTrust Plaza umbenannt worden. Heute ist die 18th Street die Verkehrsschlagader des Yuppie-Viertels Adams Morgan, eine Aneinanderreihung von Ethnorestaurants. Ein Italiener, ein McDonald's, das Bluescafé Songbyrd, ein Barbecue, eine Pizzeria, ein schwedisches Kaffeehaus, eine *ramen-noodle*-Bar, ein türkisches Lokal, ein Inder, ein Koreaner, der zur Hälfte ein Tattoo-Shop ist, ein Falafel-Imbiss, ein Schaufenster mit Vintage-Kleidung, noch eine Pizzeria.

Auf Höhe des einstigen Knickerbocker Theatre befindet sich zwischen den Restaurants der 18th Street der *Idle Times Book-*

store. Zwei Stockwerke und ein Treppenabsatz, vollgestopft mit gebrauchten Büchern. In jedem Regal winkt die Chance auf seltene Ausgaben. Aus den Fächern kommt mir der typisch säuerliche Geruch nach altem Papier entgegen. Vor dem hintersten Regal im ersten Stock überfliege ich die Buchrücken. Im obersten Fach klebt ein braunes, mit Filzstift beschriftetes Pflaster: «*Non-fiction*». Ich suche nach John McPhee, weil ich mir Rat von ihm erhoffe. Ich will von ihm lernen, wie ich es anstellen kann, in dem Buch, das ich schreiben möchte, weniger vorzukommen. John McPhee schreibt erzählende Sachbücher, er ist Erzähler, Protagonist und Kamera in einem, aber nie allwissend oder strikt dokumentarisch und schon gar kein deplatzierter Statist, der seinem Thema im Weg steht – ihm geht jeglicher Profilierungsdrang ab. Er ist eher so etwas wie eine verkörperte Stimme. Ohne dass er etwas dafür tun muss, geht man davon aus, dass er es ist, ein Mann aus Fleisch und Blut, den man zu lesen bekommt, der sowohl im Text als auch in der Welt anwesend ist. Er leiht uns seine Augen und Gedankengänge, er erlebt sein Thema hautnah, liest sich darin ein und schafft es, all diese Erkenntnisse auf unwiderstehliche Weise in Worte zu fassen. Ein paar erzä Dollar kaufe ich *Oranges*, McPhees Reportageklassiker über Orangen, und für 12,99 die gesammelten Werke von Anne Sexton.

Als Reggie Geare an dem fatalen Abend zum Knickerbocker Theatre kam, blendete sein Körper das Bild des Schreckens zunächst aus, so als wollte ihn sein Nervensystem schützen: vor den Polizeibarrikaden, den Tragbahren und zerstückelten Körpern, vor den Räumfahrzeugen, die vorgingen wie Totengräber, vor den Spitzhacken und Brechstangen, die unermüdlich auf Holz und Stein einschlugen, um sich einen Weg zu bahnen, vor den Sirenen und vor dem Geschrei der vielen Menschen um ihn

herum. Er befand sich mittendrin und sah nur die vier Außenmauern seines Bauwerks, die ja noch standen. Was konnte um
Himmels willen groß passiert sein, wenn die Außenmauern
noch standen, zum Himmel zeigten und auf ein Erbarmen hoff-
ten, das ihm für immer verwehrt bleiben sollte, als der Schock
bis zu ihm vordrang: Die Mauern trugen kein Dach.

Wie ein Wahnsinniger durchbrach er die Barrikaden, um
den Rettungsmannschaften beizustehen. Er kannte das Gebäude in- und auswendig. Er hatte zwei Arme.

Aber Menschenkraft allein genügte nicht. Es waren Bohr-
türme und Maschinen, hydraulische Hebebühnen und Kräne
nötig, ja unentbehrlich, als man versuchte, die Trümmer so
vorsichtig wie möglich wegzuräumen. Bis zum späten Nachmittag des darauf folgenden Tages hoffte man, noch Über-
lebende zwischen den erschlagenen Leichen und dem blei-
schweren Schutt zu finden.

In *The Last Poet*, einem zwanzigminütigen Video-Essay des amerikanischen Künstlers David Hartt, erkundet die Kamera ein
beliebiges Viertel am Rand einer namenlosen Stadt irgendwo
an der Ostküste. Ein Lastwagenparkplatz. Ein Autofriedhof.
Die Blechbehausung einer Telefonzelle ohne Apparat oder Hörer. Eine Kirche. Gartenstühle aus weißem Plastik. Es weht ein
leichter Wind. Straßen voller Fertighäuser, die alle gleich aussehen. Ein Pflanzenspross, der Steinfliesen zum Bersten bringt.
Jemand rennt über die Straße und nimmt einen Bus. Die Brücke
in der Ferne ist noch im Bau. Der Fluss, der unter der Brücke
durchfließt, hat eine graubraune Farbe. Über die Bilder ist die
Stimme von Francis Fukuyama gelegt, der sagt: «*This deep his-
torical sense where you want to preserve old things, ruins, we haven't
gotten there. Americans still want to start all over again.*» – «Dieses
tiefverwurzelte historische Bedürfnis, Altes zu erhalten, Rui-

·300·

nen, so weit sind wir noch nicht. Amerikaner möchten immer noch ganz von vorne anfangen.»

Nach dem Ersten Weltkrieg liegt Europa in Schutt und Asche, aber in den Vereinigten Staaten hat die Wirtschaft Anfang der zwanziger Jahre Hochkonjunktur. Isolationistische Außenpolitik hält die Probleme anderer auf Distanz, während der eigene Markt dank des neuen Kapitalismus-Booms floriert. Massenproduktion führt zu einer Maßstabsvergrößerung, wodurch auch der Wohlstand exponenziell zunimmt – ein *Ford Model T* für alle! Während dieses Wohlstandswahns entsteht Raum für Selbstverwirklichung – auch wenn man dafür erst von der Mittelklasse aufwärts in Frage kommt und auch das in erster Linie nur als weißer Amerikaner. Optimismus ist zu jener Zeit einfach ansteckend, und auch Reggie Geare betrachtet sein Leben als eine Reise hin zu privatem Glück und freier Entfaltung.

Ungefähr zum Zeitpunkt seines ersten beruflichen Erfolgs heiratet er in der Episkopalkirche St. Margaret von DC die bildschöne Dorothy Smallwood. Bei der Zeremonie sind drei Brautjungfern anwesend: Marie Tunstall, Marguerite Weller und Lela Howard. Alle drei sind grün vor Neid. Jede von ihnen würde der Freundin, ohne mit der Wimper zu zucken, hinterrücks ein Messer reinrammen, um selbst mit dem jungen Architekten durchzubrennen. Seine Zukunft ist unglaublich vielversprechend, und er besitzt jungenhaften Schalk sowie diese geheimnisvolle, unergründliche Künstler-Aura.

Als Marie, Marguerite und Lela einige Jahre später direkt hintereinander das gleiche Telefonat von ihrer Freundin Dorothy bekommen, preisen sie sich nach dem ersten Schock glücklich, dass es nicht ihr Mann ist, der all die Toten auf dem Gewissen hat.

Irgendwann im Laufe des 29. Januars 1922 muss es aufgehört haben zu schneien. In den darauf folgenden Tagen dürfte das Tauwetter begonnen haben, aber davon bekommt Reggie Geare nichts mit. Nach der Katastrophe geht er eine Woche lang nicht mehr aus dem Haus. Er spricht mit niemandem, auch nicht mit seiner Frau. Erst als er aussagen muss, zieht er sich an, um das District Building aufzusuchen. Zeugen zufolge ist er leichenblass, sein Blick ist der eines Besessenen.

Acht Tage lang wird er befragt. Geare geht nicht einmal davon aus, dass er unschuldig sein könnte. Da die Suche nach der Wahrheit ihn genauso umtreibt wie die Untersuchungskommission, arbeitet er konstruktiv mit. Er geht alles noch mal durch, zeichnet die Pläne immer wieder neu, um Klarheit zu gewinnen, Nacht für Nacht setzt er das Theater ausgehend vom Fundament erneut Stein für Stein zusammen. Was übersieht er? Wo hat er einen Fehler gemacht? Zu seiner Verteidigung: Er findet keinen.

Die langen Verhöre fordern ihren Tribut, im Zeugenstand fällt er immer mehr in sich zusammen. Er bricht.

Jetzt, wo Clyde Gearhart, Caroline Upshaw und Edward Williams sich nicht länger in einem kritischen Zustand befinden, sind es offiziell fünfundneunzig Todesopfer. Hundert weitere Menschen wurden schwer verletzt, ein Großteil von ihnen wird von dem Kinobesuch lebenslange Verstümmelungen zurückbehalten.

Das Gericht gelangt zu dem Schluss, dass die Opfer an den unmittelbaren Folgen von Konstruktionsfehlern starben, die der Architekt hätte verhindern können. Reginald Geare wird wegen *manslaughter* angeklagt. Obwohl er letztendlich nicht rechtskräftig verurteilt wird, genügt die Anklage, dass ihn die Allgemeinheit und die Geschichtsschreibung für schuldig halten.

Es sieht ganz danach aus, dass das Scheitern eines Tages überholt sein wird. Die gesamte Evolution bewegt sich hegelianisch darauf zu. Der Mensch erfindet stets mehr und stets bessere Apparaturen, um schlauer, schöner, effizienter, gesünder, stärker, ja «haltbarer» zu werden, um sich aufzuschwingen, die Grenzen des menschlichen Daseins zu überwinden. Scheitern, und sei es nur im Kleinen, als mir die Kaffeetasse entglitt und zu Bruch ging, weil ich vor lauter Erschöpfung die Kontrolle über meine Motorik verloren hatte, oder aber in ganz großem Maßstab angesichts der Unmöglichkeit, tödliche Krankheiten zu heilen – jede Form des Scheiterns zweifelt diese evolutionäre Entwicklung an. Kein Wunder, dass Scheitern existenzielle Ängste weckt, da es imstande ist, unsere ganze Art und Weise, wie wir von der Vergangenheit in die Zukunft fortschreiten, in Frage zu stellen. Wie so oft wird diese Angst durch Argumente gebändigt. Hinfallen und wieder aufstehen. Aus seinen Fehlern lernen. Was dich nicht umbringt, macht dich stark. *Failing forward.* Scheitern geht anscheinend stets mit der Vorstellung einher, dass man sich anschließend noch mehr anstrengen, das Scheitern als notwendigen Schritt hin zu einem neuen Ziel betrachten muss. Scheitern, das ist fruchtbarer Boden für neue Selbstverwirklichung.

Manchmal scheinen die Tage eine einzige Aneinanderreihung von Zielen zu sein, Schritte auf dem Weg zur Vervollkommnung. Den Abwasch machen heißt, sich vervollkommnen, tausend Worte schreiben heißt, sich vervollkommnen, ja, schon aus dem Bett kommen heißt, sich vervollkommnen, weil es bedeutet, dass ich Anstalten mache, den Tag anzugehen und nach diesem Tag den nächsten, ja, dass ich das Leben in die richtige Richtung lenke, nämlich vorwärts, mit ungebremster Energie.

Ein Scheitern zweifelt diese Richtung an, es wirft einen

zurück, dummerweise in die Gegenrichtung, in die des Nicht-Seins. Es ist eine Falltür in die darunter befindliche Leere, ein Riss, durch den die Fehlerhaftigkeit hindurchschimmert. Der Riss ist beängstigend.

Vielleicht ist es auch eine Frage der Perspektive: Wenn das Scheitern ans Nicht-Sein rührt, ist der Tod aus der Perspektive des Lebens fatales Scheitern. Aus der Perspektive des Todes hingegen ist das scheiternde Leben die Vervollkommnung schlechthin. Nicht-Scheitern wäre der Triumph des Lebens, der Sieg über den Tod. Vielleicht werden im Selbstmord Vervollkommnung und Scheitern aufs makaberste zur Deckung gebracht.

Natürlich sagen manche Philosophen, Soziologen und Psychologen, dass wir nun mal per se unvollkommene und suchende Wesen sind, dass die Kluft zwischen demjenigen, der wir sind, und demjenigen, der wir sein wollen, eine beruhigende Lücke darstellt, die immer in uns klaffen wird – zum Glück, denn in dieser Lücke liegt jeglicher Ehrgeiz begründet, ja, das Streben, das überhaupt erst dafür sorgt, dass wir weiterleben.

Was Reggie Geare empfunden hat, als das Dach einstürzte, ist ein völliges Schließen dieser Lücke. Wer er sein könnte, deckt sich von da an für immer mit demjenigen, der er in diesem Moment ist: ein fehlbares Wesen, das auf Kosten zahlreicher Menschenleben einen fatalen Irrtum begangen hat.

In den Jahren danach gelingt es ihm nicht, zu alter Form zurückzufinden. Er muss nicht nur lernen, mit den Opfern zu leben, sondern wird auch noch gezwungen, sich neu zu erfinden, denn niemand will mehr mit ihm arbeiten. Er schafft es nicht, sich in seinem Beruf erneut zu behaupten. Sein Traum vom Bauen liegt zusammen mit den Toten unter dem eingestürzten Dach begraben. Reggie Geare ist achtunddreißig, als er sich dieser Erkenntnis stellen muss. Gleichzeitig wird ihm klar, dass es unmöglich ist, sich neu zu orientieren. Er ist nun mal Architekt. Muss man als Architekt arbeiten, um einer zu sein? Geare stirbt in seinem Haus 3047 Porter Street, ganz in der Nähe des heute mondänen Georgetown im Nordwesten von DC. Den Tag seines selbstgewählten Todes verbringt er in seinem Büro. Fünf Jahre nach der Katastrophe geht er immer noch täglich dahin, auch wenn dort keine Arbeit mehr auf ihn wartet. Das gibt ihm die Kraft durchzuhalten: Solange er das Büro hat, ist er Architekt. Heute verlässt er es ausnahmsweise schon mittags, um Golf zu spielen. Er kommt nicht besonders spät nach Hause und bringt seiner Frau Dorothy eine Schachtel Pralinen mit. Reggie macht einen gelassenen Eindruck auf sie, er ist liebevoll wie immer und unerreichbar wie seit jenem Moment.

Nach dem Abendessen zieht er sich in das Dachzimmer zurück, in dem sein Zeichentisch und sein Schlafsofa stehen. Wenn er bis spät in die Nacht zeichnet, schläft er manchmal dort, um Dorothy nicht zu wecken.

Auch wenn sie hofft, dass er sich wieder fängt und langsam nach einem neuen Job sucht, findet es Dorothy durchaus tapfer von ihrem Mann, dass er dabeibleibt, dass er weiter zeichnet. Das ist eine Eigenschaft von ihm, an die sie sich klammern kann, denn so erinnert er sie noch an den Mann von früher. An diesem Abend lässt sie ihn daher in Ruhe. Reggie sagt oft, wie dankbar er für den Freiraum sei, den sie ihm lässt. Alles braucht seine Zeit, denkt sie, er hat viel zu verarbeiten.

Bevor sich Reggie an diesem Abend schlafen legt, dreht er den Gashahn auf. Das Dachzimmer wird mit Steinkohlengas beleuchtet, ein Cocktail aus Wasserstoff, Methan, Ethan, Kohlenstoffmonoxid und Stickstoff. Kein Tod ist sanfter als dieses Ersticken: Die Lunge atmet noch Luft, sodass sie nicht panisch kollabiert – nur dass diese Luft immer weniger Sauerstoff enthält, ein stets dünner werdender Faden spannt sich in der Brust, bis er schließlich reißt.

Erst als Reggie am nächsten Morgen nicht zum Frühstück erscheint, wird Dorothy unruhig. Immer wieder klopft sie an die Tür des Dachzimmers, leicht gereizt, weil sie ihn wie ein kleines Kind zu Tisch rufen muss. Weil er sich außerdem weigert, aufzumachen, verflucht sie ihn. Sie rüttelt an der Klinke, bückt sich, um durchs Schlüsselloch zu schauen, kann aber nichts erkennen, seltsam, es scheint ein Stofflappen hineingestopft worden zu sein, aber noch ehe sie begreifen kann, was das bedeutet, dringt ihr auch schon schwacher Gasgeruch in die Nase. Obwohl sie in diesem Moment noch nicht mit Sicherheit weiß, was er getan hat, ahnt sie es trotzdem, weil es in gewisser Weise schon seit Jahren geschieht. Daraufhin schlägt Dorothy die Tür ein und prellt sich die rechte Schulter. Reggie trägt seinen Pyjama, friedlich ausgestreckt liegt er auf dem Kanapee. Dorothy dreht den Gashahn zu und versucht, ihren Mann wiederzubeleben. Jetzt flucht sie noch lauter. Sie ruft den Rettungswagen. Der Arzt kommt und erklärt Reggie für tot.

Der Leichenbeschauer fragt nach Hinweisen und Andeutungen. Dorothy erwidert, dass Reggie in letzter Zeit recht ausgeglichen auf sie gewirkt habe. Ja, er habe sich Sorgen über ihre finanzielle Situation gemacht, jetzt, wo die Aufträge ausblieben, aber Selbstmord? Wann verhält sich jemand wie ein Selbstmordgefährdeter? Woran hätte sie das erkennen sollen?

Es gab da diesen wiederkehrenden Traum, von dem sie nie erfahren sollte, weil Reggie ihn ihr nie erzählt hat, der Traum war einfach zu schrecklich:

Ein Junge, bestimmt kaum älter als fünfzehn, ist unter einem Trümmerstück unweit des Ausgangs eingeklemmt.

Fast hätte er es geschafft, zu entkommen. Das Trümmerstück zermalmt ihn von der Taille an abwärts, Oberkörper
und Kopf sind jedoch unversehrt. Der Junge weint nicht,
er schreit nicht und stöhnt nicht, er wimmert nicht vor
Schmerz, sondern tut alles, was er kann, um die Rettungskräfte so gut wie möglich zu unterstützen. Aus seinem staubigen Haar quillt Blut. Zwei Ärzte leisten Erste
Hilfe, während ein Dutzend Feuerwehrleute versucht, das
enorme Gewicht mit einer hydraulischen Hebebühne von
seinem Unterkörper zu wuchten.

«Junge, du bist genauso tapfer wie jedweder Mann in
den Schützengräben», sagt der Arzt, der aus eigener Erfahrung weiß, dass es in den Schützengräben Tapferkeit
gab, auch wenn man ahnte, dass man nicht die geringste
Chance besaß.

Irgendwann schafft es der Junge, sich ein wenig mit
dem Ellbogen aufzustützen, er hat furchtbare, unvorstell-
bare Schmerzen, aber er stützt sich auf, um zuzuschauen,
wie die Rettungskräfte versuchen, das Trümmerstück
wegzunehmen. Er ist wild entschlossen, darunter her-
vorzukommen. Der Junge in Reggies Traum ist der Junge,
über den die *Washington Post* am Tag nach der Katastrophe schreiben sollte: «*He was the American spirit intensi-
fied: the supreme splendor of the nation in the face of crisis, it
was boyhood risen to men's estate.*» – «Er war der American
Spirit in Reinform: ein leuchtendes Vorbild im Angesicht
der Not. Ein Knabe, der sich in den Mannesstand empor-
geschwungen hat.»

Jede Nacht stützt sich der Junge in Reggies Traum erneut auf
den Ellbogen. Manchmal erlebt er den Traum aus der Perspektive des Jungen, starrt auf den ihn zermalmenden Stein auf

dem Unterkörper. Manchmal ist er einer der Rettungskräfte, der mit aller Kraft versucht, den Stein anzuheben, was natürlich nie gelingt. Nie ist er in diesem Traum der Arzt, der den Jungen natürlich genauso wenig retten kann.

Auch Harry Crandall geht letztlich unter, obwohl er zunächst sehr robust reagiert hat. Kurz nach der Katastrophe hört er auf den Rat, das Theater so schnell wie möglich wieder aufzubauen – wenn auch in Zusammenarbeit mit einem anderen Architekten. Crandall lässt Geare fallen und entscheidet sich für dessen Konkurrenten Thomas Lamb, der, ausgehend von den noch stehen gebliebenen Mauern, 1923 das Ambassador Theatre errichtet. Der neue Saal mag zwar die Trümmer aus dem Straßenbild entfernen, ist aber nur ein Pflaster auf der Wunde. Der Schock über das, was sich da in dieser Januarnacht abgespielt hat, wird noch jahrelang nachwirken. Crandall begreift, dass er sich in den Augen der Allgemeinheit ebenfalls schuldig gemacht hat. Der Zenit seiner Karriere ist überschritten.

1927 lässt er sein Imperium von Warner Bros. aufkaufen. Die meisten seiner Lichtspielhäuser sind heute verschwunden. In der 1215 U Street steht noch das Lincoln Theatre, ein Entwurf von Geare. Das Gebäude wurde unter Denkmalschutz gestellt, allerdings nicht wegen seiner architektonischen Verdienste, sondern wegen seiner historischen Bedeutung: Das Lincoln war damals das Zentrum von «Washington Black Broadway», erbaut für ein afroamerikanisches Publikum, das wegen der Rassengesetze aus anderen Theatern ferngehalten wurde.

1937, fünfzehn Jahre nach der Katastrophe, begeht auch Harry Crandall Selbstmord. Das Vermächtnis des ehemaligen Millionärs besteht aus einem Diamantring im Wert von fünfhundert Dollar, der ihm zurückgegeben worden war, aus einer Uhr im Wert von fünfzig Dollar, ein paar Möbeln und Kleidungsstücken sowie aus einigen in den Keller gerauschten Firmenanteilen. Er hinterlässt einen Zettel, auf dem er die Zeitungen, die über seinen Tod berichten werden, bittet, nicht allzu harsch über ihn zu urteilen. «Denn ich bin verzweifelt, ich vermisse meine Lichtspielhäuser einfach zu sehr.»

Kurz nach der Katastrophe wurde die Bauaufsichtsbehörde mit Anträgen überschüttet, Privathäuser und öffentliche Gebäude auf ihre Sicherheit hin zu überprüfen. Unter den Dächern Washingtons herrschte auf einmal begründete Todesangst vor Einsturzgefahr.

Am 31. Januar 1922 stellte das Bureau of Standards eine Untersuchungskommission für das Knickerbocker zusammen. Man nahm Proben der Baumaterialien und glich die Sicherheitsvorschriften mit der Situation vor Ort ab. Untersuchungen, die die Angehörigen der Opfer auch nicht trösten und die Verletzten nicht heilen konnten, aber man musste schließlich in die Zukunft schauen. Ziel der Untersuchung war es nicht nur, nachvollziehen zu können, was genau passiert war und wen man dafür verantwortlich machen konnte, sondern auch, dazu beizutragen, die veralteten Bauvorschriften im District Columbia zu überarbeiten. Das Regelwerk war für moderne Konstruktionsmethoden längst nicht mehr geeignet.

Über die offizielle Untersuchungskommission hinaus meldeten sich zig Fachleute von außerhalb, um an dem Fehlerbericht mitzuarbeiten; auch der Bauverantwortliche von Chicago und ein Abgesandter der American Society for Civil Engineers trugen ihre Expertise bei. Die Untersuchungen zum «Knickerbocker Disaster» ergaben, dass es tatsächlich an einem Konstruktionsfehler lag: Der Hauptbalken des Daches hatte sich von der Nordwand gelöst, und zwar, weil einerseits das nördlichste Knotenblech und andererseits der untere Rand der Wandpfette defekt waren.

Das Knotenblech war 1,27 Zentimeter dick und bildete die einzige Seitenstabilität für die schwere Firstpfette. Die Fußpfette lastete ohne jede zusätzliche Befestigung auf der Wand. Beide Pfetten kippten und wurden durch eine Kombination aus Druck, Kompression und Drehung zermalmt.

Durch die Schneelast senkte sich der Hauptbalken, der so konstruiert war, dass der meiste Druck an die Wände abgegeben wurde. Die Pfetten waren aber nicht gut in den Wänden verankert. Außerdem hatten sich die Wände aufgrund der Kälte und Feuchtigkeit ausgedehnt und sich deshalb ein Stück unter dem Dach hervorgeschoben. Diese Außenausdehnung der Wände und das Absinken der Pfetten schnitten das Dach im wahrsten Sinn des Wortes aus seiner Verankerung.

Aus der Vernehmung von Reggie Geare geht hervor, dass noch während der Bauarbeiten im letzten Moment auf ein billigeres, leichteres Material umgestellt werden musste, und zwar wegen des Stahlmangels infolge des Ersten Weltkriegs. Aber auch weil Auftraggeber Harry Crandall der Meinung war, dass sich der Bau so beschleunigen ließe. Der Architekt hatte sich damit einverstanden erklärt – nicht ohne im Vorfeld beim Washington Building Department um Genehmigung zu bitten. Eine Genehmigung, die er auch bekam – trotzdem wäre es seine Aufgabe gewesen, die Tragkraft neu zu berechnen. Die Verantwortung für den Fehler lässt sich direkt bis zu Geare zurückverfolgen, der von Seiten Crandalls unter Druck stand. Andererseits war der «Knickerbocker Schneesturm» wirklich außerordentlich heftig. Hätte der Architekt damit rechnen müssen, dass je so viel Schnee auf dem Dach lasten, ja, geschweige denn fallen könnte? Als die Emotionen nach dem Einsturz hohe Wellen schlugen, wurden sogar Stadtangestellte

verklagt, weil sie es nicht geschafft hätten, die Straßen schnee-
frei zu halten, was den Rettungseinsatz verzögerte. Wenn
schon Schneeräumpersonal verantwortlich gemacht wurde,
kann man sich leicht ausmalen, in welchem Ausmaß Geare
dämonisiert worden sein muss.

Nach der Untersuchung wurden die Bauvorschriften geändert, mit besonderem Augenmerk auf Sicherheit und Präven-
tion. Man nahm einen zusätzlichen Hinweis auf, als Warnung
für alle Architekten und Bauherren: «*Safety first from foundation
to capstone.*» – «Sicherheit hat oberste Priorität – vom Fundament bis zum Schlussstein.»

Unweit der U-Bahn-Station Brookland befindet sich das American Poetry Museum and Center for Poetic Thought. Es gehört
zu einem großen Industriegebäude mit allen möglichen Start-
ups. Vor dem Fenster, das eher ein Schaufenster ist, sitzt ein
älterer, leicht untersetzter Mann, der mich hereinwinkt. Man
kann das Museum auf einen Blick erfassen, einen kleinen weißen Raum, kaum größer als mein Wohnzimmer. An der Wand
hängen vier Bilder, ganz hinten stehen ein bescheidenes Regal
und ein Mikrophonständer.

«Komm rein, aber erwarte nicht zu viel von mir», sagt der
Mann, der sich als Reuben vorstellt. «Ich bin noch ein wenig
undercaffeinated.»

Anschließend nimmt er wieder im Schaufenster hinter seinem Laptop Platz. Er hat was von einem Tier im Zoo, der zeitgenössische Dichter in seinem Habitat, mit MacBook in einem
kleinen weißen Raum, eingesperrt hinter Glas. Ich denke an
Walter, an sein Rätsel vom Museumswärter und vom leeren
Saal.

Die Bilder sagen mir wenig, doch voll freudiger Erwartung
laufe ich an den Buchrücken im Regal entlang. Vielleicht ha-

· 311 ·

ben die ja ein seltenes, handgeschriebenes Manuskript des Debüts von John Ashberry hier, oder ich kann die Erstauflage von *Spring and All* von William Carlos Williams in die Hand nehmen, einen Blick in Elizabeth Bishops Buchnotizen werfen, in den mit dem Pulitzer Preis ausgezeichneten gesammelten Werken von Wallace Stevens blättern. Doch das Regal löst keine meiner Erwartungen ein. Es stehen hauptsächlich Anthologien mit Gelegenheitspoesie und Ramschexemplare darin.

«Magst du Gedichte?», höre ich Reuben fragen.

Ich versuche, mir meine Enttäuschung nicht anmerken zu lassen. «Ich hatte mir unter dem Museum für amerikanische Lyrik etwas anderes vorgestellt.»

«Wir schlagen uns so durch. Der Buchmarkt ist rückläufig, vor allem die Lyrik hat es schwer. An einem guten Abend sitzen trotzdem zwanzig, dreißig Leute im Publikum.»

«Lyrik scheint es immer schwer zu haben», erwidere ich verächtlich.

Reuben sagt etwas Sentimentales über innere Notwendigkeit und die transformative Kraft der Poesie, worauf ich mit einem Vortrag über Resonanz, metrische Zwänge und Lebenstrieb kontere. So reden wir fast schon wie zwei Karikaturen vor uns hin. Dichter können die Bedeutung von Lyrik hervorragend in Worte fassen, sie sind äußerst gut darin, weil sie sich so oft rechtfertigen müssen. Reuben starrt auf den Boden, wenn er formuliert, was erst recht so wirkt, als holte er die Worte aus seinem tiefsten Innern hervor. Aus ähnlichen Diskussionen mit anderen Dichtern fördere ich zutage, was bei dieser Art Unterhaltung von mir erwartet wird, und versuche, Leidenschaft mitschwingen zu lassen. Obwohl sich in diesem Moment keiner von uns dem Thema wirklich verbunden zu fühlen scheint, sind wir das unserem Berufsstand einfach schuldig.

Reuben arbeitet ehrenamtlich für das Museum, ansonsten

ist er Kurator der Duke-Ellington-Sammlung im Smithsonian. Jazz ist sein Leben, aber seine erste Liebe ist die Lyrik. In den 1990er Jahren, als er noch studierte, debütierte er mit bescheidenem Erfolg. Der Band hat ihn an schöne Orte geführt und ihm gute Kontakte verschafft, aber als die anfängliche Aufmerksamkeit nachließ, hörte er mit dem Dichten auf.

«Man darf nie schreiben, wenn man nichts zu sagen hat. Bei mir hat es fast dreißig Jahre gedauert, bis es wieder etwas gab, das ich zu Papier bringen konnte. Jetzt werde ich alt, und Vergänglichkeit ist ein dankbares Thema», meint Reuben nicht ohne eine gewisse Genugtuung.

«Ich bewundere dich», erwidere ich und hoffe, dass es genauso aufrichtig klingt, wie es gemeint ist. Reuben war so mutig, zu warten, was ich bei weitem das Ehrlichste finde, was ein Künstler tun kann.

«Ach, ich habe meine Gedichte nie zum Überleben gebraucht. Wenn man Seelenqualen leidet, schreibt man ganz andere Lyrik», sagt er.

«Anne Sexton», merke ich an, meine damit aber genauso Sylvia Plath, die Südafrikanerin Ingrid Jonker oder die Schwedin Karin Boye und all die anderen, für die das Dichten dann doch nicht die Rettung war. Jede dieser Lyrikerinnen ist schon früh aus dem Leben geschieden. Ich denke an Anne Sextons Gesicht «*Sylvias Tod*», das sie anlässlich von Plaths Tod schrieb:

wie bist du hineingekrochen,
hinuntergekrochen allein
in den Tod, den ich so lange schon heftig ersehnte,
den Tod, von dem wir sagten, wir wären über ihn hinaus,
den Tod, den wir an unseren mageren Brüsten trugen,
den Tod, über den wir so oft sprachen, wann immer
wir in Boston drei extratrockene Martinis kippten.

Auf dem Weg nach Dulles Airport schneit es, es schneit seit gestern Abend, vielleicht bin ich einfach nicht darauf vorbereitet, habe erst nachher, wenn ich in den Bergen von Colorado sein werde, mit Schnee gerechnet. Vielleicht liegt es daran, dass sich der Uber-Fahrer schweigend auf die glatte Fahrbahn konzentriert und schon zu lange nichts oder niemand mehr von außen in meine Gedankenwelt vordringt, langsam verheddere ich mich darin, vielleicht weil der Himmel so dick und weiß vor mir hängt, auch der Boden wird immer mehr darunter begraben, die Autos, die Autobahn, die Leitplanken, die Straßenschilder, die Laternen, die Hochspannungsleitungen. Alles verliert seine Definition – jetzt, wo der Schnee die Welt nach und nach ausweißt: War es nicht Cioran, der gesagt hat: «Einen Gegenstand mittels einer Definition erfassen (...) hieße, diesen Gegenstand schal und überflüssig zu machen, hieße, ihn vernichten»?

Jetzt ist alles neu, und es steht mir klar vor Augen, dass es deutlich sinnvoller ist, all das nicht zu erzählen, um es auszulöschen. Wenn ich aus dem Autofenster schaue, erkenne ich in dem weißen Ausschnitt fast nichts mehr bis auf die Warnschilder, die regelmäßig vorbeihuschen. Durch das Schneetreiben schreien orangefarbene Buchstaben: «Caution».

XIII.

Kempfs Kinetischer Skulpturengarten (seit 1978), Colorado Springs

Starr Gideon Kempf (1917–1995)

Eine FN Browning Challenger .22, hergestellt in Belgien. Joshua Kempf drückt mir die Pistole, mit der sich sein Großvater in den Kopf geschossen hat, ungefragt in die Hand.

Es ist das erste Mal, dass ich eine Waffe halte, am liebsten würde ich sie so schnell wie möglich wieder loswerden, aber weil es Joshua sichtlich viel bedeutet, sie mir zu zeigen, lasse ich die Pistole ein paar ehrfürchtige Sekunden lang in meiner Hand liegen, in der sich die Muskeln minimal zusammenziehen und die Blutgefäße weiten. Ich sehne mich heftig danach, unversehrt zu bleiben.

«Es war ein *clean shot*.» Josh fasst sich demonstrativ an die linke Schläfe und lässt den Kopf nach rechts fallen. Nach dem Schuss ist Starr Gideon Kempfs Kopf durch den Rückstoß gegen einen Pappkarton an der Wand geknallt, eine blutige Masse, der Schädel zertrümmert. Josh hat diesen blutverschmierten Pappkarton noch irgendwo, falls ich ihn sehen möchte, aber er müsste danach suchen.

Die Browning ist kein sentimentaler Gegenstand. Josh und seine Exfrau, die Ungarin – nun ja, eigentlich sind seine beiden Exfrauen Ungarinnen –, haben ein paarmal damit geschossen. Es ist keine wirklich große Waffe, nicht besonders genug, um extra damit zur *shooting-range* zu gehen, deshalb sind sie einfach bloß in den Park, der gegenüber vom Haus beginnt, ein

Stück den Cheyenne Mountain rauf. Dort haben sie eine Weile in erster Linie auf Felsen geschossen. Einfach so, um zu gucken, wie sich das anfühlt.

Haus Kempf liegt am höchsten Punkt der Pine Grove Avenue in Colorado Springs. Die Straße steigt und nimmt Anlauf für den Cheyenne Mountain. Im Vorgarten stehen sechs meterhohe kinetische Vogelskulpturen. Bei Wind setzen sich ihre Flügel und einzelnen Bestandteile in Bewegung, schaukelnd, quietschend, rotierend und aufwärts gerichtet, als wären sie mit ihren dreitausend Kilo schweren Metallgestalten nicht an den Boden gefesselt. Die Skulpturen sind eine Mischung aus künstlerischer Ingenieursleistung und Gartencenter-Deko.

Josh zeigt mir *The Charger*, die erste in dieser Serie von Großskulpturen, die Architekt und Bildhauer Starr Gideon Kempf von 1978 bis zu seinem Tod schuf. Man kann eine Art teleskopische Angel darin erkennen. Oder einen Ritter zu Pferd, der mit seiner Lanze ausholt. Der kreisende Mittelpunkt des Werks ist eine zwiebelförmige Turbine.

«In dieser Windmühle nisten jedes Jahr wieder Vögel.» Josh zeigt auf die Zwiebel. «Wenn die Jungen dann zum ersten Mal die Flügel ausbreiten, glauben sie, dass die Welt eine Drehscheibe ist. Sie haben nicht den Hauch einer Chance, beim ersten Flugversuch stürzt einer nach dem anderen vor lauter Schwindel zu Boden. Mein Opa wurde ganz krank davon, nachdem er diesen abstürzenden Küken einen Tag lang zugesehen hatte.»

Seinen Mitmenschen gegenüber zeigte sich Kempf in der Regel weniger verständnisvoll. Je mehr er andere auf die Palme bringen konnte, desto besser. Wenn ihm jemand etwas verbieten wollte, machte er es erst recht. Einfach nur, um zu gucken, was passiert.

Kempfs Skulpturen sorgten jahrelang für Wirbel in dieser Wohnstraße. Sie nehmen einem nicht nur teilweise die Sicht auf die Berge, sondern verursachten auch ganz praktische Probleme. Als Kempf an der *Sunrise Serenade* arbeitete, einem auffliegenden, fünfzehn Meter hohen Vogel, sammelte er einen ganzen Schuhkarton voller Strafanzeigen. Der Vogel lag auf dem Bauch in der Gießerei. Aufgrund der enormen Höhe der Skulptur ragte ihr eleganter Phönixschwanz im Liegen mehrere Meter aus dem Tor auf die Straße. Ein unerbittlich heruntergelassener Schlagbaum, der monatelang den Verkehr blockierte.

«So war er eben», sagt Joshua. «Ein sturer Mistkerl, der regelmäßig rotgesehen hat.»

Einmal fuhr eine Frau versehentlich mit ihrem Chevrolet Blazer in die Pine Grove Avenue. Sie wollte am Ende der Straße wieder auf den Cheyenne Boulevard einbiegen und ihre Fahrt fortsetzen, musste aber wegen einer gigantischen Stahlkonstruktion, die die gesamte Straße versperrte, abrupt anhalten. Die Frau stieg aus, um sich die Blockade näher anzusehen, vergaß jedoch in ihrem Erstaunen, die Handbremse anzuziehen. Der SUV rollte in die Skulptur. Noch ehe sie begriff, was da eigentlich geschah, kam ein brüllender Mann mit einem Schneidbrenner auf die Straße gelaufen. Die Frau konnte ihm gerade noch entkommen.

Als Starr Kempf 1948 mit seiner Frau und den drei gemeinsamen kleinen Kindern in einem klapprigen Pick-up aus Ohio hier ankam, konnte in der Pine Grove Avenue noch keine Rede von Nachbarn sein. Colorado Springs, heute eine mittelgroße Stadt mit vierhunderttausend Einwohnern, war damals kaum mehr als eine kleine Ortschaft, umgeben von hektarweise freiem Feld.

Am äußersten Rand dieses Felds, am Fuß des Cheyenne Mountain und im Schatten des Pike's Peak, eines der höchsten

Gipfel der Rocky Mountains in Colorado, erwarb Kempf ein Stück Land. Mit Dynamit sprengte er den Fels, wo er sein stufenförmiges Architektenhaus in die Bergflanke bauen wollte: ganz unten die Metallgießerei, darüber das Atelier und oben die Wohnräume.

Acht Monate lebte die fünfköpfige Familie in diesem Truck auf dem Grundstück, während Starr sein erstes großes Projekt vollendete: Haus Kempf. Schon damals besaß er eine Vorliebe für robuste Materialien. Die Fassade besteht aus gelben Ziegeln und dunklem Holz. Die Innenwände sind dreißig Zentimeter dick, das Fundament ist hundertzwanzig Zentimeter tief. Für die Innenausstattung verwendete er auffallend viel Metall. Ein Freund, ein gewisser David Supperstein, besaß einen *scrappy*, wo Kempf regelmäßig gratis Alteisen holen durfte. Aus *rebar*, Betonstabstahl, der häufig zur Armierung verwendet wird, schuf er allerlei verschnörkelte Zäune und Tore, Wandleuchter und einen Schrein. Das Befremdlichste an seinem Haus sind die niedrigen Decken. Kempf hatte Komplexe wegen seiner Größe: 1,68. In seinem eigenen Haus wollte er auf keinen Fall klein wirken. Indem er die Decken absichtlich niedriger machte, bewohnte er seine eigene optische Täuschung.

Zur selben Zeit begann das malerisch in den Rockies gelegene Colorado Springs neues Geld anzuziehen. Es dauerte nicht lange, und die Pine Grove Avenue wurde mit exzentrischen, frei stehenden Häusern bebaut, meist *medieval mansions* und Architektenhäuser. Kempf bedauerte, mit ansehen zu müssen, wie die gehobene Mittelklasse herbeiströmte, mit der er nichts zu tun haben wollte. Demonstrativ schottete er sein Grundstück mit einer Reihe bedrohlicher Widderschädel aus Aluminium ab.

Fast zwanzig Jahre standen die Skulpturen in seinem Garten, bis sie eines Nachts vom Grundstück geklaut wurden. Am nächsten Morgen rammte Kempf einen Zaun in den Boden. Seine Frau Hedwig stand im Morgenmantel in der Tür und rief: «Was soll dieses verdammte Gehämmer? Wo sind die Widderschädel geblieben?»

«Die Sixties sind endgültig vorbei, mein Schatz!», rief Kempf seiner Frau zu, ohne von seiner Arbeit aufzuschauen.

Hedwig Roelen-Kempf wurde in Aachen geboren und floh kurz vor dem Zweiten Weltkrieg in die Niederlande. Als die Razzien auch dort zunahmen, steckte sie ihre gesamten Ersparnisse in zwei antike Schränke. Sie fälschte einen Kaufvertrag von einem nicht existierenden amerikanischen Kunden und nahm als Begleitung der Antiquitäten das Schiff nach Amerika.

Als sie auf Ellis Island ankam, musste sie die Schränke nicht mal verpfänden, sondern konnte sofort als Krankenschwester anfangen. Nach einigen Wochen bot man ihr eine feste Stelle im Penrose Hospital, Colorado, an. Noch weiter nach Westen ziehen zu müssen machte ihr nicht viel aus. Sie brauchte bloß noch ein anständiges Paar Schuhe.

So kam es, dass die junge deutsche Schönheit an einem Tag Ende Dezember 1941 das einzige Schuhgeschäft von Colorado Springs betrat, auf der Suche nach entsprechenden Slippern. Der junge Mann, der sie sie anprobieren ließ, schob ihren Fuß in einen weißen Mokassin. Auf dem Boden kniend, sah er, wie ihr Nylonstrumpf unter dem Rock bis weit über die Knie kletterte. Noch bevor er sich wieder aufgerichtet hatte, hatte er sie bereits um eine Verabredung gebeten. Hedwig, die ein neues Leben anfing, sagte auf diesen abenteuerlichen Elan hin einfach «Ja». Als sie dann am Abend desselben Tages allein im Restaurant sitzen sollte, dürfte sie ihn dafür verflucht haben.

Starr hasste seinen Job im Schuhgeschäft. Er interessierte sich weder für Schuhe noch für gute Manieren, und dann fiel man ihm auch noch in den Rücken: Ausgerechnet an diesem Abend musste er Überstunden machen, um bei der Inventur zu helfen. Als er damit fertig war, war die Dinnerzeit längst vorüber und Hedwig in dem Restaurant nirgends mehr zu entdecken.

Starr ging es weniger darum, sich zu entschuldigen, vielmehr hatte ihn das Versprechen des hochkletternden Nylonstrumpfs zielstrebig werden lassen. In seiner Phantasie hing Hedwig der Saum bereits um die Knöchel.

Die weißen Mokassins waren ein hilfreiches Indiz. Starr rief im Krankenhaus an, und ohne dass er viel hätte erklären müssen, bekam er die Privatnummer der neuen Krankenschwester aus Deutschland.

Spätabends am selben Tag trafen sie sich doch noch, im einzigen Lokal, das noch geöffnet hatte, im Navajo Hogan, einem achteckigen Schuppen direkt an der Straße, in den die Bergleute zum Tanzen gingen.

Dort saß er ihr an einem der Kaffeehaustische gegenüber, ein junger Ernest Hemingway. Starr war zwar klein gewachsen, aber mit seinem Selbstbewusstsein und seiner kräftigen Statur war er eine beeindruckende Erscheinung. Er machte keinerlei Anstalten, sie zu umschmeicheln oder zur Jukebox zu gehen – anscheinend laufen amerikanische Rendezvous nun mal so ab, dachte Hedwig. Der Schuhverkäufer entpuppte sich als ein aus Ohio stammender Künstler, den es aus unerfindlichen Gründen zweitausend Kilometer weiter nach Colorado Springs verschlagen hatte.

Starr Gideon Kempf wurde in Blufton geboren, in einem kleinen Dorf mit gerade mal tausend Einwohnern im Norden von Ohio. Auf dem Bauernhof einer geschlossenen Gemeinschaft von Mennoniten genoss er eine radikale Erziehung im Sinne der Täufergemeinde. Von seinem Vater und seinen sieben Onkeln lernte er das Zimmermanns- und Schmiedehandwerk, aber auch Maschinenbau- und Ingenieursfertigkeiten. Am liebsten schnitzte der kleine Starr aus Holz die Tiere aus seiner Umgebung.

An seinem sechzehnten Geburtstag floh er aus der Gemeinschaft. Er nahm den erstbesten Zug nach Westen, und dabei sollte es die nächsten vier Jahre bleiben: Er zog stets weiter gen Westen. Als würde er zum ersten Mal die Augen aufschlagen, um das Licht hereinzulassen, seinen Horizont zu erweitern ... und was sich ein junger Abenteurer sonst noch alles für einen Unsinn erzählt, um so zu tun, als verfolgte er ein Ziel, statt vor etwas davonzulaufen.

Hier und da blieb er etwas länger und arbeitete, um Geld für die Weiterreise zu verdienen, egal, was. Zum Beispiel filetierte er kiloweise Fische für ein Restaurant in Salt Lake City und war eine Zeitlang Tierpfleger in einem Zirkus in Kalifornien. Alles war herrlich vorläufig, ganz im Gegensatz zu dem festen Glauben an die ewige Verdammnis, mit dem er bei den Mennoniten aufgewachsen war.

In den vorbeiruckelnden Nächten auf *cross state*-Güterwaggons verbrachte er viel Zeit mit Menschen unterschiedlichster Herkunft. Er freundete sich mit Afroamerikanern an, mit Leuten, die er aufgrund der geistigen Enge, in der er aufgewachsen war, vorher nie kennengelernt, geschweige denn gesprochen hatte. Starr Kempf begeisterte sich für ihre Kultur und vor allem für die Spirituals, nach denen er zwei seiner frühen Wandbilder benannte, *Over Jordan* und *Swing Low, Sweet Chariot*.

Sein Interesse an Wandmalerei lockte ihn 1937 nach Colorado, wo der kanadisch-amerikanische *muralist* Boardman Robinson eine interessante Gruppe von Künstlern um sich versammelt hatte. Der junge Starr Kempf zeigte ihm eine seiner Zeichnungen, ein ländliche Szene wie aus dem neunzehnten

Jahrhundert mit einer Familie mit Pferd und Wagen. Boardman Robinson war schwer beeindruckt und konnte ihm ein Stipendium am Fine Arts Center beschaffen, in dessen Leitung er saß.

Als Kempf am festlichen Abend der Stipendienverleihung etwas von sich erzählen sollte, verschwieg er seine Jugend in der Mennoniten-Gemeinschaft und freute sich, wie sich alles entwickelt hatte.

Sein künstlerisches Talent blühte während des Studiums am Fine Arts Center auf – wenn auch ganz anders als von seinen Wohltätern erhofft: Nach seiner Zulassung hat er kein einziges Pferd und keinen einzigen Wagen mehr zu Papier gebracht. Immer wieder zeichnete er die Afroamerikaner, die er auf seinen Streifzügen kennengelernt hatte. In dem damals noch stark segregierten Mittleren Westen stieß das auf wenig Gegenliebe. Ein Lehrer ermahnte ihn, er möge endlich aufhören mit dem *negro nonsense*. Kempf soll den einen Kopf größeren Mann um ein Haar krankenhausreif geschlagen haben.

Trotz dieses Vorfalls beendete Kempf sein Kunststudium mit *cum laude*. Anschließend diente er zwei Jahre lang im Army Air Corps als Techniker. In dieser Phase zeigten sich erste Anzeichen einer Depression. Wegen seiner «Schwermut» wurde er ehrenhaft entlassen. Das passte ihm gut, denn jetzt hatte er keinerlei Verpflichtungen mehr. Um seine Kunst zu finanzieren, nahm er wie damals auf seinen Streifzügen alle möglichen Jobs an, die er ohne viel Aufwand erledigen konnte. Als Hedwig das Schuhgeschäft betrat, dürfte er gerade mal zwei Wochen dort gearbeitet haben.

Kaum acht Tage nach ihrer Begegnung fahren Starr und Hedwig am 6. Januar 1942 nach Denver, um zu heiraten. Vom Standesamt geht es direkt in die Heimat, aus der Kempf geflohen ist. Man kann nur vermuten, was er zu Hause wollte, denn Versöhnung war seine Sache nicht. Trotzdem werden die beiden die ersten sechs Jahre ihrer Ehe dort verbringen und dort auch ihre drei Kinder Madeline, Michael und Charlotte bekommen.

Joshua bestellt mir eine Portion *Buffalo wings* und einen Dirty Sanchez. Der Laden, in dem seine Großeltern ihr erstes Rendezvous hatten, heißt heute Johnny's Navajo Hogan. Draußen hängt das meterhohe, neonbeleuchtete Gesicht eines Navajo-Indianers.

«Das macht man eigentlich nicht mehr, aber na ja, es ist ein netter Laden», sagt Josh in dem Versuch, politisch korrekt zu sein. Erst jetzt fällt mir auf, dass sein linkes Oberlid hängt.

Das Hogan ist einer traditionellen Navajo-Behausung nachempfunden und wurde von den Bergleuten von Colorado erbaut – die meisten waren Navajo-Indianer. Das Road House besteht aus zwei achteckigen überkuppelten Räumen.

«Gezimmert ohne einen einzigen Nagel. Ein echtes Wunder der Technik», erzählt Josh, der von seinem Großvater ein Faible für Architektur und Baukunst geerbt hat. Dort, wo die beiden Räume aufeinandertreffen, befindet sich mittig die Bar, umgeben von Tischchen und lederbezogenen Sitzbänken im typischen American-Diner-Stil. Auf der Bühne hinter der Bar wechseln sich ein paar wenige Veteranen beim Karaoke ab, es klingt trauriger als gewollt.

«*I want hot sauce with that*», instruiert Josh den Kellner, der die *Buffalo wings* bringt, «*and I'm gonna need another cocktail.*»

Im Vorfeld dachte ich, dass es vielleicht schwierig werden könnte, ein noch lebendes Familienmitglied von einem meiner Architekten zu befragen, da ich schließlich im Wesentlichen an so problematischen Dingen wie ihrem Scheitern und ihrer Verzweiflung interessiert bin, aber Josh ist alles andere als zurückhaltend. Ganz im Gegenteil – er will sogar so viel wie möglich vom Selbstmord seines Großvaters erzählen. Nicht weil er den verarbeiten müsste – er war achtzehn, als es 1995 passiert ist, und er kannte den Mann kaum –, sondern weil es ihm selbst irgendwie Bedeutung zu verleihen scheint. Bisher hatte ihn das alles nicht sonderlich interessiert. Starrs zielsicherer Schuss hat Josh in eine noch nicht abgeschlossene Geschichte eingeschrieben.

«Wir wussten, dass das eines Tages passieren würde, aber wir konnten nichts dagegen tun. Wenn er nicht mehr arbeiten kann, will er nicht mehr leben – das hat er schon seit Jahren verkündet: *When I'm done, I'm done.* Vermutlich hätte er uns was angetan, wenn wir versucht hätten, ihn daran zu hindern. *Hell,* einmal hat er mit dem Gewehr auf meinen Vater Michael gezielt, als der ihm ein Altersheim vorgeschlagen hat.»

Außerdem gibt ihm sein toter Großvater eine Aufgabe: Josh ist erst vor kurzem aus Großbritannien nach Colorado Springs zurückgezogen. In erster Linie, um ein paar Familienangelegenheiten für Starr Enterprises zu ordnen, doch seit neuestem arbeitet er Vollzeit an der Renovierung der Skulpturen. Bis zu sechzehn Stunden am Tag schuftet er daran. Es gibt immer wieder etwas, das repariert werden muss. Die Skulpturen leiden sichtlich unter der Witterung. Gerade erst ist der Kopf des flatternden *Spirit Sunshine* von einen Hagelsturm beschädigt worden. In regelmäßigen Abständen brauchen die Skulpturen eine neue Lackschicht gegen den Rost. Sein großes Projekt ist die Skulptur, die Starr unvollendet in seinem Atelier hinterlassen hat: *Untitled.* Josh träumt davon, sie fertigzustellen. Vermutlich eher aus dem Bedürfnis heraus, etwas für sich zu tun, und weniger aus Liebe für seinen Großvater. Er versteht nicht, was Hedwig an jenem Abend im Hogan bloß an dem Wichtigtuer gefunden hat. Von seiner Großmutter hingegen spricht er wie von einer Heiligen.

«Hedwig hat sich ihr Leben lang um Todkranke gekümmert.

Als Julie Penrose, die Frau des Hotelmagnaten Spencer Penrose, krank wurde, hat meine Großmutter sie zu Hause gepflegt – und das neben ihrem Vollzeitjob im Krankenhaus. Ein Engel hätte sie zum letzten Licht geführt, hat Mrs. Penrose auf dem Sterbebett gesagt, und dieser Engel war meine Großmutter.»

Ich nicke. Was auch immer Hedwig an dem sturen Starr Kempf gefunden haben mag – es war überzeugend genug, dass sie ihn acht Tage nach der ersten Begegnung heiratete, eine solide Basis für eine einundfünfzig Jahre während Ehe.

Zu ihrem fünfzigsten Hochzeitstag stellte Starr eine kinetische Skulptur in den Garten, die er Hedwig widmete. *Peace Symbol* ist eine einfache stählerne Rüstung um ein rotierendes Friedenszeichen. Von den anderen Skulpturen hebt es sich ab wie ein billiges Schmuckstück.

«*Well, he finally did it*», sagte Hedwig, als sie an Starrs Todestag nach Hause kam. Es flossen nicht viele Tränen. Nicht weil sie nicht um ihn getrauert hätte, sondern weil sie wusste, dass das nicht viel mit ihr zu tun hatte. Wenn sein Körper ihm nicht mehr erlaubte, Kunst zu machen, dann brauchte er seinen Körper nicht mehr. *When I'm done, I'm done.* Eine narzisstische Kränkung, ein letztes stures Sich-Aufbäumen – aber vielleicht hatte er auch einfach bloß ein gesundes Verhältnis zur Vergänglichkeit.

Starr Gideon Kempf war achtundsiebzig, als er sich am 7. April 1995 in seiner Metallgießerei in den Kopf schoss. An diesem beliebigen Tag verweigerte ihm der Körper den Dienst. Verschlissene Kniegelenke. Ein kaputter Rücken vom vielen Schleppen der Metallteile. Rheuma. Ein unzuverlässiges Herz.

Als er wusste, dass es so weit war, stand er in der Metallgießerei und beugte sich über eine letzte Skulptur. *Untitled* lag abgeschliffen und montiert auf den Holzböcken, es fehlte nur noch die letzte Farbschicht, aber seine Finger wollten nicht mehr. Er bekam den verdammten Pinsel einfach nicht zu fassen.

Bis zum letzten Schritt hatte er es geschafft. Bis die letzte Farbschicht aufgetragen werden musste. Aber diese Farbe konnte jeder Idiot anbringen. Die Produktion ordnet sich der Endregie unter. Und mit dem beruhigenden Gedanken, die Skulptur unvollendet lassen zu können, hat er sein Ende selbst bestimmt.

Ich glaube, dass der Schuss eine selbstbestimmte, bewusste Handlung war. Ich glaube, dass Kempf in dem Wunsch zu sterben, den Abzug drückte – um die Konsequenz, um das «Tot-Sein», ging es ihm dabei weniger.

Eigentlich bin ich beeindruckt, wenn ich mir so ansehe, wie unverantwortlich Kempf sein Leben gelebt hat. Dadurch dass er alles immer nur auf sich bezog, scheint er nie irgendwelche Konsequenzen getragen zu haben – ganz einfach weil sie ihn nicht interessierten.

Ich dagegen versuche bei allem, was ich tue, krampfhaft sämtliche Konsequenzen mit einzukalkulieren. Das liegt wahrscheinlich an der einen Illustration in meinem Geschichtsbuch der dritten Klasse. Sie zeigte ein Bild von der Hölle: In mehreren deutlich erkennbaren Folterszenen werden böse Menschen von Teufeln für ihr sündiges Leben bestraft, und das bis ans Ende aller Tage. Darunter stand: «Göttliche Vorsehung nach kalvinistischem Glauben.» Die Abbildung konnte mich letztlich nicht zur Gottesfurcht bewegen, dafür habe ich mich eine Zeitlang mit der Frage herumgeschlagen: Was, wenn es wahr ist?

Als ich mit Josh in Kempfs Atelier stand, sah ich eine Radierung: *The Furies*. Ein nackter, muskulöser Mann, der Gott darstellt, beugt sich mit erhobenem Hammer über einen Menschen auf einem Amboss. Es ist verführerisch, dieses Werk zu psychologisieren: In irgendeinem Winkel seines Gedächtnisses hat seine mennonitische Erziehung als korrigierende Instanz immer noch eine Rolle gespielt.

Aber das ist Unsinn. Denn der Amboss weist unten ein Loch von einer Kugel auf. Kempf schuf dieses Werk nur, um darauf zu schießen. Er ließ sich durch nichts aufhalten.

Irgendwann in den siebziger Jahren muss Starr Kempf mit knapp über sechzig gemerkt haben, dass sich sein unerschütterlicher Glaube an die eigene Genialität nicht in der Rezeption seines Werkes niederschlug. Bei genauerer Betrachtung konnte er zu dem objektiven Schluss gelangen, dass er bis dahin zu wenig Anerkennung gefunden hatte.

Eine Erkenntnis, die sich nicht etwa in Selbstzweifeln oder dem Gefühl, gescheitert zu sein, äußerte – ganz im Gegenteil: Sie bestärkte ihn nur darin, ein Werk zu schaffen, an dem man einfach nicht vorbeikommt, das buchstäblich unübersehbar ist.

Erst als er schon in der Tschechoslowakei war, rief er Hedwig an, um ihr zu sagen, wo er steckte. Er werde für einige Monate fortbleiben, müsse sich noch ein paar Techniken besser aneignen, weshalb er sich in der Tschechoslowakei als Lehrling in einer Metallgießerei verdingt habe.

Ein Jahr nach seiner Rückkehr begann er mit der Monumentalserie kinetischer Skulpturen, die ihn bekannt gemacht hat. Jedes einzelne Werk benötigte eine Produktionszeit von zwei bis drei Jahren. Kempf machte so gut wie alles selbst, stellte die Skulpturen sogar mit Hilfe industrieller Hebekräne eigenhändig auf. Zwischen 1977 und 1995 hat er in einem ununterbrochenen Kraftakt ganze zehn Skulpturen in seinem Vorgarten errichtet.

Allein schon, was die Ambition angeht, unterscheiden sich die «Kinetic Sculptures» von Kempfs sonstigem Oeuvre. Zwei

Häuser. Sieben Theaterstücke, von denen drei von einem Theater in Kalifornien aufgeführt wurden. Eine Autobiographie, die er selbst verschwinden ließ. Ein Dutzend Radierungen. Zwei Wandbilder. Und eine Serie aus zweiundfünfzig bronzenen Couchtisch-Skulpturen – stilisierte afrikanische Figuren, die man als «ethno-antik» oder missglückten Versuch einer kulturellen Aneignung bezeichnen könnte.

Laut Kempf stehen sie für den existenziellen Kampf und für das Streben nach Freiheit.

Octave and Twelve, Nummer 49 der Serie, besitzt eine auffallend zerbrechliche Schönheit. Die Plastik zeigt einen nackten Mann und einen Pelikan, die in einen wilden Tanz verstrickt sind. Von der Haptik her erinnern sie an das Werk Rodins.

Die kleinen Bronzeskulpturen sind bei Sammlern beliebt. Von jedem Original hat Kempf mehrere Kopien zum Verkauf angeboten. Irgendwann wurde es zu einer Ganztagsbeschäftigung. Regelmäßig lagen Gipsabgüsse im Rinnstein vor seinem Atelier – er hatte sie aus dem Fenster geworfen, weil sie nicht die perfekte Form besaßen. Einige Nachbarn hoben die «missglückten» Exemplare auf, doch in neun von zehn Fällen bekamen sie es mit einem wutschnaubenden Kempf zu tun, der ihnen die Skulptur aus der Hand schlug, noch bevor sie die Haustür erreichen konnten.

Irgendwann hat er die Bronze-Serie aus Gesundheitsgründen beendet. Die Symptome waren bereits weit fortgeschritten: gelbes Augenweiß und eine Zunge, die aus Eisen zu bestehen schien. Weil er sich lange giftigen Dämpfen ausgesetzt hatte, hatte er die *zinc shakes* bekommen.

Trotz seines beträchtlichen Erfolgs als Bildhauer fand Kempf, dass man ihm Steine in den Weg legte. Unter anderem von Seiten der inzestuösen Kunstszene in Denver, vor allem aber wegen der damals vorherrschenden, verwerflichen Vorliebe für die Moderne.

Kunst habe individuell zu sein und vor allem robust: Man müsse eine Skulptur die Klippe hinunterwerfen können und dann selbst hinterherspringen, um unten festzustellen, dass der Sturz dem Werk keine einzige Delle zugefügt hat. Der Künstler hingegen dürfe bei seinem Sturz ruhig ramponiert werden – die meisten Künstler seien ohnehin unausstehliche Stümper. Das war übrigens der einzige Grund, warum Kempf überhaupt noch auf Gartenpartys ging: um genau das verkünden zu können.

Ein paar Häuser weiter steht ein phänomenales Anwesen. Ein Skelett aus dünnem Holz und Glas, das so entworfen ist, dass es sich um seinen Mittelpunkt herum verzweigt: um eine prächtige Amerikanische Eiche. Das Haus wurde von Elizabeth Wright Ingraham entworfen und bewohnt – von der Enkelin des berühmten Architekten Frank Lloyd Wright. Mit vierzehn begann sie ihre Ausbildung im Büro des Großvaters und studierte anschließend bei Mies van der Rohe in Chicago.

1948, kurz nach Abschluss ihres Architekturstudiums, zog sie nach Colorado Springs. Vor allem deshalb, weil dort noch Platz war. Um den kleinen Stadtkern herum gab es lauter Areale mit freiem Baugrund, ausgerollt wie unberührtes Zeichenpapier – die Möglichkeiten, hier etwas zu entwerfen, waren grenzenlos. Und es gab keine Konkurrenz. Daraus machte Wright Ingraham keinen Hehl: In den 1950er Jahren entwarf sie stolze neunzig Häuser in Colorado Springs und Umgebung.

Starr Kempf, der sich sehr wohl als Konkurrent betrachtete, entwarf während seiner gesamten Laufbahn gerade mal noch ein bescheidenes Haus, das seinem direkt gegenübersteht. Es war für seine Eltern bestimmt und wartete drauf, dass diese die mennonitische Gemeinschaft verließen. Sie sollten niemals dort einziehen.

«Die Oliven sind widerlich.»

«Nein, sie sind lecker», verbessert ihn Hedwig, in dem Glauben, Starr habe etwas über die Oliven gesagt, doch er meint die Wright Ingrahams.

Elizabeth und ihr Mann Gordon geben regelmäßig Cocktailpartys in ihrem Garten, der wie alles bei ihnen von einer durchdachten Ästhetik kündet: einer Fortführung von Lloyd Wrights Prärie-Stil. Translatio, billige Nachahmung, denkt Starr, behält es aber für sich.

Ihr Garten ist mit Mulch bedeckt und von Buchen gesäumt, er erinnert an eine Waldlichtung. Im Hintergrund läuft Bossa Nova. In die unteren Zweige wurden Lampions gehängt. Ganz schön Märchenpark-mäßig, das alles. Starr schaut sich die Lampions und Kabel sehr genau an. Wo hat Gordon seinen Generator versteckt? Bevor er der Sache auf den Grund gehen kann, ärgert er sich erneut über den unter seinen Sohlen knirschenden Mulch. Wer eine anständige amerikanische Architektur haben will, sollte damit anfangen, einen Rasen anzulegen, das wäre doch mal eine bahnbrechende Landschaftsintervention! Cocktailpartys sind schon ein bisschen aus der Mode, aber Starr geht trotzdem hin. Vor allem weil seine Nachbarn wenig erfreut über sein Kommen sind, außerdem glaubt Hedwig an *community sense*. Solange es sie glücklich macht ...

Der Zahnarzt von 2010 Pine Grove Avenue, der vermutlich langweiligste Mann von ganz Colorado, kommt auf sie zu.

«Sei nett.» Hedwig formuliert die Anweisung als Vorschlag.

«Wenn er sich den Stock aus dem Arsch zieht», verspricht Starr.

«*Hi, buddy!*», grüßt der Zahnarzt. «Was für ein Garten, man

sieht gleich, dass wir bei zwei erstklassigen Architekten zu Gast
sind.»

Starr hustet Schleim ab.

«Ich hab übrigens einen Ihrer kleinen Afrikaner in der
Springs Gazette gesehen», fährt der Zahnarzt fort. «Den mit dem
Pelikan. Toll diese Bronze, sehr modern.»

Modern? Bildet sich der Zahnarzt etwa ein, er wolle Jackson
Pollock Konkurrenz machen? Pollock, dieser faule Tropfer, der
mit einer nassen Bürste einen Indianertanz aufführt, klatsch,
platsch, und Sigmund Freud, noch so ein Idiot, der ihm ap-
plaudiert. Moderne Kunst! Intuition, die kann ihn mal! Darauf
spuckt er – los, noch einen Tropfen mehr!

Starr rotzt dem Zahnarzt den Schleim vor die Füße, vor die
zwei bestürzten weißen Krankenhaus-Clogs. Hedwig nippt an
ihrem trockenen Martini und verbirgt ihr Grinsen hinter dem
Glas.

County Road 62 entpuppt sich als gewundene Bergstraße. Hier
oben liegen zwanzig Zentimeter Schnee. Ein Vorgänger hat
bereits Spuren gezogen, sodass ich sehe, wo ich fahren kann.
Doch es fällt schwer, nicht wegzurutschen, trotz Schneeketten.
Außerdem reflektiert die weiße Fläche die Sonne so, dass ich
ganz geblendet bin. Ich sehe die Hand vor Augen nicht mehr.
Die Straße ist ein grellweißer, glatter, bizarrer Fleck, der mich
anzieht, mich auslöscht.

Hinter der fünften Kurve liegt das Rocky Mountain Men-
nonite Camp, anschließend löst eine steile Serpentine die
andere in immer rascherer Abfolge ab. Die Straße führt zum
Crags Trail, einem Wanderweg auf 4267 Höhenmetern. Beim
Besucherparkplatz windet sich der Fourmile Creek nach links
und schneidet die Straße ab. Am glatten Hang zu Crags Trail
Head sehe ich, wie ein Mann wütend mit den Armen fuchtelt,

er reißt sie hoch über den Kopf, das Gesicht feuerrot vor Kälte. Ein Stück weiter liegt ein schwarzer BMW im Straßengraben.

«*Thank God!*», ruft er. Bei meinem Eintreffen hat er bereits seit zwei Stunden auf dem Berg festgesteckt.

«*I should have never come up here. I'm a dumb shit. Why did I come up here? I just should kill myself. Thank God you're here.*»

Abwechselnd versuchen wir, das Auto aus dem Graben zu schieben, während der jeweils andere aufs Gaspedal drückt. Ich schaffe es nicht, genug Kraft aufzubringen, versinke bis zu den Knien im Schnee. Nach mehreren Versuchen haben sich die durchdrehenden Autoreifen nur noch tiefer eingegraben. Ich werfe mein ganzes Gewicht gegen den Kofferraum, aber der Wagen bewegt sich kaum. Das wird nichts. Ratlos drückt der Mann auf die Hupe, das Tuten zerreißt die ruhige Landschaft. Kurz habe ich Angst, etwas Dunkel-Archaisches könnte erwachen.

«*Calm down!*», rufe ich. Ob ich ihn vielleicht mit runternehmen solle, dann könne er Hilfe holen? Er schlägt mit dem Kopf gegen das Lenkrad, dreimal, viermal.

«*You can't help me*», sagt er und knallt abrupt die Wagentür zu.

Als ich drei Stunden später von Crags Mountain komme und wieder am Besucherparkplatz vorbeifahre, liegt das Auto immer noch im Straßengraben. Sollte der Mann Spuren hinterlassen haben, hat der Schnee sie in der Zwischenzeit ausgelöscht.

Am nächsten Tag nimmt mich Josh mit in die Metallgießerei, ganz unten im Haus. Auf der wackligen Wendeltreppe lässt er mich vorangehen, ein Abstieg in ein dunkles Loch. Nasses Holz. Eisenspäne. Staub. Rost. Streichhölzer. Was rieche ich? Unten ist es feucht und pechschwarz, als plötzlich ein Arm meine Brust streift, mit der Wucht eines Faustschlags. Ein lautloser Knall verschlägt mir den Atem, ein paar erstickende Sekunden lang gelingt es mir nicht, auszuatmen. Ich möchte schreien, habe aber den Mund voller Wasser, so als drückte mich der Arm unter die Wasseroberfläche, so als wäre ich wieder unter dem Schwimmfloß mit dem dicken Jungen aus meiner Klasse gefangen. Wer wird mir glauben, dass ich hier ertrunken bin?

Josh entschuldigt sich für die versehentliche Berührung, greift an mir vorbei und macht das Licht an. Wir stehen in der Gießerei, ein langer Schlauch, bestimmt zwölf Meter bis zur Straße und bis an die Decke vollgestopft mit Werkzeug, mit allen möglichen kleinen Maschinen, mit Alteisen, Aluminiumplatten, Hunderten losen Bolzen und Schrauben. Die Sachen sehen so aus, als wären sie im Eifer des Gefechts einfach in die Regale geworfen worden, alles liegt wild durcheinander. Ein Außenstehender würde hier nicht einmal einen Schraubenzieher finden und müsste außerdem gut aufpassen, wo er hintritt. Auf dem Boden wimmelt es nur so von schlampig aufgerollten Schnüren und Kabeln.

Aber diese Schlangengrube ist ausgestorben, vor dreiundzwanzig Jahren hat sich Kempf hier für das ewige Leben gehäutet. Seit seinem Tod ist dieser Arbeitsplatz unbesetzt geblieben, die Werkzeuge liegen noch genau dort, wo er sie hingelegt hat. So auch seine letzte Skulptur, *Untitled*, die auf sechs Holzböcken ruht.

«Das ist sie», sagt Josh.

Feierlich betrachten wir die aufgebahrte Skulptur, länger, als mein Interesse anhält. Ein meterlanges Ruder. Ein riesiges Buttermesser. Eine längliche Form, nüchtern im Vergleich zu den raffinierten Turbinenvögeln im Vorgarten.

Josh erzählt mir zum zweiten Mal, dass er die Skulptur vollenden und aufstellen wird.

Ich nicke. Mein Blick schweift nach oben. An die Balken, die die Decke stützen, wurden zig Nummernschilder genagelt.

· 335 ·

«Alles Rostlauben, aus denen Starr Schlachtrösser gemacht hat. Schönheit im Schutt», erzählt Josh, «aber auf jeden Fall *some sweet rides*. Das hier hat zu einem mintgrünen Cadillac Eldorado von 57 gehört, und dieses Kennzeichen stammt von der weißen Harley-Davidson. Mein Vater Michael durfte einmal hinten mitfahren. Zu seinem neunten Geburtstag haben sie eine Runde gedreht. Starr hat damals auf der Uintah Street gedankenverloren an der roten Ampel gewartet, die inzwischen auf Grün gesprungen war, als ihn der Wagen hinter ihm überholte. Starr ist diesem Wagen mit seinem Motorrad hinterhergerast und hat ihn so lange verfolgt, bis er ihm den Weg abschneiden konnte. Nachdem er es geschafft hatte, das Auto zur Seite zu drängen, hat er den Fahrer aus dem Wagen gezerrt und ihn windelweich geprügelt. Mein Vater war neun. Insgesamt ist er relativ unbeschadet aus dieser Erziehung hervorgegangen, aber Starr hat er das nicht zu verdanken. Und wissen Sie, was der Grund war? Mein Vater ist brutal attraktiv, immer schon gewesen, und 1,90 groß. Breite Schultern. Das genaue Gegenteil von Starr. Ständig musste der in Konkurrenz zu seinem eigenen Sohn treten. Wer macht denn so was? Da ist viel Verbitterung. Eigentlich habe ich den Mann nicht wirklich gekannt.»

Als Michael Kempfs Schwester Charlotte nach dem Tod des Vaters den Nießbrauch wollte, ließ sich der Bruder nicht lange bitten. Der lebte bereits seit vielen Jahren im Vereinigten Königreich, war vor der komplizierten Beziehung zu seinem Vater geflohen und wollte auch jetzt nichts mit den Skulpturen zu tun haben. Die älteste Schwester Madeline hatte ihr eigenes Leben in Lafayette, Louisiana. Außerdem wurde Hedwig alt, Charlotte konnte sich um die Mutter kümmern, wenn sie ins Haus zog.

Charlotte, «Lottie», Kempf war achtundvierzig, als sie ihren Vater verlor. Sie war unverheiratet und hing sehr an ihren

Eltern. Kein Tag verging, an dem sie nicht bei ihnen vorbei-
schaute.

Als Charlotte am 7. April ihren Vater fand, an der Wand
zusammengesunken, das Gesicht zur Hälfte weggeschossen,
empfand sie es als schicksalhaft, dass ausgerechnet sie ihn gefunden hatte. Seine Handflächen zeigten freigebig nach oben,
so als wollte er ihr das hier hinterlassen.

Das Blut fiel kaum auf, getrocknet war es nur eine Nuance
dunkler als das Rot seines Pullis, den er normalerweise bloß
außer Haus trug: Sollte dort draußen irgendwo ein Fotograf
unterwegs sein, würde er damit auf der Aufnahme zwischen
allen anderen hervorstechen. Doch auf diesem Bild gab es niemanden, der ihm im Weg gestanden wäre.

Nachdem Lottie die Leiche gefunden hatte, lief sie auf die
andere Straßenseite. Der Nachbar Jeff, der Starr regelmäßig bei
der Metallbeschaffung geholfen hatte, kratzte ihn mit Lottie von
der Wand und wusch ihn. Als Hedwig um die Mittagszeit nach
Hause kam, hatte Lottie schon ein Tuch um den zermanschten
Kopf gewickelt und ihren Vater aufs Bett gelegt. Er sah aus wie
einer von *Les Amants* auf dem Gemälde von Magritte.

Kurz nach der Beerdigung begann Lottie damit, kommer-
zielle Führungen durchs Haus und auf dem Grundstück der
Kempfs anzubieten. Sie machte die Metallgießerei, das Atelier
und den Skulpturengarten der Öffentlichkeit zugänglich. Gegen Bezahlung empfing sie Horden von Touristen, manchmal
sogar acht Busse am Tag. Kunstfreunde aus der ganzen Welt
strömten herbei, um Kempfs kinetische Windskulpturen vor
der Kulisse der Rocky Mountains zu bewundern.

Innerhalb kürzester Zeit wurde die Pine Grove Avenue vom
Verkehr überrollt. Die ganze Straße war vollgeparkt. Einige An-
wohner kamen nicht mehr aus ihrer Ausfahrt. Mehrere Nach-

barn verloren Katzen, die unter die Räder der Mietwagen gerieten – so auch Mrs. Winemiller aus 1923 Pine Grove Ave, die sich gezwungen sah, eine Petition für den Schutz von Hauskatzen und Freigängern in der Pine Grove zu starten. Während diese Tiere früher mit wiegenden Hüften über die Wohnstraße geschlendert waren, mussten sie jetzt um ihr Leben rennen, um sich vor den quietschenden Reifen der Touristenautos in Sicherheit zu bringen. Damit müsse nun endlich Schluss sein, fand Mrs. Winemiller, der es gelang, achthundert Unterschriften zu sammeln.

Nach Mrs. Winemillers erfolgreicher Eingabe taten sich mehrere Nachbarn zu einem Thinktank zusammen, um zu überlegen, welche Klagen man noch einreichen könnte. Dank einer genialen Studie der Bauaufsicht gelang es den Anwohnern innerhalb von sieben Jahren zu beweisen, dass die aufgestellten Skulpturen nicht den Bauvorschriften entsprachen. Insgesamt konnten sie so viele Verstöße nachweisen, dass sich unterm Strich ein Bußgeld von zweiundsiebzigtausend Dollar ergab.

Lottie bevorzugte es, die Post von nun an nicht mehr zu öffnen. Es war Joshua, der den Ernst der Lage als Erster erkannte, als sein Vater in England Mahnungen wegen der Bußgelder bekam.

2002 stellt das Gericht der Familie Kempf ein Ultimatum: Entweder Lottie hört mit den Führungen auf, oder aber die Skulpturen werden per Gerichtsbeschluss entfernt. Sechs von zehn Skulpturen verstießen tatsächlich gegen die Bauvorschriften.

Joshua reist nach Colorado, um zu vermitteln. Bei seiner Ankunft findet er eine verwirrte Hedwig in der Waschküche vor. Die ist dort eingeschlossen, während Lottie eine Gruppe von Rentnern durch den Vorgarten führt.

«Mach dir nicht in die Hose, mein Junge, wir haben eine

Genehmigung für das Grundstück, die Bauvorschriften gelten nicht für uns», sagt Lottie.

Josh zeigt ihr die Gerichtsvorladung und erklärt, dass die Stadt das Recht hat, die Skulpturen zu entfernen. Daraufhin bekommt Lottie einen Tobsuchtsanfall und brüllt, was sie bereits seit längerem vermutet, nämlich dass ihr lieber Neffe Josh sich zusammen mit der Stadt Colorado Springs gegen sie verschworen habe, um sie zu ruinieren. Das sei nicht das erste Mal, sie habe gute Gründe anzunehmen, dass auch Kofi Annan sie vernichten will ...

Am nächsten Morgen ist Hedwig verschwunden. Mit Hilfe eines Privatdetektivs findet Josh seine Großmutter zwei Tage später in einem schäbigen Motel ohne Klimaanlage wieder. Sie zeigt Symptome einer Austrocknung, ein Arzt stellt weit fortgeschrittene Demenz fest. Hedwig weiß nicht mehr, wie sie in dem Motelzimmer gelandet ist – auch nicht, wer von außen abgeschlossen hat.

Einige Tage später, an einem Vormittag Anfang Juni 2003, versammelt sich eine Gruppe von Anwohnern vor dem Gartentor der Kempfs. Einige haben noch ihren Morgenmantel an und halten ihn vor der Brust zusammen, die von weiter weg haben sich angezogen, um zu gucken, was jetzt passiert.

Der Erste, der eintrifft, ist Joshua Kempf, begleitet von zwei Polizeifahrzeugen. Das Blaulicht ist an, nicht aber die Sirene. Lottie steht übernächtigt am Fenster. Als sie sieht, wie einer der Officer das Tor aufbricht, rennt sie nach draußen und tobt: «Sie betreten verbotenes Gelände. Sie sind dazu nicht befugt. Sie müssen verschwinden. Wir haben eine Genehmigung für dieses Grundstück. Sie müssen verschwinden.»

Als Lottie in der Ferne die Hebekräne sieht, unterbricht sie ihre Tirade. Sie beginnt, auf die Polizisten einzuschlagen, in der Hoffnung, so bis zu Josh vorzudringen, sie verflucht und verwünscht ihn. Als sie ihn erreicht, schwört sie, dass sie ihn umbringen wird: Nur über ihre Leiche werde man die Skulpturen entfernen.

Als sie damit beginnt, die Polizisten zu beißen, wird sie von ihnen festgenommen. Josh öffnet das Tor, damit der Hebekran durchfahren kann. Hedwig steht verdattert in der Tür.

«Wo sind die Widderköpfe aus Aluminium? Warum sind die Kräne hier? Starr?»

Aufgeregt beginnt sie zu wimmern und steckt sich ihr Taschentuch in den Mund, um die Laute, die in ihr aufsteigen, zu unterdrücken. Josh kümmert sich um seine neunzigjährige Großmutter, die unter dem Morgenmantel nur noch Haut und Knochen ist. Ihr ausgemergelter Körper klappert bei jedem Zittern.

Lottie wird auf den Rücksitz des Polizeifahrzeugs geschoben. Die meisten Nachbarn bleiben den ganzen Tag am Zaun stehen, bis die Kräne ihre Arbeit erledigt haben.

Letzten Dezember, drei Wochen bevor ich nach Colorado Springs komme, starb Charlotte «Lottie» Kempf im Alter von zweiundsiebzig Jahren einsam in einem Seniorenheim.

«Das tut mir leid», sage ich.

«Die Frau, die mich mehrmals mit dem Tod bedroht hat? Mir tut es nicht leid, dass sie den Löffel abgegeben hat», versichert mir Josh. «Aber meine Großmutter vermisse ich sehr, seit sie tot ist.»

Wir stehen immer noch in der Gießerei, Josh fährt mit der Hand über das Metall der aufgebahrten Skulptur – fast schon eine Liebkosung, trotzdem sorgt diese Berührung dafür, dass er genauso mutterseelenallein wirkt.

Von den Holzböcken aus wirft uns *Untitled* einen undefinierbaren Blick zu. So langsam vermute ich, dass die Skulptur von ihren Betrachtern weder einen Namen noch eine Form verlangt. Wer sagt denn, dass sie überhaupt vollendet werden muss? Vielleicht weiß Josh sehr wohl, dass es nichts zu vollenden gibt. Auf einmal kommt mir Kempfs Entscheidung für das Unvollendete heldenhaft vor.

«Haben Sie Angst, anzufangen?» – Ich weiß nicht, ob er mich das fragt oder ich ihn, auf jeden Fall macht keiner von uns Anstalten, eine ehrliche Antwort darauf zu geben. An einer der Wände befindet sich übrigens eine feuchte Stelle. Ist Starrs Kopf nach dem Schuss dort gegen die Wand geprallt?

Etwas tropft. Ich wollte es zunächst nicht erwähnen, aber jetzt, wo ich merke, dass ich in einer Wasserpfütze stehe, fühle ich mich doch verpflichtet, eine entsprechende Bemerkung zu machen.

«Sie haben da ein Leck», sage ich.

«Nein, nein, die Gießerei befindet sich unterhalb des Straßenniveaus. Wenn es regnet, läuft das Wasser ab.»

«Aber es regnet nicht.»

«Oh doch, letzten Juli hat es ununterbrochen geregnet.»

Das könnte hinkommen, die untersten Regale der Werkzeugwand sind tatsächlich vermodert, die Werkzeuge weisen grüne und schwarze Korrosionsflecken auf. Trotzdem bin ich nicht vollends beruhigt, das Wasser hat sich inzwischen über den gesamten Boden ausgebreitet. Die Kabel ... Einige Stecker stecken noch in der Steckdose.

«Es gab keinen Kurzschluss, aber beträchtliche Schäden.»

Das Wasser steigt rasch, aber Josh scheint recht zu haben: Wir bekommen tatsächlich keinen Stromschlag. An verschiedenen Stellen tropft es nun auch aus den Ritzen zwischen Mauern und Decke. Ehe ich mich versehe, stehe ich bis zur Taille im Wasser. Josh macht nach wie vor keinerlei Anstalten zu gehen, gedankenverloren starrt er auf die Skulptur, und weil er sich nicht vom Fleck rührt, bleibe auch ich stehen, im Grunde muss ich nirgends mehr hin.

«Wie lange hat es denn geregnet?», frage ich leicht besorgt, während die steigenden Wassermassen die Skulptur von den Holzböcken heben, um sie in eine inzwischen beträchtliche Tiefe zu ziehen. Noch bevor Josh etwas erwidern kann, steht uns das Wasser bereits bis zum Hals. Ich stelle mich auf die Zehenspitzen und pruste knapp über der Oberfläche einen Schwall aus, das Wasser schmeckt nach Chlor, ein größerer Schwall verschlingt mich. Die ganze Gießerei ist bis obenhin vollgelaufen. Unter Wasser versuche ich die Augen offen zu halten, um zu gucken, wo Josh steckt, doch das Chlor brennt.

Wie viel Luft habe ich noch? Bestimmt nicht mehr viel, denn in meinem Kopf spannt sich ein dünner Faden Sauerstoff. Daran muss ich mich festhalten, das weiß ich noch: Wenn ich nicht ertrinken will, muss ich mich an dem dünnen Faden konzentrierten Sauerstoffs festhalten, der sich durch meinen Kopf zieht. Es gelingt mir, den Faden zu fassen zu bekommen, bis die Wassermassen einen solchen Druck auf die Wände dieses Raums ausüben, dass das Tor zur Straße hin aufspringt. Die Wassermassen strömen hinaus, in einem einzigen Schwall werden Maschinen und Werkzeug auf die Straße gespült. Wie ein Fisch aus einem zerbrochenen Glas treibe ich damit nach draußen. Weil ich so viel Wasser verschluckt habe, muss ich heftig husten.

Während ich mich vom Ertrinken erhole, sehe ich Starr Gideon Kempf am Werkstatttor stehen. Er trägt einen roten Pulli und raucht eine Zigarette. Vorhin hat er kurz mit seinem Anwalt Mr. Grouse telefoniert, einfach so, um zu hören, wie die Dinge stehen. Als er seine Kippe wegschnippt, kommt Nachbar Jeff mit seinem bordeauxroten Truck angefahren.

«Ich war zum Jagen auf dem Cheyenne Mountain, hab aber nichts geschossen», ruft Jeff von der gegenüberliegenden Straßenseite aus, während er sein *rifle* aus dem Kofferraum nimmt.

«Was hast du da, einen Marlin?», fragt Starr.

«Einen klassischen Marlin, genau», sagt Jeff.

«Schön, ich hatte früher einen Remington, jetzt besitze ich bloß noch eine kleine Browning.»

«Was will ein Bildhauer mit einer Pistole?»

«Ein Künstler, der im Schlaf stirbt, bleibt niemandem im Gedächtnis.»

Dank

Als Vorstudie zu diesem Buch sind im Rahmen meiner Master-
arbeit am Königlichen Konservatorium Antwerpen einige Kapitel entstanden. Ich danke meinem Mentor Lucas Vandervost
und meinem Betreuer Ilja Leonard Pfeijffer für ihre Sorgfalt
und Aufmerksamkeit im Umgang mit diesen Texten in ihrer
ersten, zerbrechlichen Gestalt.

Ich danke der Association des Clocher tors d'Europe, dem
Bürgermeister von Verchin, dem Bürgermeister von Turnhout,
Koen Broucke (der übrigens das Foto von der Kirche San Carlino
gemacht und mir das Werk von L. S. Lowry nahegebracht hat),
Koen Peeters, Koen Van Synghel, Dirk Beirens, Marc Dubois,
dem Liberaal Archief Gent, Werner Van Hoeydonck, David und
Hilde Maenaut, dem Architekturzentrum Wien, der St. John's
Library, Pasquale M., Mrs. Cairns, der Library of Congress, Tho-
mas MacWood, Catherine Rashid und Joshua Kempf.

Ich danke Els Snick, die mir eine Wohnung in Oostende zur
Verfügung gestellt hat, damit ich mit Blick auf Lowrys *Seascape*
schreiben konnte.

Ich danke meinen lieben Freunden Juicy, Eli, Harm und Jo-
nas im Turmzimmer, Eliene, Anouk und den *quadruplets*, mit
denen ich reisen, reden, lesen und mich bei der Erkundung
dieses gefährlichen Themas umgeben konnte.

Ich danke meinem Lektor Peter, meinem Agenten Michaël
und meinem Layouter Steven für den Stups in die richtige
Richtung, für den Raum und für die Form, innerhalb derer und
durch die dieses Buch überhaupt erst entstehen konnte.

Ich danke meiner Liebe und meinem *compagnon de route* Wou-
ter. Für alles, was in und um dieses Buch herum geschehen ist.

Zitatnachweis

Achleitner, Friedrich: *Wiener Architektur. Zwischen topologischem Fatalismus und architektonischem Schlamassel*, Böhlau Verlag, Wien 1996, S. 16.

Ingeborg Bachmann, *Malina*, Suhrkamp Verlag, Frankfurt 1977, S. 9. Malina, © Suhrkamp Verlag Frankfurt am Main 1977. Alle Rechte bei und vorbehalten durch Suhrkamp Verlag Berlin.

Albert Camus, *Der Mythos des Sisyphos*, dt. von Vincent von Wroblesky, Rowohlt Taschenbuch Verlag, Reinbek 2000, S. 18.

Emile M. Cioran, *Lehre vom Zerfall*, dt. von Paul Celan, Verlag Klett-Cotta, Stuttgart 2019, S. 12.

Charles Darwin, *Der Ausdruck der Gemüthsbewegungen bei dem Menschen und den Thieren*, Stuttgart 1877.

Hermann Hesse, *Der Steppenwolf*, Suhrkamp Taschenbuch Verlag, Frankfurt 1985, S. 66.

Rem Koolhaas & Bruce Mau, *S, M, L, XL*, Monacelli Press, New York 1997.

Palinarus, *The Unquiet Grave*, Hamish Hamilton, London 1952.

Karl Scheffler, *Die Frau und die Kunst*, Verlag Julius Bard, Berlin 1908, S. 42, S. 101.

Richard Sennett, *Verfall und Ende des öffentlichen Lebens*, dt. von Reinhard Kaiser, S. Fischer Verlag, Frankfurt 1983, S. 28.

Anne Sexton, «*Sylvias Tod*», aus: Anne Sexton, *All meine Lieben. Lebe oder stirb. Gedichte*. Zweisprachige Ausgabe, hrsg. und mit einem Vorwort von Elisabeth Bronfen, in der Übersetzung von Silvia Morawetz, 1996, © S. Fischer Verlag, Frankfurt am Main, S. 273 f.

Anne Sexton, «*Sterben wollen*», ebd., S. 311.

Baruch de Spinoza, *Ethik*, Wiesbaden 2012, In den Hauptteilen zwischen 1662 und 1665 entstanden und in den Jahren bis zu Spinozas Tod (1677) mehrfach überarbeitet. Erstausgabe in: Opera posthuma, Amsterdam 1677. Erste deutsche Übersetzung durch J.L. Schmidt unter dem Titel «Baruch von Spinozas Sittenlehre», Frankfurt am Main und Leipzig 1744. Der Text folgt der Übersetzung durch Jakob Stern von 1888, Lehrsatz 9 und 45.

Die Rowohlt Verlage haben sich zu einer nachhaltigen Buchproduktion verpflichtet. Gemeinsam mit unseren Partnern und Lieferanten setzen wir uns für eine klimaneutrale Buchproduktion ein, die den Erwerb von Klimazertifikaten zur Kompensation des CO_2-Ausstoßes einschließt.
www.klimaneutralerverlag.de